individuum

Helen Pluckrose
& James Linsday

Cynical Theories

How Activist Scholarship Made Everything about Race, Genders, and Identity — and Why This Harms Everybody

Хелен Плакроуз
и Джеймс Линдси

Циничные теории

Как все стали спорить о расе, гендере и идентичности и что в этом плохого

Перевод с английского
Дмитрия Виноградова

Individuum
2022

УДК 316.324.8

ББК 60.521.2

П37

Плакроуз, Хелен; Линдси Джеймс.

П37 Циничные теории: Как все стали спорить о расе, гендере и идентичности и что в этом плохого / Хелен Плакроуз, Джеймс Линдси ; пер. с английского Д. Виноградова. — Москва : Individuum, 2022. — 384 с.

ISBN 978-5-6046877-2-7

Гендер, деколонизация, привилегии, фэтшейминг. Попав из академических статей в повседневный обиход, эти слова все сильнее влияют на наше восприятие мира. Но откуда они вообще взялись? Их источник — россыпь критических теорий, возникших в ходе постмодернистского поворота с его проблематизацией власти, знания и истины. Ничто — от секса и учебников истории до медицинских диагнозов и архитектуры — не может укрыться от активистов, задавшихся миссией выявить и уничтожить любые формы угнетения.

Хелен Плакроуз и Джеймс Линдси считают, что, несмотря на благое желание сделать мир чуточку справедливее, критические теории с их практически религиозным рвением и черно-белым восприятием мира представляют угрозу как для академии, так и для общества. «Циничные теории» — это кропотливый и бойкий разбор основных постулатов «активистской науки», ее внутренней логики и противоречий. Эта книга поможет погрузиться в современный интеллектуальный контекст, понять, чем руководствуются стороны культурных войн, и не теряться в спорах на ускользающие от понимания темы.

УДК 316.324.8

ББК 60.521.2

ISBN 978-5-6046877-2-7

Оглавление

Моему мужу Дэвиду, благодаря которому все стало возможно, и моей дочери Люси, которая больше ничего не хочет слышать о постмодернизме. Моя работа сделана.

Моей жене Хизер, которая хотела простой жизни и никогда не узнала бы, что все это существует.

Введение

В эпоху модерности*, особенно в последние два столетия, большинство западных стран объединила общая политическая философия, известная под названием «либерализм». Основные постулаты либерализма — политическая демократия, ограничение власти государства, универсальные права человека, правовое равенство для всех дееспособных граждан, свобода слова, уважение к многообразию точек зрения и открытой дискуссии, доказательный метод и рациональное мышление, отделение церкви от государства и свобода вероисповедания. Со временем эти либеральные ценности превратились в идеалы; потребовались столетия борьбы против теократии, рабства, патриархата, колониализма, фашизма и многих других форм дискриминации, чтобы мы начали ценить их так, как ценим сегодня (хотя и этого недостаточно). Наибольших успехов борьба за социальную справедливость добивалась, когда поднимала знамя универсальных либеральных ценностей и настаивала, что те принадлежат каждому, а не только обеспеченным белым мужчинам. Следует отметить, что общая философская позиция, которую мы называем либерализмом, совместима с широким спектром мнений по политическим, экономическим и социальным вопросам,

* Используемый автором термин «modernity», обычно обозначающий период с XVII века и до наших дней (в некоторых вариантах — до середины или последней четверти XX века), переводят по-разному; среди основных вариантов — «модерность» или «современность». В этой книге будет использовано определение «модерность». — *Прим. ред.*

включая как те, что американцы называют либеральными (а европейцы — социал-демократическими), так и умеренные разновидности того, что повсюду зовется консерватизмом. Либеральная философия противостоит авторитарным движениям всех мастей, будь то левые или правые, светские или теократические. Таким образом, либерализм лучше всего рассматривать как систему, помогающую представителям разных политических, экономических и социальных взглядов разрешать конфликты и рационально дискутировать по поводу тех или иных правительственных мер.

Однако мы достигли исторического момента, когда идеи либерализма и модерности, лежащие в основе западной цивилизации, находятся под серьезной угрозой. Природа этой угрозы сложна, поскольку она представляет собой результат сокрушительного натиска как минимум двух сил — революционной и реакционной, схватившихся между собой за право определить, в каком иллиберальном направлении двигаться нашему обществу. По всему миру поднимают голову правые популистские движения, мнящие себя последним рубежом защиты либерализма и демократии от надвигающейся волны прогрессивизма и глобализма. Они все чаще возводят на трон диктаторов и авторитариев, способных защитить и сохранить «западный» суверенитет и ценности. Тем временем крайне левые апологеты социального и морального прогресса выставляют себя единственными и праведными поборниками пути развития, без которого демократия бессмысленна и бесплодна. Провозглашая либерализм формой угнетения и отвергая его на этом основании, левые радикалы не просто насаждают свои ценности революционным путем. Для закрепления своей догматической фундаменталистской идеологии общественного устройства они прибегают ко все более авторитарным методам. Каждая из противоборствующих сторон видит в другой экзистенциальную угрозу — тем самым они лишь еще сильнее распаляют друг друга. Эта культурная война разразилась с такой интенсивностью, что в начале XXI века обретает статус определяющего фактора политической — а все чаще и социальной — жизни.

Опасность справа весьма существенна и сама по себе заслуживает тщательного изучения, но мы предпочли разложить по полочкам происходящее на противоположном краю спектра. Отчасти наш выбор обусловлен следующим: хотя каждая из сторон толкает своего противника в пучину безумия и подстегивает его радикализацию, мы считаем, что тенденция на левом фланге представляет собой результат отклонения от его исторической позиции силы и разума, то есть либерализма. Именно либерализм — залог существования наших светских демократических обществ. Как нам уже доводилось писать, корень проблемы кроется в том, что:

> прогрессивные левые соотнесли себя не с модерностью, а с постмодернизмом, отвергающим объективную истину как вымысел, придуманный наивными и/или высокомерно-невежественными мыслителями эпохи Просвещения, недооценившими побочные эффекты прогресса[1].

Изучению проблемы постмодернизма — не только в том виде, в котором он первоначально возник в 1960-х, но и во всех тех формах, которые он приобретал в ходе своего развития на протяжении последних пятидесяти лет, — мы и уделили наше внимание в этой книге. Постмодернизм породил одну из наименее толерантных и наиболее авторитарных идеологий с момента повсеместного упадка коммунизма, краха идей белого превосходства и колониализма (либо сам таковой является — зависит от вашей точки зрения). Зародившись в тиши университетских кабинетов как интеллектуальная реакция на эти события, начиная с 1960-х он стал активно набирать популярность в академии, среди активистов, бюрократов и работников начального, среднего и высшего образования. Впоследствии постмодернизм настолько основательно распространился в более широких слоях общества, что сегодня, пока мы со скрежетом вкатываемся в третье десятилетие XXI века, наш социополитический ландшафт в основном и состоит из него и из реакций на него (как разумных, так и радикальных).

Номинально это движение служит масштабному делу «социальной справедливости» и именно от этого возникшего почти двести лет назад термина и заимствует свое название. В различные эпохи у разных мыслителей этот термин приобретал разнообразные значения, но все они в той или иной степени были связаны с устранением или исправлением социального неравенства, в частности когда оно касается класса, расы, гендера, пола и сексуальности и не может быть преодолено инструментами системы правосудия. Возможно, наиболее известен в этой связи либеральный прогрессивный философ Джон Ролз, внесший ключевой вклад в направление философии, посвященное условиям достижения социальной справедливости. В универсалистском мыслительном эксперименте Ролза справедливое общество — это то, в котором индивид, имея право выбора, был бы одинаково счастлив родиться в любой социальной среде или с любой групповой идентичностью[2]. Вошел в обиход (особенно с середины XX века) и другой, подчеркнуто антилиберальный и антиуниверсальный подход к достижению социальной справедливости, укорененный в *критической теории*. Критическая теория прежде всего нацеливается на обнаружение скрытых предубеждений и необоснованных допущений, обычно выявляя так называемую проблематику, под которой понимаются нарушения работы общества и организующих его систем.

В некотором смысле постмодернизм ответвился от этого критического подхода, какое-то время шел своим собственным путем, а затем, в 1980-х и 1990-х, был вновь взят на вооружение активистами критической социальной справедливости (кстати, они крайне редко ссылаются на Джона Ролза). Это движение самонадеянно называет свою идеологию просто Социальной Справедливостью, как будто только оно стремится к справедливому обществу, а все остальные выступают за нечто совершенно иное. Таким образом, это движение стало известно как Движение Социальной Справедливости (Social Justice Movement), а его критики в интернете часто для краткости ссылаются на него как на Соцсправ* и, все чаще, воукизм** (из-за веры его последователей, что они — единственные, кто «пробудился» и осознал проблему социальной несправедливости). Социальная Справедливость как имя собственное, с заглавной буквы С, означает крайне специфическую доктринальную интерпретацию понятия социальной справедливости и способов ее достижения и предписывает в отношении этого термина строгую, легко узнаваемую ортодоксию. Хотя нам не хотелось бы создавать впечатление, будто мы отдаем фундаментальное либеральное понятие социальной справедливости на откуп этому иллиберальному идеологическому движению, оно известно под названием Социальная Справедливость (с заглавных букв), и поэтому для ясности именно так мы и будем называть его на протяжении всей этой книги. «Социальная справедливость» со строчных будет использоваться для обозначения более широкого и общего значения этого понятия. Проясним и наши собственные социальные и политические убеждения: мы противостоим Социальной Справедливости, потому что выступаем за социальную справедливость.

---

* Соцсправ (*англ.* SocJus) — акроним от «социальная справедливость», аналогия с оруэлловским термином Ангсоц (английский социализм). В российском употреблении больше прижился критический термин «воины социальной справедливости» (СЖВ, *англ.* social justice warriors). — *Здесь и далее, если не указано иное, примечания переводчика.*

** «Воук» (*англ.* woke) — политический сленговый термин, дословно переводящийся как «пробужденный». Означает повышенное внимание к вопросам справедливости и политкорректности. Зачастую используется в ироническом контексте.

Не замечать влияния Социальной Справедливости на общество становится все сложнее — прежде всего оно проявляется под видом «политики идентичности» и «политической корректности». Почти каждый день появляются истории, что кого-то уволили, «отменили» или публично осудили в социальных сетях за слова или поступки, истолкованные как сексизм, расизм или гомофобия. Иногда обвинения оправданны, и мы успокаиваем себя, что негодяй, которого мы считаем совершенно непохожим на нас, получил «по заслугам» за свои ненавистнические взгляды. Однако все чаще такие обвинения носят весьма интерпретативный характер, а их обоснования выглядят натянутыми. Иногда кажется, что даже благонамеренный человек, уважающий всеобщие свободу и равенство, может случайно произнести что-нибудь противоречащее новоявленным речевым кодексам, что приведет к разрушительным последствиям для его карьеры и репутации. Все это сбивает с толку и противоречит здравому смыслу в контексте культуры, привыкшей ставить на первое место человеческое достоинство и поэтому ценить доверительные интерпретации* и терпимость к широкому спектру взглядов. В лучшем случае происходящее вредит самой культуре свободного высказывания, более двух столетий служившей на совесть либеральным демократиям, поскольку добропорядочные люди начинают цензурировать свои высказывания, опасаясь произнести что-нибудь «неправильное». В худшем — это злонамеренная организованная травля, в институционализированной форме превращающаяся в авторитаризм прямо у нас на глазах.

Это требует разъяснений. Именно *требует*, потому что все эти изменения, происходящие с поразительной быстротой, плохо поддаются пониманию. Ведь они берут свое начало

---

* Принцип доверия, или доверительная интерпретация (*англ.* Principle of charity, charitable interpretation) — принцип из риторики, согласно которому, воспринимая суждения говорящего, следует выбирать их максимально рациональную интерпретацию.

в своеобразном взгляде на мир академических активистов, у которых есть и свой собственный язык. Формально англоязычные активисты говорят и пишут на английском, однако они придают повседневным словам новые значения. Например, когда речь заходит о расизме, согласно новому определению, имеются в виду не предрассудки по поводу расы, а скорее расистская система, пронизывающая все взаимодействия в обществе, но остающаяся невидимой для всех, кто не сталкивается с ней на своем опыте или не обучен соответствующим «критическим» методам. (Таких людей иногда описывают термином «воук», то есть «пробужденные».) Столь узкое и техническое использование слова не может не приводить обычных людей в замешательство, и подчас они соглашаются с тем, с чем никогда не согласились бы, располагая полноценной системой координат, с помощью которой можно понять, что в действительности подразумевается под этим словом.

Академические активисты не только говорят на специализированном языке, используя повседневные слова (которые обычным людям ошибочно кажутся понятными), но и представляют совершенно другую *культуру*, встроенную в нашу собственную. Люди таких взглядов могут физически находиться рядом с нами, а интеллектуально — в какой-то другой вселенной. Поэтому с ними невероятно сложно взаимодействовать. Они одержимы властью, языком, знанием и отношениями между ними, воспринимают мир через призму механизма власти в каждом взаимодействии, высказывании и культурном артефакте — даже если они не очевидны или в реальности *не существуют*. Такое мировоззрение выдвигает на передний план социальные и культурные обиды и стремится превратить все в политическую игру с нулевой суммой, выстроенную вокруг расы, пола, гендера, сексуальности и многих других маркеров идентичности. Человеку со стороны может показаться, что эта культура возникла на какой-то другой планете, жители которой не имеют представления о биологических видах, размножающихся половым путем, и истолковывают все наши социальные взаимодействия максимально циничным образом. Но на самом деле эти нелепые взгляды вполне свойственны человеку. Они свидетельствуют о нашей неоднократно продемонстрированной склонности увлекаться замысловатыми духовными мировоззрениями — от племенного анимизма до спиритизма хиппи и до изощренных мировых религий, — каждое из которых внедряет собственную интерпретативную рамку. В нашем случае это рамка своеобразного взгляда на власть и ее способность порождать неравенство и угнетение.

Общение со сторонниками таких взглядов требует изучения не только их языка — что само по себе достаточно сложно, — но и обычаев, а также мифологии «общих» и «структурных» проблем, присущих нашему обществу, системам и институтам. Как известно опытным путешественникам, для общения с представителями совершенно другой культуры недостаточно просто выучить язык. Необходимо также изучить устойчивые выражения, скрытые смыслы, культурные отсылки и правила этикета, которые определяют коммуникацию. Для эффективного взаимодействия нам нередко требуется помощь не только переводчика, но и *истолкователя* в самом широком смысле этого слова. Именно такую помощь мы и хотим предложить. Эта книга — руководство по языку и обычаям, которые в настоящее время широко продвигаются под приятным глазу брендом «Социальная Справедливость». Мы свободно владеем как языком, так и культурой академических исследований и активизма Социальной Справедливости и планируем провести наших читателей через этот чуждый для них мир, отследив эволюцию этих идей от их истоков пятидесятилетней давности и до наших дней.

Мы начинаем наш путь в конце 1960-х годов, когда совокупность теоретических концепций, сгруппированных вокруг понятий знания, власти и языка, которые позже стали известны под именем *постмодернизм*, возникла в рамках сразу нескольких гуманитарных дисциплин. В своей основе постмодернизм отвергает так называемые *метанарративы* — масштабные, целостные объяснения того, как устроены мир и общество. Он отвергнул христианство и марксизм. Он отвергнул науку, рациональное мышление и столпы западной демократии, созданные эпохой Просвещения. Постмодернистские представления сформировали то, что с тех пор чаще всего называют *Теорией*, — совокупность идей, которая в определенном смысле является главной героиней этой книги. На наш взгляд, крайне важно разобраться в том, как Теория развивалась с 1960-х до наших дней, если мы хотим понять и обернуть вспять резкие перемены, которые она спровоцировала в обществе, особенно после 2010 года. Следует отметить, что в этой книге *Теория* с заглавной буквы Т (и связанные с ней слова, такие как Теоретик и Теоретический) будет означать подход к социальной философии, вытекающий из постмодернизма.

«Циничные теории» объясняют, как Теория превратилась в движущую силу культурной войны конца 2010-х, и предлагают философский *либеральный* способ противостоять ее проявлениям в исследованиях, активизме и повседневной жизни. В книге прослеживается эволюция ответвлений циничной постмодернистской Теории на протяжении последних пятидесяти лет и демонстрируются результаты ее влияния на современное общество, с которыми сталкивался каждый читатель. В первой главе мы познакомим вас с ключевыми идеями первых постмодернистов 1960-х и 1970-х годов и выделим два принципа и четыре сюжета, которые станут центральными для всех последующих Теорий. Во второй главе мы объясним, как эти идеи мутировали, набирали силу и обретали применение в политической практике в контексте новых Теорий, появившихся в конце 1980-х — начале 1990-х годах. Мы будем называть это *прикладным постмодернизмом*. В главах с третьей по шестую мы более подробно остановимся на каждой из Теорий: постколониальной, квир-, критической расовой, а также интерсекциональном феминизме. В седьмой главе мы рассмотрим относительно новые Теории — исследования инвалидности и исследования человеческой полноты, испытавшие влияние всех своих предшественниц.

В восьмой главе мы исследуем второй этап эволюции постмодернистских идей, начавшийся примерно в 2010 году, на котором была провозглашена абсолютная истинность постмодернистских принципов и сюжетов. Связанный с этим подход мы будем называть *овеществленным постмодернизмом*, поскольку он принимает допущения постмодернизма за реальные, объективные истины — Истину в понимании Социальной Справедливости. Эти перемены произошли, когда исследователи и активисты объединили существующие Теории и исследования в простую, догматическую методологию, более известную просто как «академические исследования Социальной Справедливости».

Цель этой книги — рассказать историю о том, как постмодернизм воспользовался своими циничными Теориями для деконструкции так называемых старых религий человеческой мысли, включающих в себя традиционные верования, такие как христианство, и светские идеологии, такие как марксизм, а также связанные между собой системы модерности, такие как наука, либеральная философия и прогресс, — и заменил их новой религией под названием Социальная Справедливость. Эта книга — история о том, как отчаяние сменилось новой уверенностью, позже превратившейся в непоколебимую убежденность, если не религиозный фанатизм. Новоявленная вера была целиком и полностью постмодернистская. Вместо того чтобы интерпретировать мир в терминах эфемерных духовных сил, таких как грех или магия, она фокусируется на тончайших материальных аспектах: системной нетерпимости и расплывчатых, но вездесущих системах власти и привилегий.

Став увереннее и яснее в формулировках, Теория отчасти сыграла на руку своим оппонентам. Либералам — политическим левым, правым или центристам — стало легче подбираться к ее постулатам и находить контраргументы. С другой стороны, такое развитие Теории вызывает тревогу, поскольку ее адептам, стремящимся перестроить общество, стало намного проще постигать ее замыслы и приводить их в исполнение. Мы видим, как она влияет на мир, атакуя науку и рациональное мышление. Как упрощенчески разделяет общество на господствующие и маргинализированные идентичности и усматривает в его основе незримые системы превосходства белой расы, патриархата, гетеронормативности, цисoff нормативности, эйблизма и фэтфобии. Мы сталкиваемся с непрерывным демонтажем категорий знания и веры, разума и эмоций, мужчин и женщин, а также с ростом цензуры нашего языка в соответствии с Истиной в понимании Социальной Справедливости. Мы наблюдаем радикальный релятивизм в форме двойных стандартов вроде утверждений, что лишь мужчины могут быть сексистами и только белые люди — расистами, а также в повальном отрицании последовательных принципов недискриминации. В свете всего перечисленного становится все труднее и даже опаснее утверждать, что к людям следует относиться как к личностям, или призывать к признанию нашей общей человечности наперекор поляризующей и сковывающей политике идентичности.

Пускай сегодня многие признают существование этих проблем и интуитивно чувствуют, что идеи Теории неразумны и иллиберальны, сформулировать ответ на них оказывается непросто, поскольку аргументы против иррационализма и иллиберализма зачастую ошибочно понимаются или представляются как аргументы против самой социальной справедливости. В результате слишком многие люди даже не предпринимают таких попыток, несмотря на все свои добрые побуждения. Помимо опасности получить клеймо врага справедливого общества, критики методов Движения Социальной Справедливости сталкиваются еще с двумя препятствиями. Во-первых, основополагающие ценности Социальной Справедливости настолько противоречат здравому смыслу, что их трудно понять. Во-вторых, мало кому из нас приходилось защищать универсалистскую либеральную мораль, рациональное мышление и доказательный метод от тех, кто называет себя сторонниками социальной справедливости. До недавнего времени все это наилучшим образом *сочеталось* с достижением социальной справедливости. Таким образом, закончив разъяснять основополагающие принципы Социальной Справедливости, мы расскажем, каким образом их можно выявлять и как противостоять им. В девятой главе мы рассмотрим, как эти идеи вырвались за пределы академии и начали оказывать влияние на реальный мир. Наконец, в десятой главе мы попытаемся доказать, что лучший способ противостоять им — это общая приверженность определяющим для эпохи модерности четко сформулированным универсальным либеральным принципам и научно строгим, основанным на доказательствах исследованиям. Если повезет, то две последние главы нашей книги заложат основу для написания последней главы в истории Теории — ее, хочется верить, тихого и бесславного конца.

Таким образом, эта книга рассчитана на дилетанта, не имеющего отношения к таким исследованиям, но ощущающего влияние Теории на общество и желающего понять, что происходит. Она предназначена для либерала, для которого справедливое общество имеет большое значение, но который не может не заметить, что Движение Социальной Справедливости сбилось с верного пути, и хочет сформулировать последовательный и искренний ответ на это с либеральных позиций. «Циничные теории» написаны для любого представителя любой части политического спектра, который верит в свободный рынок идей — как способ их изучения и оспаривания, а также путь развития общества — и хочет понять, что по-настоящему являют собой постулаты Социальной Справедливости.

Эта книга не ставит своей целью помешать либеральному феминизму, антирасистскому активизму или борьбе за равенство ЛГБТ. Напротив, «Циничные теории» выросли из нашей приверженности идее гендерного, расового и ЛГБТ-равенства, а также из нашей обеспокоенности тем, что обоснованность и важность этой позиции в настоящее время подрываются Социальной Справедливостью. Кроме того, эта книга не содержит нападок на академические исследования или университеты как таковые. Напротив, мы стремимся защитить научно строгие исследования, основанные на доказательном методе, а вместе с ними и важнейшую функцию университета как центра производства знания от антиэмпирических, антирациональных и иллиберальных течений левого толка, угрожающих наделить силой антиинтеллектуальные, антиравноправные и иллиберальные течения правого толка.

Таким образом, в конечном итоге эта книга стремится предложить философскую либеральную критику академических исследований и активизма Социальной Справедливости и доказать, что они не способствуют достижению целей подлинной социальной справедливости и равенства. Некоторые исследователи в критикуемых нами областях усмехнутся и заявят, что в действительности мы занимаем ультраправую позицию и выступаем против изучения социетальной несправедливости, с которой сталкиваются маргинализированные индивиды. Объективное прочтение нашей книги продемонстрирует нежизнеспособность такой оценки. Многие другие исследователи в этих областях примут нашу либеральную, эмпирическую и рациональную позицию, но посчитают ее модернистским заблуждением, приоритизирующим белые, мужские, западные и гетеросексуальные конструкты знания и поддерживающим несправедливый статус-кво с его несостоятельными попытками постепенного улучшения общества. «Инструментами хозяина не разрушить хозяйский дом»[3], — скажут они нам. Мы ответим, что заинтересованы не столько в демонтаже либеральных обществ, эмпирических и рациональных концепций знания, сколько в развитии тех незаурядных достижений в области социальной справедливости, которым они способствовали. «Хозяйский дом» вполне хорош, просто не всех туда пускали. Либерализм расширяет доступ к этому монументальному строению, которое может дать каждому крышу над головой и уверенность в собственных силах. А вот равный доступ к развалинам вряд ли кому-то нужен. Найдутся и исследователи, которые, сочтя, что в нашей критике Социальной Справедливости есть доля истины, вступят с нами в доброжелательный диалог. Именно таких обменов мнениями мы с нетерпением ждем, и именно они могут вернуть нас на путь продуктивной и идеологически разнообразной дискуссии о вопросах социальной справедливости.

1. Постмодернизм

Знание и власть: революция

В 1960-х годах гуманитарная мысль коренным образом изменилась. Это принято связывать с именами нескольких французских теоретиков, прочно закрепившимися в массовом сознании, пусть их книги и не встретишь в каждом доме: Мишеля Фуко, Жака Деррида и Жана-Франсуа Лиотара. Предложив принципиально новое понимание мира и нашего к нему отношения, они совершили революцию в социальной философии, да и, возможно, *во всем* социальном. Последующие десятилетия кардинально изменили не только то, как и о чем мы мыслим, но и сам способ мышления о мышлении. Эта революция происходила вдали от повседневной суеты, в тишине университетских кабинетов, однако она оказала глубокое влияние на то, как мы взаимодействуем с миром и друг с другом. В ее основу легло радикальное мировоззрение, позже получившее известность как постмодернизм.

Постмодернизм трудно поддается определению — возможно, не случайно. Он представляет собой совокупность идей и способов мышления, появившихся как ответ на определенные исторические обстоятельства: итоги мировых войн и их культурное влияние, повсеместное разочарование в марксизме, секуляризацию в постиндустриальных обществах и стремительное развитие технологий. Пожалуй, продуктивнее всего будет определить постмодернизм как отказ одновременно от модерн*изма* — интеллектуального движения конца XIX и первой половины XX века — и от модерности — эпохи, наступившей после окончания Средневековья, в которой мы (вероятно) все еще живем. Вырвавшись за пределы академии, эта новоявленная форма радикального скептицизма в отношении самой возможности достичь объективного знания атаковала наш социальный, культурный и политический образ мысли. Отвергая некоторые из основ модернистской мысли, постмодернисты одновременно указывали, что в других своих проявлениях та остановилась на полпути. В частности, они отринули основополагающее модернистское стремление к аутентичности, объединяющим нарративам, универсализму и прогрессу, достигаемому в первую очередь посредством научного знания и технологий. В то же время они довели до крайности относительно взвешенный, хотя и мрачный скептицизм модернистов в отношении традиции, религии и самоуверенности эпохи Просвещения, наряду с их упованием на рефлексивность, нигилизм и иронические формы критики[1]. Постмодернизм подверг структуры мышления и общества настолько экстремальным сомнениям, что в конечном счете стал формой цинизма.

Кроме того, постмодернизм стал отрицательной реакцией на современность и ее «глубокую культурную трансформацию, приведшую к возникновению представительной демократии, торжеству науки, преобладанию разума над суевериями и становлению личных свобод, позволяющих человеку жить в соответствии со своими ценностями»[2]. Хотя постмодернизм открыто отвергает возможность существования принципов, на которых основана модерность, он тем не менее оказал глубокое влияние на мышление, культуру и политику обществ, многим ей обязанных. Как отмечает литературовед Брайан Макхейл, постмодернизм стал «доминирующей культурной тенденцией (или, выражаясь аккуратнее, просто доминирующей тенденцией) в ходе второй половины XX века в развитых индустриальных обществах Запада, распространившись со временем и в другие регионы земного шара»[3].

Отдаляясь от своих революционных истоков, постмодернизм обретал новые формы, но сохранял первоначальные принципы и сюжеты. Со временем он стал все сильнее влиять на культуру, активизм и академическую мысль, особенно в том, что касается гуманитарных и социальных наук. Постмодернизм категорически отвергает сами основы современных развитых цивилизаций, а следовательно, грозится их подорвать. Потому осмыслить постмодернизм — дело безотлагательное.

Постмодернизм с трудом поддается не только определению, но и обобщению. Он был и остается многогранным явлением, охватывающим огромные области интеллектуальной, художественной и культурной жизни. Его границы, природа, форма, цель, ценности и сторонники всегда были предметом споров, что еще больше осложняет ситуацию. Это вполне естественно для типа мысли, чье оружие — плюрализм, противоречие и двусмысленность, но не очень помогает разобраться в нем или в его философском и культурном наследии.

При попытках определить постмодернизм возникают не только концептуальные сложности, но также пространственные и временные, поскольку постмодернизм никогда не был монолитным движением. Первые проявления культурного феномена, который мы позже назовем постмодернизмом, носили художественный характер и датируются примерно 1940 годом. Уже к концу 1960-х он начал гораздо сильнее выделяться в различных областях гуманитарных и социальных дисциплин, включая психоанализ, лингвистику, философию, историю и социологию. К тому же в различных измерениях и в разные времена постмодернизм проявлялся по-разному. В результате в постмодернистской мысли нет ничего, что являлось бы принципиально новым; его основоположники неизменно опирались на своих предшественников от сюрреалистического искусства, антиреалистической философии* и революционной политики. Кроме того, постмодернизм проявлялся по-разному от страны к стране, производя отдельные вариации общих сюжетов. Итальянские постмодернисты, наследуя модернизму, выдвигали на первый план эстетические элементы, в то время как в США возобладали более прямолинейные и прагматичные подходы. Французы отдавали предпочтение социальному, революционному и *деконструктивистскому* подходам к модернизму[4]. Именно их метод будет представлять для нас наибольший интерес, поскольку в первую очередь некоторые из французских идей, в особенности о знании и власти, со временем выделились в качестве основных векторов постмодернизма и теперь обычно называются просто *Теорией*. Упрощенные, более конкретные и практичные формы этих идей укоренились среди борцов за социальную справедливость и академических исследователей, а также в мейнстримном общественном сознании — хотя, парадоксальным образом, в большей степени в англоговорящем мире, нежели в самой Франции.

Поскольку в основном мы сосредоточимся на прикладных производных постмодернистской мысли, получивших социальное и культурное влияние (если не сказать могущество), эта глава не пытается охватить необъятное пространство постмодернизма[5]. Кроме того, мы не станем касаться нескончаемой дискуссии о том, каких мыслителей допустимо называть постмодернистами, имеет ли сам термин «постмодернизм» смысл и не стоит ли отделять критиков постмодерна от постструктуралистов и тех, чья работа основывается на методе *деконструкции*. Безусловно, эти различия существуют, однако подобная систематизация

---

* Автор использует понятие (*англ.* antirealist philosophy), предложенное британским философом Майклом Даммитом для обозначения общей для многих философских традиций эпистемологической позиции. Согласно ей, в своей аргументации мы не можем апеллировать к существованию познаваемой «объективной» реальности. — *Прим. ред.*

представляет интерес главным образом для ученых. Вместо этого мы выделим несколько устойчивых основополагающих тезисов постмодернизма, которые являются движущей силой современного активизма, формируют образовательную теорию и практику и задают тон сегодняшним общественным дискуссиям. Среди них: скептическое отношение к объективной реальности; восприятие языка как инструмента производства знания; «конструирование» индивида и роль, которую во всем этом играет власть. Эти факторы обусловили «постмодернистский поворот» (postmodern turn) — главный итог 1960-х и 1970-х. В частности, мы хотим объяснить, каким образом в ходе этой масштабной перемены упомянутые фундаментальные идеи обрели популярность в культуре и легитимность в научной среде, приведя к тому концептуальному расколу, который лежит в основании множества сегодняшних социальных, культурных и политических разногласий.

Предпосылки, принципы и сюжеты постмодернизма

С некоторыми оговорками можно утверждать, что постмодернизм возник между 1950-ми и 1970-ми — точные даты зависят от того, интересуют ли вас в первую очередь его художественные или социальные аспекты. Первые перемены произошли в искусстве: мы можем проследить их по крайней мере к 1940-м в работе такого творца, как аргентинский писатель Хорхе Луис Борхес. Однако для нас ключевым этапом является конец 1960-х годов, ознаменовавшийся появлением на исторической сцене таких французских теоретиков культуры, как Мишель Фуко, Жак Деррида и Жан-Франсуа Лиотар, — основоположников того, что позже стало известно как просто Теория.

В середине XX века Европа единовременно пережила ряд глубоких социальных потрясений. Первая и Вторая мировые войны пошатнули доверие европейцев к понятию прогресса и взрастили тревогу в отношении мощи технологий. Левые интеллектуалы по всей Европе начали с подозрением относиться к либерализму и западной цивилизации, позволившей фашизму прийти к власти, — причем зачастую к подобным катастрофическим результатам приводила воля фрустрированного электората. Империи развалились, а колониализм перестал быть морально приемлемым для большинства людей. Бывшие имперские подданные начали мигрировать на Запад, побуждая левую интеллигенцию уделять больше внимания расовому и культурному неравенству и в особенности тому, каким образом его возникновению способствуют структуры власти. Активизм в защиту прав женщин и сексуальных меньшинств и движение за гражданские права в США получали все более широкую общественную поддержку, в то время как разочарованность марксизмом — до той поры главной левой концепцией социальной справедливости — распространялась в рядах политических и культурных левых. Учитывая катастрофические результаты коммунизма повсюду, где его пытались построить, подобная разочарованность была вполне обоснованной и радикально изменила мировоззрение левых культурных элит. В результате, учитывая роль науки в допущении, производстве и оправдании невообразимых ужасов своего века, некогда непоколебимая вера в нее подверглась тщательной ревизии. В это же время среди молодого поколения обретает силу новая яркая популярная культура, которая спешит потягаться с традиционной «высокой». Стремительное развитие технологий и массового производства потребительских товаров дало этой «средней культуре» возможности распалять ничем не ограниченную жажду все нового искусства, музыки и развлечений. В свою очередь это породило страхи перед вырождением общества в искусственный, гедонистический, капиталистический, потребительский мир фантазий и игр.

Подобная реакция обычно принимала форму характерного для постмодернизма беспросветного пессимизма, вызывая опасения по поводу гордыни человеческого рода с одной стороны и потери смысла и аутентичности — с другой. Столь явно выраженное отчаяние позволяет охарактеризовать сам постмодернизм как глубокий кризис доверия и аутентичности, поразивший культуру и сопровождающийся растущими сомнениями в либеральных общественных устоях. Возрастающие опасения по поводу утраты смысла, вызванные стремительным совершенствованием технологий, определили характер этой эпохи.

Постмодернизм с особым скепсисом относился к науке и другим общепринятым способам легитимации утверждений в качестве «истин», а также к подкрепляющим их масштабным, всеобъемлющим умопостроениям. Он нарек их *метанарративами*[6], своего рода разновидностями культурных мифов, характерными следствиями близорукости и высокомерия людей. Постмодернизм исходил из радикального скептицизма в отношении подобных нарративов. Столь глубокий скептицизм следует понимать как своего рода цинизм в отношении всей истории человеческого прогресса — искаженную форму появившегося задолго до него масштабного культурного течения скептицизма. Скептицизм по поводу больших нарративов — не являвшийся, однако, цинизмом — был важной составляющей Просвещения и модернизма и набирал все бóльшие обороты в западном обществе на протяжении нескольких столетий, предшествующих рождению постмодернизма в 1960-х.

На раннем этапе ярко выраженный, но обоснованный культурный скептицизм сыграл ключевую роль в развитии научной (и не только) мысли эпохи Просвещения, перед которой стояла необходимость освободиться от влияния преобладавших прежде метанарративов (в основном религиозного характера). К примеру, в результате Реформации в XVI веке единое религиозное пространство раскололось в том числе на многочисленные протестантские секты, отрицающие как предшествующую им ортодоксию, так и друг друга. Кроме того, появление в конце XVI века трактатов, направленных на борьбу с атеизмом, явно свидетельствовало о начале упадка религиозной веры. В ходе XVII века произошла революция в медицине и анатомии, которые прежде были основаны на трудах древних греков; резко вырос уровень знаний о человеческом теле. Научная революция стала результатом широко распространившихся сомнений в общепринятых истинах и стремительного роста различных видов производства знаний. В основе выработки научного метода в XIX веке лежал скептицизм и потребность во все более скрупулезных испытаниях и опровержениях знания.

Помимо увлеченности циничным «скептицизмом», постмодернисты были озабочены тем, что современное общество потеряло аутентичность и смысл, — эта тема особенно волновала французских Теоретиков. Острее прочих такие опасения выразил Жан Бодрийяр. Согласно Бодрийяру, чье нигилистическое отчаяние по поводу утраты «реального» во многом опиралось на труды французского психоаналитика Жака Лакана, вся реальность превратилась в симуляцию (имитацию реальных явлений и систем) и симулякры («копии», не имеющие оригиналов)[7]. Бодрийяр описывает три порядка симулякров, ассоциирующиеся с премодерном, модерном и постмодерном. По его словам, в эпоху премодерна — до того, как Просвещение в корне изменило наше отношение к знанию, — существовала подлинная реальность, которую люди пытались отобразить. В модерне эта связь оборвалась из-за того, что производство приобрело массовый характер и каждый оригинальный объект смог иметь множество идентичных копий. В период постмодерна, заключает он, оригинал перестал существовать: все вокруг стало симулякрами, представляющими собой неудовлетворительные имитации и образы реального. Это состояние Бодрийяр называет *гиперреальностью*[8]. Здесь проявляется тенденция постмодернистов искать истоки смысла в языке и уделять чрезмерное внимание его способности — путем ограничения и формования знания — конструировать социальную реальность, представляемую истинной.

Те же самые угрожающие аутентичности факторы были главной заботой и других постмодернистских мыслителей. Французские философы Жиль Делёз и Феликс Гваттари, например, утверждали, что личность подавляется капиталистическим, потребительским обществом[9]. В схожем ключе рассуждал американский ученый-марксист Фредрик Джеймисон, особенно сильно критиковавший постмодернизм за отсутствие глубины и видевший его поверхностью, за которой не кроется весомых смыслов. Как и Бодрийяр, он считал постмодернистский период *симуляцией* — искусственной и состоящей лишь из копий. Выражая характерное для постмодернизма отчаяние, он диагностировал *исчезновение аффекта* (*waning of affect*) — ситуацию, в которой ничто более не способно достучаться до человеческого сердца. Согласно Джеймисону, поверхностная эстетика захватывает наше внимание, отдаляет и отвлекает людей от чересчур глубоких переживаний. В этом смысле он неприкрыто сетовал на цинизм, составляющий основу постмодернизма. «Смерть субъекта» в его терминологии отсылает к потере индивидуальности и уверенности в стабильном внутреннем «я». На смену пародии, утверждает он, пришел «пастиш» — имитация, лишенная мотивов и глубины; нескончаемое заимствование и переработка. Пресыщение, обеспечиваемое легкодоступными впечатлениями, привело к постоянному переживанию *Возвышенного* — нескончаемой искусственной эйфории. В конце концов эта бесцельность, а также утрата смысла и основ привели к *ностальгии* — постоянному оглядыванию назад в поисках настоящего[10]. Крайне важно отметить, что эта глубочайшая безысходность, составляющая основу критики постмодерна, была в основном описательной, а не предписывающей. Время предписаний настанет позже.

Реакционный скептицизм в отношении модернизма и модерности, характерный для постмодернистской мысли, особенно резко выразился в недовольстве технологиями и обществом потребления и опасениях, которые они вызывали. По крайней мере, среди академиков, занятых культурной критикой, это привело к ситуации, которую философ, социолог и литературный критик Жан-Франсуа Лиотар в 1979 году описал как «состояние постмодерна» (the postmodern condition). Лиотар характеризовал это состояние как глубокий скептицизм в отношении возможности существования какой бы то ни было ярко выраженной смыслообразующей структуры в основе человеческой жизни. Антрополог и географ Дэвид Харви также называет эту ситуацию «состоянием постмодерна» (the condition of postmodernity)* и рассматривает ее как результат «крушения проекта Просвещения»[11]. Упомянутые мыслители ссылаются главным образом на общее ощущение, что научная и нравственная уверенность, с помощью которых мы мыслили современность, больше не состоятельны, а утрата присущих им аналитических инструментов делает ситуацию совершенно безнадежной. Их выводы приняли форму крайне радикального скептицизма и глубокого цинизма, особенно в отношении языка, знания, власти и индивида[12].

Впрочем, что же такое постмодернизм? Онлайн-энциклопедия «Британника»** определяет постмодернизм так:

---

* В общепринятых русских переводах формулировки Дэвида Харви (*англ.* the condition of postmodernity) и Жана-Франсуа Лиотара (*фр.* Le condition postmoderne) совпадают, в то время как в английском языке разница выражена несколько более отчетливо. Последнее можно было бы перевести также как «постмодерное состояние». — *Прим. ред.*

** Старейшая британо-американская англоязычная энциклопедия. С 2012 года выпускается в мультимедийном формате.

> Движение конца XX века, характеризующееся ярко выраженным скептицизмом, субъективизмом или релятивизмом, настороженным отношением к рациональному мышлению и высокой чувствительностью к роли идеологии в установлении и сохранении политической и экономической власти[13].

Уолтер Трутт Андерсон в 1996 году описал четыре столпа постмодернизма[14].

1. Социальное конструирование понятия личности: идентичность формируется не традицией, а в результате воздействия множества культурных факторов.

2. Релятивизм морального и этического дискурса: моральные нормы не открываются, а изобретаются. Иначе говоря, мораль не основана на культурной или религиозной традиции, не ниспослана нам небесами, а формируется в результате обмена мнениями и выбора. Релятивизмом это можно назвать не потому, что в нем отсутствует момент оценки, но из-за убежденности в том, что все моральные нормы представляют собой социально сконструированные культурные мировоззрения.

3. Деконструкция искусства и культуры: упор делается на бесконечную игривую импровизацию, непостоянство сюжетов и смешение «высокой» и «низкой» культур.

4. Глобализация: люди рассматривают любые границы как социальные конструкции, которые можно пересекать и реконструировать, и склонны с меньшей серьезностью относиться к своим родовым нормам.

Многие согласны с утверждением, что постмодернизм сфокусирован вокруг ряда основных сюжетов, как бы сильно постмодернисты ни сопротивлялись подобной категоризации. (Эти сюжеты можно назвать фундаментом «постмодернистского метанарратива».) Среди центральных сюжетов постмодернизма норвежский психолог Стейнар Квале, руководивший Центром квалитативных исследований Университета Орхуса (Дания), выделяет сомнение в способности какой бы то ни было человеческой истины отражать объективную реальность, фокусировку на языке и на том, каким образом общества используют его для создания собственных локальных реальностей, а также отрицание универсального[15]. По его версии, эти сюжеты спровоцировали повышенный интерес к сторителлингу и нарративам, особенно тем, в которых «истины» помещены в рамки определенных культурных конструктов. Они же привели к релятивизму, допускающему, что различные описания реальности не могут быть сопоставлены друг с другом никаким окончательным — то есть объективным — образом[16].

Вслед за Квале[17] мы можем выдвинуть ключевое наблюдение: постмодернистский поворот обусловил важный сдвиг от модернистской дихотомии объективно-универсального и субъективно-индивидуального к локальным нарративам (и прожитому опыту повествователей). Иными словами, граница между объективно истинным и субъективно переживаемым оказалась стерта. Восприятие общества как совокупности индивидов, каждый из которых по-своему взаимодействует с универсальной реальностью, — основа либеральных принципов свободы личности, человечности* и равенства возможностей — сменилось множеством гипотетически равносильно

---

* В данном случае под термином «человечность» (*англ.* shared humanity) подразумевается не бытовое определение добродетели гуманизма, но представление о человеческой природе как универсальной, преобладающей над индивидуальными и групповыми особенностями. — *Прим. ред.*

достоверных знаний и истин, конструируемых группами людей с общими, вытекающими из их социального положения маркерами идентичности. В рамках постмодернистского мышления знание, истина, смысл и нравственность — конструкты отдельных культур, не имеющих в своем распоряжении необходимых инструментов или терминов для оценки друг друга.

Постмодернистский поворот по своей сути является реакцией, отрицанием модернизма и модерности[18]. Согласно мышлению эпохи Просвещения, существуют более или менее надежные методы познать объективную реальность. Знания об объективной реальности, полученные научным методом, позволили нам построить современность и помогают продолжать делать это по сей день. Для постмодернизма, напротив, реальность становится продуктом нашей социализации и жизненного опыта, сконструированного системами языка. Значимость этой перемены в 1994 году подчеркнул социолог Стивен Сайдман, автор термина «постмодернистский поворот»: «В западном обществе происходят большие социальные и культурные изменения. Понятие „постмодерн“ отражает по крайней мере некоторые аспекты этого социального изменения»[19]. Уолтер Трутт Андерсон в 1996-м выразился еще красноречивее: «Мы находимся на этапе огромного, запутанного, напряженного и чрезвычайно многообещающего исторического перехода, и связан он с изменением не столько того, *во что* мы верим, сколько того, *как* мы верим. Люди во всем мире переживают смену убеждений — точнее говоря, смену убеждений относительно убеждений»[20]. Сайдман и Андерсон описывают перемены в *эпистемологии*, то есть в том, как мы приобретаем и осмысливаем знание. Постмодернистский поворот характеризуется прежде всего отказом от ценностей Просвещения — в особенности от ценностей, касающихся производства знания, которые постмодернизм связывает с властью и ее несправедливым применением. Таким образом, постмодернистский взгляд на Просвещение очень узок и легко эволюционирует в цинизм[21]. Просвещение, отвергнутое постмодернистами, характеризуется верой в объективное знание; универсальную истину; науку (или, в более широком смысле, процедуру доказательства) как метод получения объективного знания; силу разума; способность к прямой коммуникации посредством языка; универсальную человеческую природу и индивидуализм. Кроме того, постмодернисты отрицали, что ценности Просвещения помогли Западу достичь значимого прогресса и способны послужить делу прогресса в дальнейшем[22].

Два принципа и четыре сюжета

Постмодернистские мыслители придерживались поразительно разнообразных подходов к критике модернизма и мысли эпохи Просвещения, особенно когда дело касалось универсальных истин, объективного знания и индивидуальности. Но мы можем выделить несколько устойчивых сюжетов. Постмодернистский поворот включает в себя два неразрывно связанных главенствующих принципа — один в отношении знания, другой в отношении политики, — которые являются основанием четырех ключевых сюжетов. Вот эти принципы.

- **Постмодернистский принцип знания:** радикальный скептицизм в отношении возможности получения объективного знания или истины, а также приверженность культурному конструктивизму.

- **Постмодернистский политический принцип:** убеждение, что общество состоит из структур власти и иерархий, определяющих, что и как допустимо знать.

Четыре основных сюжета постмодернизма:

1. Размывание границ.

2. Власть языка.

3. Культурный релятивизм.

4. Утрата индивидуального и универсального.

Вместе вышеупомянутые шесть основных положений позволяют дать характеристику постмодернистскому мышлению и разобраться в том, как оно работает. Это ключевые принципы Теории, которые остались практически неизменными в ходе преображения деконструктивистского и пессимистического раннего постмодернизма и его прикладных форм в крикливый, почти религиозный активизм, который мы наблюдаем сегодня. Описанный феномен, обязанный своим происхождением различным теоретическим подходам гуманитарных наук — в особенности тем, что обозначаются термином «культурные исследования», — и к настоящему моменту трансформировавшийся в постмодернистское учение о социальной справедливости, активизм и современную культуру, мы и намереваемся исследовать.

Постмодернистский принцип знания

Радикальный скептицизм в отношении возможности получения объективного знания или истины, а также приверженность культурному конструктивизму

Постмодернизм характеризуется радикальным скептицизмом в отношении доступности объективной истины. В Просвещении, модернизме и научной мысли объективная истина рассматривалась как нечто существующее, нечто, что можно было бы приблизительно познать с помощью экспериментов, критериев фальсифицируемости и отменяемости*. Постмодернистский же подход к знанию опирается на скромное, почти банальное зерно истины — мы ограничены в нашей способности знать и для того, чтобы выразить то, что знаем, вынуждены прибегать к помощи языка, понятий и категорий, — стремясь продемонстрировать, что *все* утверждения, претендующие на истинность, являются культурными конструктами, наделенными ценностью извне. Этот подход называется *культурным* или *социальным конструктивизмом*. В частности, научный метод он рассматривает не как лучший способ производства и легитимации знаний, а как один из множества культурно обусловленных подходов, столь же подверженный ошибкам мышления, как и любой другой.

Культурный конструктивизм — это не вера в то, что реальность *буквально* создается бытующими в культуре убеждениями. Например, если когда-то мы ошибочно верили, что Солнце вращается вокруг Земли, это не означает, что наши убеждения каким-либо образом влияли на Солнечную систему и ее динамику. Вместо этого он утверждает, что люди настолько прочно вписаны в рамки своих культур, что любые истины или знания являются всего лишь выражением этих культур: мы приняли решение, что факт вращения Земли вокруг Солнца «истинен» или «известен», просто *исходя из того, что мы устанавливаем в качестве истины в рамках актуальной для нас культуры.* То есть, несмотря на то что реальность не меняется в соответствии

---

* В первом случае в оригинале использовано *англ.* falsification — авторы, по-видимому, отсылают к критерию Поппера, согласно которому какая-либо теория может считаться научной лишь в том случае, если ее возможно опровергнуть в ходе эксперимента. Близкий в переводе термин «отменяемость» (*англ.* defeasibility) заимствован авторами из логико-юридического вокабуляра; в данном случае его следует понимать как возможность отмены или аннулирования тех или иных норм или понятий. Подробнее см. *Касаткин С. Н.* Приписывание прав и ответственности в концепции Герберта Л. А. Харта // Вектор науки ТГУ. 2010. № 3. — *Прим. ред.*

с нашими убеждениями, *изменчива* сама наша способность считать что-либо истинным в отношении этой реальности (или ложным, или «безумным»). Если бы мы принадлежали к культуре, которая по-иному производит и легитимирует знание, то в рамках нашей культурной парадигмы «истиной» мог бы, допустим, считаться тот факт, что Солнце вращается вокруг Земли. Соответственно, и «сумасшедшими» бы тогда считались другие люди, несогласные уже с этой гипотезой.

Несмотря на то что утверждение «мы создаем реальность посредством наших культурных норм» не тождественно утверждению «мы устанавливаем, что истинно/известно, в соответствии с нашими культурными нормами», на практике между ними нет разницы. Постмодернистский подход к знанию отрицает, что соответствие объективной истины или знания реальности определяется посредством доказательств — независимо от эпохи или культуры, о которых идет речь, и независимо от того, считается ли доказательный метод лучшим способом определения истины в рамках этой культуры. Постмодернистский подход допускает существование объективной реальности, но делает акцент на препятствиях к познанию этой реальности, исследуя культурные предубеждения и гипотезы и выстраивая теории о том, как они работают[23].

Именно на это ссылается американский философ-постмодернист Ричард Рорти, когда пишет: «Мы должны различать утверждения о внеположенности мира от утверждений о внеположенности истины»[24]. В этом смысле постмодернизм опирается на полный отказ от *корреспондентной теории истины*, то есть от точки зрения, согласно которой объективная истина существует и может быть установлена в качестве таковой на основании ее соответствия действительному положению вещей в мире[25]. Существование «внеположенных» действительных истин об объективной реальности и возможность их познания человеком, разумеется, лежат в основе мышления эпохи

Просвещения и имеют ключевое значение для развития науки. Глубоко радикальный скептицизм в отношении этой идеи является ключевым для постмодернистского представления о знании.

Французский философ Мишель Фуко — центральная фигура постмодернизма — высказывает аналогичное сомнение, когда утверждает, что «в культуре в данный момент всегда имеется лишь одна эпистема, определяющая условия возможности любого знания, проявляется ли оно в теории или незримо присутствует в практике»[26]. Фуко особенно интересовали отношения между языком, или, точнее говоря, *дискурсом* (способом высказывания о вещах), производством знания и властью. На протяжении 1960-х годов он подробно исследовал эти идеи в ряде своих важных работ: «Безумие и цивилизация» (1961), «Рождение клиники» (1963), «Слова и вещи» (1966) и «Археология знания» (1969)[27]. Согласно Фуко, высказывание раскрывает не только информацию, а еще и правила и условия дискурса. Они регулируют конструирование истины и знания. Доминирующие дискурсы обладают огромной властью, поскольку определяют, что можно считать истинным и, следовательно, уместным в определенном времени и месте. Таким образом, по мнению Фуко, решающий фактор определения истины — социополитическая власть, а не соответствие реальности. Фуко настолько интересовала концепция влияния власти на то, что считается знанием, что в 1981 году он ввел в оборот термин «власть-знание», чтобы выразить неразрывную связь между дискурсами власти и тем, что мы знаем. Фуко называл доминирующий набор идей и ценностей *эпистемой*, определяющей то, каким образом мы идентифицируем знание и как взаимодействуем с ним.

В работе «Слова и вещи» Фуко приводит аргументы против представлений об объективной истине и предлагает мыслить терминами «режимов истины», которые меняются в зависимости от эпистемы, присущей той или иной культуре и тому или иному времени. В результате Фуко приходит к тезису о том, что фундаментальных принципов познания истины не существует и любое знание «локально» для знающего[28] — именно эти представления лежат в основе постмодернистского принципа знания. Фуко не отрицал, что реальность существует, однако сомневался в способности людей выйти за границы своих культурных предубеждений достаточно далеко, чтобы добраться до нее.

Главный вывод из вышесказанного: постмодернистский скептицизм отличается от обыденного скептицизма, который также можно назвать «обоснованным сомнением». Скептицизм, применяемый в науке и других точных способах производства знания, задается вопросом: «Как я могу убедиться, что данное положение истинно?» — и лишь в порядке эксперимента примет как предполагаемую истину (provisional truth) гипотезу, выдержавшую множественные попытки опровержения. К подобным положениям прибегают в условных моделях, чья ценность зависит от того, насколько хорошо они что-то объясняют или предсказывают. Скептический принцип, популярный среди постмодернистов, часто называют «радикальным скептицизмом». Он гласит: «Все знание сконструировано: по-настоящему интересно выдвигать теории о том, почему знание сконструировано именно таким образом». Тем самым радикальный скептицизм заметно отличается от научного скептицизма, характерного для эпохи Просвещения. Постмодернистский взгляд ошибочно настаивает на том, что научная мысль не отличается особой надежностью и точностью в определении того, что истинно, а что нет[29]. Научное рассуждение интерпретируется как *метанарратив* — всеобъемлющее объяснение того, как устроен мир, а ко всем подобным объяснениям постмодернизм подходит с позиции радикального скептицизма. В постмодернистском мышлении известное является таковым лишь в рамках культурной парадигмы, которая произвела данное знание, и, следовательно, отражает ее структуры власти. Как следствие, постмодернизм расценивает любое знание как локальное и политическое по своей сути.

Подобный взгляд обычно приписывается французскому философу Жану-Франсуа Лиотару, выступавшему с критикой науки, Просвещения и марксизма. Для Лиотара каждый из этих проектов был ярким примером модернистского или просвещенческого метанарратива (sic). Лиотар опасался, что наука и технология были лишь «языковой игрой» — одним из способов легитимации истины — и подчиняли себе все остальные языковые игры. Он оплакивал утрату локальных малых «знаний», передаваемых в форме устных преданий, и считал, что вкупе со смыслообразующей функцией наука, отчужденная от других сфер знания, теряет и ценные нарративы. Его знаменитая характеристика постмодернизма как «скептицизма по отношению к метанарративам»[30] оказала огромное влияние на развитие этой школы мысли, ее аналитического инструмента и мировоззрения.

В этом и состоял знаменательный вклад постмодернизма в знание и его производство. Постмодернизм не изобрел скептическую переоценку устоявшихся убеждений. Он оказался неспособен уловить, что научные и другие формы либеральных суждений (вроде аргументов в пользу демократии и капитализма) являются не столько метанарративами (хотя могут стать их частью), сколько несовершенными, но самокорректирующимися процессами, применяющими продуктивную и действенную форму скептицизма ко всему, включая самих себя. Эта оплошность привела к столь же ошибочному политическому проекту.

Постмодернистский политический принцип

Убеждение, что общество состоит из структур власти и иерархий, определяющих, что и как допустимо знать

Политически постмодернизм характеризуется повышенным вниманием к власти как к направляющей и структурирующей силе общества — этот фокус опирается на отрицание возможности объективного знания. Власть и знание рассматриваются как неразрывно переплетенные явления — наиболее очевидным образом в работах Фуко, обозначающего знание термином «власть-знание». Лиотар также описывал «прочную взаимосвязь»[31] между языками науки, политики и этики, а Деррида особенно интересовал механизм власти, заложенный в иерархической бинарности господства и подчинения, которую он усматривал в языке. Схожим образом Жиль Делёз и Феликс Гваттари полагали, что люди *вписаны в код* различных структур власти и ограничений и вольны действовать свободно лишь в условиях капитализма и свободного денежного потока. В этом смысле, согласно постмодернистской Теории, именно власть решает не только что верно фактически, но и что правильно морально. Власть подразумевает господство, что плохо, а подчинение подразумевает угнетенность, от которой хорошо бы избавиться. В 1960-е годы эти взгляды царили в атмосфере парижской Сорбонны, оказавшей сильное интеллектуальное влияние на первых Теоретиков.

Особое внимание к механизму власти привело названных авторов к выводу, что обладающие ею одновременно намеренно и бессознательно выстроили общество максимально выгодным для себя образом — так, чтобы их привилегированные позиции оставались незыблемыми. Для этого они легитимировали определенные способы понимания истины, которые затем распространились по всему обществу, создав социальные правила, закрепившиеся на всех уровнях жизни под видом здравого смысла. Таким образом, власть постоянно укрепляется при помощи легитимных или навязанных дискурсов, включающих в себя представления о приличиях и аргументативном дискурсе, апелляции к объективным доказательствам и даже правила грамматики и синтаксиса. В результате постороннему наблюдателю сложно проникнуться постмодернистским подходом, поскольку он слишком похож на теорию заговора. Правда, те изощренные заговоры, на которые он намекает, в некотором смысле заговорами вовсе не являются, поскольку не подразумевают действующих лиц, скоординированно дергающих за ниточки; на самом деле в них принимает участие каждый из нас. Таким образом, Теория — это теория заговора без заговорщиков. В постмодернистской Теории власть не навязывается свыше, напрямую и открыто, как в марксистской системе, а пронизывает все уровни общества и осуществляется всеми нами посредством рутинных взаимодействий, ожиданий, условий социальной среды и сконструированных культурой дискурсов, выражающих определенное понимание мира. Все это обеспечивает контроль над тем, какие иерархии подлежат сохранению — скажем, посредством законодательства или легитимирующего механизма научных публикаций, — а также над системами, в которые мы встроены. Заметьте, в каждом из этих примеров источниками угнетения выставлены именно *социальная система* и присущий ей механизм власти, а не обладающие безусловной волей индивидуальные агенты. Таким образом, общество, его устройство или отдельные институты в определенном смысле могут рассматриваться как репрессивные структуры, даже если ни один из причастных к ним индивидов ни разу не проявил себя как сторонник угнетения.

Для постмодернистов ситуация угнетения не обязательно является результатом сознательного и согласованного заговора сторонников патриархальных и гетеронормативных взглядов, равно как и идеи превосходства белой расы. Они полагают, что это неизбежное следствие самоподдерживающихся систем, ставящих одни группы в привилегированное положение по отношению к другим — *бес*сознательный, *рас*согласованный заговор, свойственный структурам, связанным с властью. Однако, по их мнению, эти системы действительно патриархальные, гетеронормативные и супрематистские*, поэтому они неиз-

* От *англ.* white supremacy — идея превосходства белой расы над прочими. — *Прим. ред.*

бежно приводят к несправедливым преимуществам для гетеросексуальных белых западных мужчин, помогая им сохранить статус-кво и не учитывая интересы женщин, а также расовых и сексуальных меньшинств.

Проще говоря, одно из главных убеждений постмодернистской политической мысли состоит в том, что в обществе есть могущественные силы, разделяющие его на категории и иерархии в своих интересах. Они добиваются этого, предписывая, что допустимо говорить об обществе и его особенностях и что допустимо принимать в качестве истины. Например, требование представить доказательства и обоснования каких-либо утверждений будет рассматриваться сквозь призму постмодернистской Теории как предложение об участии в системе дискурсов и производства знания, созданной сильными мира сего, которые разработали эти методы, чтобы исключить альтернативные способы взаимодействия и производства «знания». Иными словами, Теория полагает, что наука выстроена таким образом, чтобы служить интересам своих основателей — белых мужчин западного происхождения — и при этом создавать препятствия для всех остальных. Цинизм в основании Теории очевиден.

Из-за сосредоточенности фокуса на изучении самовоспроизводящихся систем власти лишь немногие из первых Теоретиков ратовали за какие-либо конкретные политические меры, предпочитая им ироничную деконструкцию или нигилистическое отчаяние. На самом деле первые постмодернисты не верили в возможность значимых изменений по причине имманентной бессмысленности окружающего мира и культурно-релятивистской природы нравственности. Тем не менее через постмодернистскую Теорию красной нитью проходит левая идея о том, что репрессивные структуры власти сковывают человечество и должны быть подвергнуты критике. Это приводит к этическому императиву деконструировать, оспаривать, проблематизировать (отыскивать и раздувать внутренние проблемы) и отторгать все способы мышления, поддерживающие репрессивные структуры власти, категории, относящиеся к этим структурам, а также язык, способствующий их закреплению, — таким образом внедряя систему ценностей в то, что могло бы стать умеренно пригодной дескриптивной теорией.

Этот импульс вызывает параллельное стремление отдавать предпочтение нарративам, структурам и знанию маргинализированных групп. Фуко недвусмысленным образом говорит о неизменной опасности репрессивных систем:

> Я не говорю, что все плохо, я говорю, что все опасно, а это не совсем то же самое. Если все опасно, тогда мы всегда должны что-то предпринимать. Поэтому моя позиция ведет не к апатии, а к гипертрофированному и пессимистическому активизму. Я считаю, что этико-политический выбор, который мы должны совершать каждый день, состоит в определении главной опасности[32].

Такое восприятие часто подается постмодернистскими Теоретиками как новаторское, но едва ли в нем есть что-то оригинальное, за исключением революционной направленности (во французском стиле). Постепенное формирование либеральной, светской демократии в эпоху Просвещения и Новое время характеризовалось борьбой против репрессивных сил и поиском свободы. Борьба против гегемонии католической церкви была прежде всего этическим и политическим конфликтом. Французская революция выступала против как церкви, так и монархии. Американская революция противостояла британскому колониальному владычеству и непредставительным формам правления. На протяжении всех этих предшествующих постмодернизму эпох такие институции, как, прежде всего, монархическое правление и рабство, затем патриархат и классовые системы и, наконец, принудительная гетеросексуальность, колониализм и расовая сегрегация, были опротестованы — и повержены — *либерализмом*. Наибольший прогресс был достигнут в 1960-х и 1970-х, когда расовая и гендерная дискриминация стала незаконной, а гомосексуальность была декриминализирована. Все это случилось *до того*, как постмодернизм обрел свое влияние. Постмодернизм не изобретал нравственного противодействия репрессивным системам власти и иерархиям — в действительности наиболее значимый социальный и нравственный прогресс был достигнут в предшествующие постмодернизму и критикуемые им периоды. Движение к прогрессу продолжается и сегодня — методами либерализма.

Постмодернистский подход к этически обусловленной социальной критике неуловим, его невозможно опровергнуть научными методами. Как показывает пример радикального скептицизма, постмодернистская мысль опирается на принципы Теории и различные способы *восприятия* мира и не претендует на утверждение истины. Отвергая объективную истину и рациональное восприятие, постмодернизм отказывается обосновывать себя, и поэтому его невозможно оспорить. Постмодернистское восприятие, пишет Лиотар, не претендует на истинность: «Не стоит придавать ему прогностическую ценность в отношении реальности, она скорее стратегическая и в отношении поставленного вопроса»[33]. Другими словами, для достижения собственных целей — нравственно добродетельных и политически целесообразных, согласно ее же собственному определению, — постмодернистская Теория стремится не к фактической истинности, а к стратегической полезности.

Подобный обобщенный скептицизм в отношении объективности истины и знания — а также стремление рассматривать их в качестве культурных конструктов — ведет к четырем основным сюжетам постмодернизма: размыванию границ, власти языка, культурному релятивизму и утрате индивидуального и универсального в пользу групповой идентичности.

1. Размывание границ

Радикальный скептицизм в отношении достижимости объективной истины и знания в сочетании с верой в культурный конструктивизм на службе власти порождает подозрение к любым границам и категориям, которые были общепринятыми истинами для мыслителей, предшествовавших постмодернизму. Речь не только о границах между объективным и субъективным, а также между истиной и верой, но и о границах между наукой и искусством (главным образом для Лиотара), естественным и искусственным (в особенности для Бодрийяра и Джеймисона), «высокой» и «низкой» культурой (у Джеймисона), человеком и другими животными, а также человеком и машиной (у Делёза), а кроме того, между различными пониманиями сексуальности и гендера, а также здоровьем и болезнью (прежде всего у Фуко). Почти каждая социально значимая категория была умышленно усложнена и проблематизирована Теоретиками постмодернизма с намерением лишить ее действительной валидности и подорвать системы власти, которые могли бы сложиться вокруг нее.

2. Власть языка

В рамках постмодернизма многие представления, ранее считавшиеся объективно истинными, стали рассматриваться всего лишь как языковые конструкции. Фуко называет их конструирующими знание «дискурсами»; Лиотар, развивая мысль Витгенштейна, — легитимирующими знание «языковыми играми». Постмодернистская мысль полагает, что язык обладает могущественной властью над обществом и нашим мышлением и поэтому он опасен по своей сути. Кроме того, она находит его весьма ненадежным способом производства и передачи знания.

Одержимость языком лежит в основе постмодернистского мышления и крайне важна для его методов. Немногие мыслители демонстрируют столь же ярко выраженную невротическую постмодернистскую фиксацию на словах, как Жак Деррида, который в 1967 году опубликовал три текста — «О грамматологии», «Письмо и различие» и «Голос и феномен», — в которых представил понятие, получившее огромное влияние в рамках постмодернизма: *деконструкция*. В упомянутых работах Деррида отвергает расхожее представление о том, что слова напрямую отсылают к вещам в реальном мире[34]. Вместо этого он настаивает, что слова отсылают только к другим словам, а также к тому, что отличает их друг от друга, образуя таким образом цепочки «означающих», способные расходиться во всех направлениях без какой-либо точки опоры, — таков смысл его знаменитой и зачастую неправильно переводимой фразы: «Нет ничего [читай: никакого смысла. — *Прим. авт.*] вне текста»[35]. Для Деррида смысл всегда реляционен и отсрочен; он никогда не может быть достигнут и существует только в отношении дискурса, в который встроен. Подобная ненадежность языка, утверждает Деррида, означает, что он неспособен отразить реальность или довести ее до сознания других.

В таком понимании язык оперирует иерархическими бинарными структурами, в которых один из элементов всегда ставится выше другого и таким образом наделяется смыслом. Например, «мужчина» определяется противопоставленностью «женщине» и по отношению к ней воспринимается как нечто вышестоящее. Кроме того, по мнению Деррида, смысл, который вкладывает говорящий, не обладает приоритетом над интерпретацией слушающего и потому намерение неспособно перевесить воздействие. Таким образом, если говорящий утверждает, что определенные особенности культуры могут стать источником проблем, а я принимаю решение интерпретировать данное утверждение как скрытый намек на неполноценность этой культуры и счесть его за оскорбление, дерридианский подход не предоставляет возможности списать мои оскорбленные чувства на неправильное понимание сказанного. Намерения автора не играют роли, даже если известны, — здесь Деррида переосмысляет концепцию «смерти автора» Ролана Барта[36]. Следовательно, поскольку полагается, что дискурсы создают и поддерживают угнетение, их необходимо внимательно отслеживать и деконструировать. Это очевидным образом имеет свои последствия в политике и морали. Наиболее распространенное постмодернистское решение вытекает из предложенного Деррида «деконструктивистского» прочтения, заключающегося в поиске внутренних несоответствий (*апорий*), где текст вступает в противоречие и компрометирует сам себя и свой внутренний замысел, — в результате слова изучаются с повышенным вниманием (или даже с чрезмерным, а также, особенно с 1990-х годов, с учетом нормативной повестки Теории). Таким образом, на практике деконструктивистский подход к языку крайне напоминает цепляние к словам, умышленно уводящее от сути.

3. Культурный релятивизм

Поскольку в постмодернистской Теории существует убеждение, что истина и знание конструируются доминирующими внутри общества дискурсами и языковыми играми, а мы неспособны выйти за пределы наших собственных систем и категорий и, следовательно, занять выгодную для их изучения точку обзора, Теория настаивает, что ни один из всех возможных наборов культурных норм не может быть признан лучшим. Для постмодернистов любая осмысленная критика ценностей и этики какой-либо культуры с позиции другой культуры невозможна, поскольку каждая культура оперирует различными концепциями знания и исходит исключительно из собственных предубеждений. Поэтому любая подобная критика в лучшем случае ошибочна, а в худшем — является нарушением этических правил, поскольку предполагает объективное превосходство культуры критикующего. Более того, Теория настаивает на том, что, хотя критика собственной культуры изнутри возможна, артикулировать ее приходится лишь инструментами доступных в этой системе дискурсов, а это ограничивает ее способность что-либо менять. Используемые дискурсы во многом определяются позицией человека внутри системы, поэтому критика может быть принята или отвергнута в зависимости от политической оценки статуса позиции критикующего. В частности, от критики, артикулированной с позиции, которую можно счесть властной, часто отмахиваются, ведь, согласно Теории, она по определению либо некомпетентна в вопросах существующих реалий угнетения (или пренебрегает ими), либо пытается цинично послужить собственным интересам критикующего. Постмодернистское убеждение в том, что люди являются проводниками дискурсов власти сообразно позициям, занимаемым по отношению к ней, делает культурную критику совершенно бессмысленной, за исключением случаев, когда она становится оружием в руках тех, кого Теория относит к маргинализированным или угнетенным группам.

4. Утрата индивидуального и универсального

Следовательно, Теоретики постмодернизма считают понятие независимого индивида в значительной степени выдуманным. Подобно всему остальному, индивидуальность — это продукт властных дискурсов и культурно сконструированного знания. Равным образом, для них концепция универсального — будь то биологическая универсалия человеческой природы или моральная универсалия вроде равных прав, свобод и возможностей для всех индивидов вне зависимости от класса, расы, гендера или сексуальности — в лучшем случае наивна. В худшем случае это просто еще одно проявление власти-знания, попытка навязать доминирующие дискурсы всему обществу. Постмодернистский взгляд по большому счету отвергает как наименьшую единицу общества — индивида, так и наибольшую — человечество и вместо этого сосредотачивает свое внимание на небольших локальных группах как на производителях знания, систем ценностей и дискурсов. Поэтому постмодернизм фокусируется на группах людей, которые, как считается, позиционированы в обществе одним и тем же образом — например, исходя из расы, пола или класса — и в силу этого обладают одинаковым опытом и восприятием.

Разве постмодернизм не мертв?

Среди многих мыслителей сегодня преобладает мнение, что постмодернизм умер. Мы так не считаем. Мы полагаем, что он просто возмужал, мутировал (как минимум дважды с момента своего возникновения в 1960-е годы) и эволюционировал и что два его знаковых принципа и четыре сюжета, подробно описанные выше, по-прежнему вездесущи и оказывают влияние на культуру. Теория уцелела, однако способы изложения и использования ее основных принципов и сюжетов, равно как и способы взаимодействия с ними, за последние полвека претерпели существенные изменения. Именно Теория в том виде, в котором она практикуется в настоящее время, более всего волнует нас — ей и посвящены остальные части этой книги. Однако прежде, чем объяснить, как развивалась Теория, мы должны развеять распространенный миф о том, что постмодернизм умер двадцать — тридцать лет назад.

Существует много споров о том, когда именно наступила предполагаемая смерть постмодернизма. Некоторые утверждают, что он изжил себя в 1990-х, уступив место постколониализму; другие — что это произошло 11 сентября 2001 года, когда мы вступили в новую эпоху, характер которой еще предстоит определить. Безусловно, разрастание корпуса постмодернистских текстов, происходившее во второй половине 1960-х, 1970-х и большей части 1980-х годов, не продолжилось в 1990-е. Ранние формы постмодернизма — с их предельной бессмысленностью, бесцельностью и желанием исключительно деконструировать, подрывать и проблематизировать, не предоставляя никаких ресурсов для реконструирования, — примерно столько и просуществовали. В этом смысле *высокая деконструктивистская фаза* постмодернистской Теории исчерпала себя к середине 1980-х. Но закончились ли на этом постмодернизм и Теория? Нет. Идеи, изложенные в этой главе, развивались и расходились в разных направлениях, становясь более ориентированными на результат и применимыми на практике и превратившись в циничные Теории, с которыми нам приходится сосуществовать сегодня. По этой причине мы называем следующую волну академического активизма (activism-scholarship) *прикладным постмодернизмом* — и переключаем на него наше внимание.

2. Прикладной поворот постмодернизма

Превращая угнетение в реальность

Впервые постмодернизм ворвался на интеллектуальную сцену в конце 1960-х годов и быстро завоевал дикую популярность среди левых или симпатизирующих левым сотрудников академии. Новомодное интеллектуальное веяние набирало обороты, а захваченные им неофиты погрузились в работу и стали клепать кипы радикально-скептических текстов, в которых без разбора критиковали и деконструировали существующее знание и способы его достижения, понятые как часть западной модерности. Старые религии (в самом широком смысле этого слова) необходимо было выкорчевать. Представления о том, что мы способны познать объективную реальность и что нечто, называемое нами «истиной», определенным образом соответствует ей, отправились на плаху. А вместе с ними и гипотезы, на которых была выстроена модерность. Постмодернисты стремились показать абсурдность наших способов понимания мира и общества, сближения с ними и существования в них. Оказавшись не только модным, но и влиятельным, этот подход тем не менее достиг своих пределов. Нескончаемый демонтаж и развал — или, как они это называли, *деконструкция* — был обречен поглотить сам себя, а вдобавок и все, что представляло собой какой-то интерес, и стать попросту *скучным*[1].

Стало быть, довольствоваться нигилистическим отчаянием Теория не могла. Ей нужно было чем-то себя занять; чем-то из области действия. В соответствии с собственной этически и политически заряженной логикой она неизбежно нацелилась на проблему, которую усматривала в основании общества, — неравный доступ к власти. Если Большой Взрыв случился в конце 1960-х, то уже к началу 1980-х деконструктивистская фаза* постмодернизма себя исчерпала. Однако сам постмодернизм не умер. Из пепла восстала новая группа Теоретиков, чья миссия заключалась в том, чтобы сделать некоторые основные постулаты постмодернизма применимыми на практике и *реконструировать* мир к лучшему.

В академических кругах бытует мнение, что к 1990-м постмодернизма не стало[2]. Но на самом деле он просто мутировал из своей деконструктивистской фазы во что-то новое. Из постмодернизма выросла целая россыпь различных, сильно политизированных и применимых на практике Теорий. Мы будем называть эту более позднюю форму *прикладным постмодернизмом*. Описанные перемены связаны с появлением новой волны Теоретиков в конце 1980-х — начале 1990-х годов. Новые прикладные постмодернисты пришли из разных областей, но во многом их идеи оказались гораздо более схожи между собой, нежели в случае их предшественников, и куда проще для понимания. В ходе этого поворота Теория мутировала сразу в несколько Теорий — постколониальную, квир- и критическую

---

* Авторы неоднократно используют понятие «высокая фаза» (high phase) применительно к фиксируемому ими «деконструктивистскому» (deconstructive), «раннему» (early) или «первоначальному» (original) периоду постмодернизма. Такое словоупотребление не вполне корректно с точки зрения русского перевода и не встречается у других значимых исследователей постмодернизма. Поэтому здесь и далее будет переводиться как «деконструктивистская фаза/форма». — *Прим. ред.*

расовую, — пущенных в дело, чтобы деконструировать социальную несправедливость.

Таким образом, мы можем рассматривать постмодернизм как своего рода быстро эволюционирующий вирус. Его первый и наиболее беспримесный штамм был нежизнеспособен: он погубил своих носителей и самоуничтожился. Он был столь труден для понимания и столь оторван от социальной реальности, что не сумел перебраться из академии в широкие массы. Однако его эволюционировавшие формы распространились в обществе, перескакивая, словно между биологическими видами, от ученых к активистам, а затем и к обычным людям, поскольку становились все более доступными и применимыми на практике, а следовательно, все более заразными. Мутация затронула самое ядро Теории, образовав несколько новых штаммов — гораздо менее легкомысленных и гораздо более уверенных в собственных (мета)нарративах. Они устремились к не существовавшей ранее практической цели — реконструировать общество в соответствии с идеологией, именующей себя социальной справедливостью.

Мутация Теории

Постмодернисты подразумевают под Теорией определенный набор убеждений, постулирующих, что мир, а также наша способность получать знание о нем работают в соответствии с постмодернистскими принципом знания и политическим принципом. Теория исходит из того, что объективная реальность не может быть познана; «истина» социально сконструирована посредством языка и «языковых игр» и каждый раз привязана к отдельно взятой культуре; а знание работает на защиту и продвижение интересов привилегированных групп. Поэтому Теория явным образом нацелена на *критическое* исследование дискурсов. Под этим мыслится нечто конкретное, а именно тщательное исследование дискурсов для разоблачения и выведения из строя якобы встроенного в них политического механизма власти с целью убедить людей отвергнуть их и запустить идеологическую революцию.

В этом смысле Теория не исчезла — но и не осталась прежней. В период с конца 1980-х до примерно 2010 года она нарастила прикладную применимость своих основных концепций и легла в основу принципиально новых академических областей, с тех пор завоевавших весомый авторитет. Новоявленные дисциплины, которые в совокупности принято называть исследованиями Социальной Справедливости (Social Justice scholarship), позаимствовали понятие «социальной справедливости» у движения за гражданские права и других либеральных и прогрессивных теорий. Неслучайно всерьез этот процесс начался именно в тот момент, когда равенство перед законом по большому счету было достигнуто, а польза от антирасистского, феминистского и ЛГБТ-активизма начала снижаться. Теперь, когда дискриминация по признаку расы и пола на рабочем месте стала незаконной, а гомосексуальность декриминализировали во всех западных странах, основными препятствиями на пути к социальному равенству на Западе стали устойчивые предрассудки, воплощенные во взглядах, убеждениях и ожиданиях людей, а также в языке. Для тех, кто взялся решать эти менее осязаемые проблемы, Теория с ее повышенным вниманием к системам власти и дискурсивно закрепляемым привилегиям могла бы стать идеальным инструментом. Проблема состояла в том, что эта вычурно нигилистическая Теория была целиком заточена на деконструкцию и радикальный скептицизм в отношении всего на свете и не годилась ни для каких продуктивных целей.

Новые формы Теории возникли в рамках постколониализма, черного феминизма (ответвление феминизма, основанное афроамериканскими учеными, сосредоточенное на расе в той же мере, что и на гендере[3]), интерсекционального феминизма, критической расовой (правовой) теории и квир-теории, стремившихся критически охарактеризовать мир, *чтобы изменить его*. Специалисты в названных областях все чаще заявляли, что, хотя постмодернизм способен помочь обличить социально сконструированную природу знания и связанную с этим «проблематику», его подавляюще радикальный скептицизм просто-напросто несовместим с активизмом.

Необходимо было признать, что определенные люди сталкиваются с неудобствами и несправедливостью из-за своей групповой принадлежности — понятия, которое радикально-скептическое постмодернистское мышление охотно деконструировало. Поэтому некоторые из новых Теоретиков критиковали своих предшественников за их привилегированность, которая, по их мнению, проявлялась в способности тех деконструировать идентичность и обусловленное ею угнетение. Другие обвиняли предшественников в том, что именно статус белых обеспеченных западных мужчин дал тем возможность позволить себе игривость, иронию и радикальный скептицизм, ведь общество было устроено в их интересах. В результате, хотя новые Теоретики переняли весомую часть Теории, они не в полной мере отказались от стабильной идентичности и объективной истины. В определенной мере они предъявили права и на то и на другое, заявив, что некоторые идентичности занимают привилегированное положение по отношению к другим и эта несправедливость — объективная истина.

Если ранние постмодернисты разобрали по кирпичикам наше понимание знания, истины и общественных структур, то новые Теоретики выстроили его заново в соответствии с собственными нарративами, многие из которых отражали методы и ценности политического активизма новых левых, в свою очередь обязанных существованием критической теории Франкфуртской школы. Таким образом, если ранние (постмодернистские)

Теоретики не ставили перед собой каких-то особенных целей, когда с помощью игры и иронии переворачивали иерархии и подрывали то, что казалось им несправедливыми структурами власти и знания (или власти-знания), то вторая волна (*прикладных*) постмодернистов сосредоточилась на ликвидации иерархий и формулировании утверждений истины о власти, языке и угнетении. В ходе прикладного поворота Теория мутировала в *моральном* отношении и обросла рядом убеждений о позитивных и негативных аспектах власти и привилегий. Если у первых Теоретиков эти феномены вызывали раздражение, любопытство и желание поиздеваться, то их последователи захотели перестроить общество. Раз социальная несправедливость вызвана легитимацией плохих дискурсов, рассудили они, то социальная справедливость может быть достигнута путем их делегитимации и замены на хорошие. Исследователи в области общественных и гуманитарных наук, взявшие за основу метод Теории, начали формировать собой скорее моральное сообщество с левым уклоном, нежели чисто академическое: интеллектуальный орган, более заинтересованный в продвижении того, что *должно*, нежели в беспристрастных оценках того, что *есть*, — подход, чаще ассоциирующийся с церковью, нежели с университетом.

Новая точка зрения по умолчанию

Возникли новые Теории, поставившие во главу угла расу, гендер и сексуальность, — неприкрыто критические, моралистические и нацеленные на результат. В них, однако, сохранились основные постмодернистские положения: знание — конструкт власти; категории, в которые мы объединяем людей и явления, хитро сформулированы в угоду этой власти; язык опасен и ненадежен по своей сути; знания и ценности всех культур имеют одинаковую валидность, и понять их можно только на их собственных условиях; коллективный опыт преобладает над индивидуальностью и универсальностью. Считая власть и привилегии коварными, коррумпирующими силами, которые воспроизводят себя почти мистическим образом, они сосредоточились на культуре. Они открыто провозгласили своей целью реорганизацию общества в соответствии со своим моральным видением — цитируя при этом первое поколение постмодернистских Теоретиков[4].

Брайан Макхейл, американский литературовед, в своих работах уделявший постмодернизму особое внимание, констатирует эти перемены:

> С приходом постструктурализма в Северную Америку родилась «теория» в самостоятельном смысле этого термина, который стал столь привычным в последующие десятилетия: не теория того или иного — например, теория нарратива, на роль которой претендовала структуралистская нарратология, — а теория в общем смысле, которая в другие времена могла бы называться спекулятивным рассуждением или даже философией[5].

В другом месте он отмечает:

> Сама «теория» в том особом смысле, который этот термин начал приобретать с середины шестидесятых годов, является постмодернистским феноменом, а успех и распространение «теории» сами по себе являются симптомом постмодернизма[6].

Иначе говоря, к концу 1990-х годов постмодернизм в его чистейшем, первозданном виде вышел из моды, а вот Теория — нет. Она подарила радикальным активистам, включая активистов академических, всесторонний способ мышления о мире и обществе, который до сих пор оказывает влияние на многие гуманитарные дисциплины, а кроме того, глубоко пробрался и в социальные науки, особенно в социологию, антропологию и психологию[7]. Постмодернизм был переосмыслен и с тех пор стал основой доминирующих форм научных исследований, активизма и прочих направлений профессиональной работы с идентичностью, культурой и социальной справедливостью.

Тем не менее нередко представители научных кругов, чья работа согласуется с постмодернистскими принципом знания и политическим принципом, пренебрежительно отзываются о постмодернизме и настаивают, что не прибегают к его методам в своей деятельности. Джонатан Готтшалл, видный литературовед-эволюционист, предлагает свое объяснение этому странному явлению. Он утверждает, что среди академиков левых взглядов «освободительная парадигма» (liberationist paradigm) — стремление отделить человеческую природу от биологии в дискуссии об обществе — углубилась настолько, что во многих областях подразумевается уже по умолчанию. «Оживленные слухи о кончине теории, — тем самым говорит нам Готтшалл, — явно преждевременны»[8].

Возможно, что, по иронии судьбы, многие ученые, включая и тех, кто полагал, что полностью отверг Теорию, и заявлял о работе исключительно с эмпирическими данными[9], впитали ее настолько глубоко, что просто перестали замечать. Как утверждает Брайан Макхейл:

> «Теория» как таковая дожила до нового тысячелетия. Если сейчас она не так сильно бросается в глаза, как в 1970-е и 1980-е, пиковый период постмодернизма, то лишь потому, что, став поистине вездесущей, она сделалась практически незаметной. С конца 1980-х «теория» прежде всего оживила дискурсы феминизма, гендерных исследований и исследований сексуальности и легла в основу того, что стало называться «культурными исследованиями»[10].

Называем ли мы это «постмодернизмом», «прикладным постмодернизмом», «Теорией» или как-нибудь еще, но концепция общества, основанная на постмодернистских принципах знания и политики — наборе радикально-скептических представлений, согласно которым знание, власть и язык — это всего лишь репрессивные социальные конструкты, поставленные на службу сильным мира сего, — не только дожила до сегодняшнего дня в относительной целости и сохранности, но еще и расцвела пышным цветом во многих областях «исследований» идентичности и культуры, особенно в так называемых «теоретических гуманитарных науках» (theoretical humanities). Те, в свою очередь, оказывают влияние на социальные науки и профессиональные программы в сферах образования, права, психологии и общественной деятельности и зачастую задают в них тон, а активисты и медиа переносят их в массовую культуру. В результате всеобщего академического признания Теории постмодернизм стал применим на практике, а значит, доступен и для активистов, и для широкой публики.

Применяя неприменимое

В начале XVII века, когда Просвещение начало завоевывать Европу и преображать человеческое мышление, ряд ведущих умов вступили в схватку с новой проблемой — радикальным сомнением: убеждением, что не существует никаких разумных оснований *верить во что бы то ни было*. Наиболее известным среди них был французский математик, ученый и философ Рене Декарт, который в 1673 году в своем «Рассуждении о методе» впервые сформулировал фразу, ставшую краеугольным камнем его философии, совместившей философский метод с верой в Бога: «Je pense, donc je suis»[11] («Я мыслю, следовательно, я существую»). Высказывание Декарта, впоследствии переписанное на латынь как знаменитое «Cogito, ergo sum», стало ответом на деструктивную силу, привнесенную в мир скептицизмом эпохи Просвещения.

Нечто подобное произошло примерно три с половиной века спустя, в 1980-х. Столкнувшись с еще более ожесточенной деструктивной силой постмодернистского радикального скептицизма, новоявленная группа Теоретиков культуры оказалась в аналогичном кризисе. Либеральный активизм добился огромных успехов, радикальный активизм новых левых прошлых десятилетий попал в немилость, а антиреализм и нигилистическое отчаяние постмодернизма попросту не работали и не могли привести к переменам. Для решения этой проблемы требовалось нечто реальное и радикально действенное, поэтому Теория и активизм объединились в поисках новой идеи, которая уподобилась бы самому известному из размышлений Декарта. Для Декарта способность мыслить подразумевала существование: *что-либо* должно быть реальным. Для академических активистов 1980-х годов страдания, обусловленные угнетением, подразумевали существование чего-либо, способного страдать, и механизма, делающего возможным причинение страдания. Утверждение «Я мыслю, следовательно, я существую» обрело новую жизнь под видом свежепринятой экзистенциальной аксиомы «Я угнетен, следовательно, я существую... как и господство и угнетение».

По мере развития постмодернизма на этом новом философском фундаменте возникло несколько ранее не существовавших академических анклавов. Они опирались (зачастую очень сильно) на Теорию, фокусируясь на отдельных аспектах влияния языка и власти на общество. Каждая из этих дисциплин — постколониальная, квир- и критическая расовая Теории*, а также гендерные исследования, исследования инвалидности (disability

* Здесь и далее написание слова «теория» с прописной буквы («квир-Теория», «критическая Теория») сохраняет авторскую орфографию. — *Прим. ред.*

studies) и исследования человеческой полноты (fat studies), — будет подробно рассмотрена в отдельной главе. Хотя среди них лишь квир-Теория прибегает исключительно к постмодернистским Теоретическим методам, прикладное постмодернистское мышление преобладает во всех названных дисциплинах. Теоретики, решившие применить элементы постмодернизма в конкретных областях, стали основоположниками прикладного постмодернистского поворота и, следовательно, исследований социальной справедливости.

Первой прикладной постмодернистской дисциплиной стали постколониальные исследования. Хотя существуют и другие подходы к изучению последствий колониализма, постмодернистская Теория настолько сильно повлияла на зарождение этой дисциплины, что постмодернизм и постколониализм зачастую преподаются вместе. Эдвард Саид*, отец-основатель постколониальной Теории, во многом опирался на Мишеля Фуко, и потому в его работах повышенное внимание уделяется тому, каким образом дискурсы конструируют реальность[12]. Просто деконструировать структуры власти и показать, как восприятие Востока было сконструировано Западом, для Саида было недостаточно. Необходимо было пересмотреть и переписать историю. В своей основополагающей книге «Ориентализм» он утверждает, что «история делается мужчинами и женщинами и точно так же может быть переделана и переписана... „наш“ Восток, „наш“ Ориент присваивается так, чтобы им можно было обладать и управлять»[13].

Последователи Саида, Хоми Бхабха и Гаятри Чакраворти Спивак, тоже ценили Фуко, но больше полагались на Деррида. Они сомневались в способности языка передавать смысл,

---

* Эдвард Вади Саид (1935–2003) — литературовед, теоретик культуры, состоял в должности президента Американской лингвистической академии и профессора Колумбийского университета, был членом Палестинского национального совета. — *Прим. ред.*

а кроме того, считали, что он скрывает в себе несправедливый механизм власти. По причине этого фокуса на власти, выражаемой посредством языка, постколониальная Теория приобрела откровенно политическое назначение: деконструировать западные нарративы о Востоке, чтобы освободить и усилить голоса колонизированных народов. По словам исследователя постколониализма Линды Хатчеон*,

> постколониализм, как и феминизм, является разрушительным, но в то же время и созидательным политическим предприятием постольку, поскольку подразумевает теорию агентности и социальные сдвиги, которых не хватает постмодернистскому деконструктивистскому импульсу. Хотя оба «пост-» прибегают к иронии, постколониализм не может остановиться на ней[14].

Еще одна новая Теория развилась в рамках женских исследований** — а позже и гендерных, — возникших на пересечении феминистской мысли и литературной теории. Однако феминология не начинала с постмодернизма — в основном она развивалась в русле других форм феминистской теории. Многие из них анализировали положение женщин сквозь призму критического марксизма, согласно которому западный патриархат является следствием капитализма, подвергающего женщин беспрецедентной эксплуатации и маргинализации. Известно, что Фуко отвергал такое вертикальное понимание власти в пользу пронизывающей общество сетки, создаваемой дискурсами. В этом ему вторили Теоретики-фукианцы, основавшие квир-Теорию.

---

* Линда Хатчеон (р. 1947) — канадский литературовед и исследователь постмодернизма, почетный профессор английской литературы Университета Торонто.

** На русском языке women studies обычно обозначаются как «феминология», в данном случае буквальный перевод использован, чтобы сохранить акцент на сравнении с гендерными исследованиями. — *Прим. ред.*

К концу 1980-х это расхождение стало причиной раздора между феминистками разных мастей, чьи мнения по поводу того, насколько стоит придерживаться деконструктивистских методов[15], разделились, — это расхождение сохраняется и по сей день. Его наглядно описывает Мэри Пуви*, представительница материалистического феминизма, сфокусированного на том, как патриархальные и капиталистические предпосылки загоняют женщин в социально сконструированные гендерные роли. Пуви привлекала возможность подорвать при помощи деконструктивистских методов то, что она считала социально сконструированными гендерными стереотипами (убеждение, что подобные стереотипы отражают истинную сущность человека, часто называют «эссенциализмом»), однако, будучи материалисткой, она была обеспокоена тем, что деконструкция в ее подлинном виде напрочь отказывает категории «женщина» в существовании[16]. Это было что-то новенькое.

Как и постколониальные Теоретики, Пуви хотела приспособить постмодернистские методы к задачам активизма. Поэтому она выступала за «инструментальный» подход («toolbox» approach) к феминизму, в рамках которого деконструктивистские методы могли бы использоваться для демонтажа гендерных ролей, но не биологического пола. Она утверждала, что мы должны признать истиной угнетение одного класса людей (женщин) другим классом (мужчинами), чтобы бороться с ним. Для этого требовалось наделить устойчивым и объективным существованием классы «женщин» и «мужчин», а также связывающую их динамику власти. Пуви внедрила некоторые аспекты Теории в феминизм и гендерные исследования.

Джудит Батлер, феминистка, исследовательница ЛГБТ и активистка, сыгравшая основополагающую роль в развитии

---

* Мэри Пуви (р. 1950) — литературный критик и историк культуры, специализирующаяся на Викторианской эпохе. Профессор Нью-Йоркского университета.

квир-Теории, олицетворяет противоположный подход к этой дилемме. В своей самой влиятельной работе «Гендерное беспокойство»[17], опубликованной в 1990 году, Батлер акцентирует внимание на социально сконструированной природе как гендера, *так и* пола. Для Батлер «женщина» — это не класс, а перформанс, конструирующий «гендеризированную» реальность. Благодаря своей концепции *гендерной перформативности*, подразумевающей, что гендер делают реальным поведение и речь, Батлер удалось сочетать глубоко постмодернистский подход, деконструирующий все подряд и отвергающий представление о стабильных сущностях и объективных истинах относительно пола, гендера и сексуальности, с политически активной позицией. Это работало на двух уровнях. Во-первых, говоря об «эффектах реальности» (reality-effects), социальных или культурных «фикциях», Батлер получает возможность рассуждать о том, что видится ей реальностью социальных конструктов гендера, пола и сексуальности. Для нее конкретные конструкты не являются реальными, однако их существование в целом — истинно. Во-вторых, поскольку под термином «квир» понимается нечто находящееся вне категорий, особенно тех, которые используются для определения мужского и женского, маскулинного и фемининного, гетеросексуального и гомосексуального, активистам необходимо подорвать их и демонтировать. Таким образом, в батлеровской теории «квир» можно использовать как глагол «квирить» («to queer», а также «queering»), обозначающий дестабилизацию категорий и разрушение норм или общепринятых истин. Это позволяет освободить «квир» от гнета категоризации.

Несмотря на существенные заимствования из Фуко и Деррида, Батлер не считает себя постмодернисткой. Более того, она не считает слово «постмодернизм» ясным термином. Однако это нельзя назвать пренебрежением, поскольку бессвязность и неопределимость занимают центральное место в квир-Теории Батлер. В эссе 1995 года «Условные основания: феминизм и вопрос „постмодернизма“» Батлер в своей обычной маловразумительной манере пишет, что суть постмодернизма состоит в понимании того, что репрессивные структуры власти формируются как результат строгих дефиниций и устойчивых категорий, и с признания этого начинается квирный политический активизм[18]. Поэтому, вместо того чтобы отрицать постмодернистские положения или методы, Батлер утверждает, что лучше вообще не давать определение постмодернизму, как и в случае с полом, гендером и сексуальностью. В обратном случае получившаяся классификация может способствовать становлению еще одной насильственной репрессивной категоризации или даже сама стать ею — эту идею Батлер заимствует у Жака Деррида.

Батлер избежала беспредметности, ограничивавшей постмодернизм первого поколения, сделав неопределимость и двусмысленность неотъемлемой частью собственной философии. Согласно ее объяснению, «задача состоит в том, чтобы тщательно исследовать, что именно санкционирует, а что исключает или запрещает [тот или иной] теоретический ход, закладывающий основные принципы»[19]. В понимании Батлер постоянное изучение и деконструкция категорий могут позволить освободить тех, кто не вписывается в их рамки.

В другой ветви Теории еще одной влиятельной феминисткой конца 1980-х, посчитавшей необходимым модифицировать постмодернистскую Теорию, стала белл хукс (псевдоним Глории Уоткинс, который она умышленно пишет со строчной буквы). хукс — афроамериканская исследовательница и активистка, у которой возникли серьезные претензии к постмодернизму — в частности, к постмодернистской Теории и феминизму — в связи с отсутствием в нем чернокожих, в частности женщин и рабочего класса. Это, по ее мнению, ограничивало потенциал достижения социальных и политических изменений в рамках Теории. Она критиковала постмодернизм не за его гипотезы или соображения, а за то, что тот был создан представителями белой интеллектуальной элиты мужского пола, ассоциировался с ними и был популярен в их среде. В своем эссе 1990 года «Постмодернистская черность» хукс критикует постмодернизм за преобладание в нем белых мужчин — интеллектуалов и академической элиты, — хотя он и привлекает внимание к различию и инаковости. Особенной критике она подвергала отрицание стабильной идентичности, утверждая, что постмодернизм должен придерживаться политики идентичности:

> Постмодернистская критика «идентичности», хотя и актуальна для обновленной борьбы за освобождение чернокожих, зачастую выглядит проблематичной. Учитывая вездесущность политики белого превосходства, стремящейся предотвратить формирование радикальной черной субъектности, мы не можем бесцеремонно сбрасывать со счетов обеспокоенность по поводу политики идентичности[20].

хукс вопрошает:

> Не должны ли мы с подозрением относиться к постмодернистской критике «субъекта», всплывающей на поверхность в тот исторический момент, когда угнетенные впервые обретают свои голоса?[21]

Для хукс проблема заключается не в том, что постмодернизм бесполезен, а в том, что он был создан с учетом специфики опыта белых мужчин-интеллектуалов и не оставлял места для политики идентичности. хукс утверждала, что постмодернистская мысль допустила ошибку, дестабилизировав понятие идентичности, что привело к исключению объединенного голоса и опыта черных американцев, в особенности черных женщин, и их стремления разрушить доминирующие нарративы, чтобы достичь расового равенства. Более того, она предположила, что постмодернизм заглушил голоса чернокожих, добившихся гражданских прав в 1960-х, при помощи универсалистских, то есть модернистских аргументов[22]. По мнению хукс, для того чтобы принести пользу, постмодернизму необходимо покинуть университетские кабинеты и выйти в реальный мир, подвергнуть критической оценке оптику белых мужчин, в силу своих привилегий имеющих возможность усомниться в важности идентичности, и присоединиться к каждодневной борьбе чернокожих активистов с их политическим радикализмом. Она пишет:

> Постмодернистская культура с ее децентрированным субъектом может быть пространством разрыва уз или же для формирования новых связей. В какой-то мере разрывы, поверхности, контекстуальность и масса других явлений создают зазоры, место для оппозиционных практик, в рамках которых интеллектуалам больше не нужно ограничивать себя тесными, изолированными сферами без значимой связи с повседневным миром[23].

Идеи хукс развивались параллельно с критической расовой Теорией, у истоков которой стояли представители критических правовых исследований, в первую очередь Деррик Белл*. На одну из студенток Белла, правоведку Кимберли Креншоу**, черные феминистки вроде хукс оказали большое влияние. В 1991 году Креншоу выступила с похожей критикой постмодернизма в своем поворотном эссе «Нанесение границ: интерсекциональность, политика идентичности и насилие в отношении

* Деррик Белл (1930–2001) — юрист, активист движения борьбы за гражданские права. Первый афроамериканец, удостоенный титула пожизненного профессора Гарвардской юридической школы.

** Кимберли Креншоу (р. 1959) — юристка, гражданская активистка, одна из ведущих исследовательниц критической расовой Теории. Профессор юридических школ Калифорнийского и Колумбийского университетов.

женщин небелого цвета кожи»[24], укрепив теоретическое основание исключительно важного понятия *интерсекциональности*, которое она ввела двумя годами ранее в другой, более полемической работе (см. главу 5).

Интерсекциональность безошибочно выявляет возможность существования особых форм дискриминации в тех случаях, когда кто-либо попадает под «пересечение» (intersection) угнетаемых идентичностей — скажем, чернокожая и женщина, — и недостаточную восприимчивость к этой проблеме законов о дискриминации. Например, Креншоу отмечает, что, когда в организации трудоустроено много чернокожих мужчин и белых женщин, но почти нет чернокожих женщин, это вполне может быть узаконенной формой дискриминации последних. Кроме того, она справедливо подмечает, что группы индивидов с несколькими пересекающимися идентичностями могут сталкиваться с предрассудками не только относительно этих нескольких идентичностей по отдельности, но и с предрассудками в отношении их комбинации. Например, чернокожая женщина может сталкиваться с привычными предрассудками, связанными с тем, что она чернокожая и что она женщина, и в то же время испытывать на себе влияние дополнительных предрассудков, обусловленных тем, что она является именно чернокожей женщиной. Отмеченные Креншоу моменты весьма важны. В то же время она в целом положительно оценивает деконструктивистский потенциал постмодернистской Теории и выстраивает вокруг него свою передовую «интерсекциональную» концепцию, направленную на решение проблемы дискриминации женщин небелого цвета кожи. Она пишет: «Я считаю интерсекциональность переходным понятием, связывающим современную политику с постмодернистской теорией»[25], — и предлагает более политизированную форму постмодернизма, которая могла бы принести практическую пользу активистам, борющимся с расовой дискриминацией[26].

Подобно Пуви, Батлер и хукс, Креншоу хотела сохранить внедренное Теорией понимание расы и гендера как социальных конструктов и использовать деконструктивистский подход для их критики, *а также* утвердить в качестве истины тот факт, что некоторые люди подвергаются дискриминации по признаку их расовой или сексуальной идентичности — дискриминации, с которой она планировала бороться в правовом поле, обращаясь к политике идентичности. Она пишет:

> Хотя дескриптивный проект постмодернизма, заключающийся в критической оценке способов социального конструирования смысла, по большей части убедителен, эта критика подчас неверно понимает значение социального конструирования и искажает его политическую значимость. <...> Утверждать, что такие категории, как раса или гендер, являются социальными конструктами, не означает, что эти категории не имеют никакого значения в нашем мире. Напротив, масштабный и непрекращающийся проект подчинения индивидов — один из проектов, осмыслить который действительно помогли постмодернистские теории, — это тот способ, которым власть концентрируется вокруг определенных категорий и направляется против других[27].

Креншоу утверждает, что категории (идентичности) «имеют значение и последствия»[28], то есть объективно существуют. Она проводит различие между «чернокожим человеком» и «человеком, родившимся чернокожим»[29] и принимает сторону первого, утверждая, что это различие является неотъемлемой частью политики идентичности и отличает ее от стандартных либеральных подходов, характерных для движения борьбы за гражданские права. Подобные сюжеты — часть общего лейтмотива прикладного постмодернистского поворота.

Как только идентичность и власть были признаны объективно существующими и подвергнуты постмодернистскому анализу, понятие интерсекциональности стремительно вырвалось за рамки теории права и стало мощным инструментом культурной критики, социального и политического активизма. Поскольку прикладная постмодернистская Теория подчеркнуто адаптировала постмодернистские методы к политике идентичности, ею начали пользоваться исследователи многочисленных аспектов идентичности, включая расу, пол, гендер, сексуальность, класс, религию, иммиграционный статус, физические или умственные способности и размер тела. Вслед за Креншоу все эти стремительно развивающиеся области критических исследований культуры в значительной степени опираются на социальный конструктивизм, пытаясь объяснить причины маргинализации тех или иных идентичностей, при этом утверждая, что сами по себе эти социальные конструкты объективно существуют.

Например, с недавних пор заметную роль в корпусе исследований социальной справедливости стали играть такие дисциплины, как исследования инвалидности (disability studies)[30] и человеческой полноты (fat studies)[31]. Несмотря на то что исследования инвалидности и фэт-феминизм* существовали и ранее и бросали вызов предрассудкам и дискриминации в отношении людей с ограниченными возможностями или лишним весом, в последние годы эти движения освоили радикальный подход социального конструктивизма, открыто следуя принципам и сюжетам постмодернизма в целом и квир-Теории в частности. Они адаптировали интерсекциональный фреймворк и в значительной мере прикладной постмодернистский подход Теории, согласно которому люди с ограниченными возможностями /

---

* Направление феминизма, совмещающее основные идеи феминизма и движения за принятие полноты (fat-acceptance movement).

лишним весом обладают собственным телесным знанием об ограничениях и полноте и это знание ценнее научного. Речь идет не просто об очевидной истине, что в отличие от обычных или стройных людей индивиды с ограниченными возможностями или лишним весом знают, каково это — сталкиваться с ограничениями или иметь лишний вес. Ученые и активисты в этих областях настаивают на том, что понимание ограничений или полноты как физической проблемы, которую надлежит лечить и исправлять в тех случаях, когда это возможно, — само по себе социальный конструкт, порожденный системной ненавистью к людям с ограниченными возможностями и лишним весом.

Принципы и сюжеты постмодернизма в действии

Несмотря на то что прикладной постмодернизм мутировал и приобрел практическую ценность для политики идентичности, в его основе сохранились два постмодернистских принципа.

- **Постмодернистский принцип знания**: радикальный скептицизм в отношении возможности получения объективного знания или истины, а также приверженность культурному конструктивизму.

Это отрицание объективного знания или истины и приверженность культурному конструктивизму, а также убеждение в том, что все, что мы зовем истиной, является не более чем конструктом культуры, по большей части остались на своем месте, но с одной важной оговоркой: в прикладном постмодернизме идентичность и угнетение по признаку идентичности рассматриваются как признанные характеристики объективной реальности. То есть концепцию общества, состоящего из систем власти и привилегий, которые конструируют знание, предлагается понимать как объективную истину, неразрывно связанную с социальными конструктами идентичности.

- **Постмодернистский политический принцип**: убеждение, что общество состоит из структур власти и иерархий, определяющих, что и как допустимо знать.

Этот принцип также был сохранен. Собственно, он является центральным в продвижении политики идентичности, чей прикладной политический императив направлен на демонтаж существующей системы во имя социальной справедливости. Четыре ключевых сюжета постмодернистской мысли также пережили закат деконструктивистского периода и последующий прикладной постмодернистский поворот.

Размывание границ

Особенно ярко этот сюжет выражен в постколониальной и квир-Теориях, явным образом завязанных на идеях текучести, двусмысленности, неопределимости и гибридности — все перечисленное размывает или даже разрушает границы между категориями. Их общая озабоченность тем, что они называют «разрывом бинарных структур», вытекает из работ Деррида об иерархической природе и бессмысленности лингвистических конструкций. В меньшей степени этот сюжет проявляется в критической расовой Теории, которая порой склонна к черно-белому мышлению (умышленная игра слов), но на практике интерсекциональный феминистский элемент критической расовой Теории охватывает одновременно множество категорий идентичности и пытается брать в расчет «различные способы познания». Это приводит к смешению доказательного и эмпирического, в результате чего личная интерпретация прожитого опыта (зачастую сформированная под влиянием Теории или искаженная ею) возводится в статус доказательства (обычно постулатов Теории).

Власть языка

Власть и опасность языка выдвинуты на первый план во всех новообразованных Теориях прикладного постмодернизма. «Дискурсивный анализ» играет главную роль во всех этих областях; ученые внимательнейшим образом исследуют язык и интерпретируют его в рамках Теории. Например, многие фильмы «внимательно» просматриваются на предмет проблематичных изображений персонажей, а затем подвергаются критике, даже если в целом их темы согласуются с концепцией социальной справедливости[32]. Вдобавок представление о том, что слова могущественны и опасны, получило широкое распространение и легло в основу многих научных исследований и активистской деятельности, связанных с дискурсивным (или вербальным) насилием, безопасными пространствами (safe spaces), микроагрессией и предупреждениями о триггерах (trigger warnings).

Культурный релятивизм

Разумеется, отчетливее всего культурный релятивизм выражен в постколониальной Теории, но постоянное использование интерсекциональности в исследованиях социальной справедливости и вытекающем из них активизме вкупе с восприятием Запада как средоточия репрессивной структуры власти сделало культурный релятивизм нормой для всех Теорий прикладного постмодернизма. Это относится как к одному культурному артефакту — производству, утверждению и передаче знания, так и к другому — моральным и этическим принципам.

Утрата индивидуального и универсального

Повышенное внимание к категориям и политике идентичности приводит к значительному обесцениванию индивидуального и универсального. В то время как мейнстримный либерализм фокусируется на обеспечении универсальных прав человека и равного доступа к возможностям, что должно позволить каждому индивиду реализовать свой потенциал, академический активизм прикладного постмодернизма глубоко скептичен по отношению к этим ценностям, даже открыто враждебен. Прикладная постмодернистская Теория склонна считать мейнстримный либерализм самоуспокоительным, наивным или безразличным к глубоко укоренившимся предрассудкам, допущениям и предубеждениям, которые ограничивают и сковывают индивидов с маргинализованной идентичностью. «Индивидуальное» в прикладном постмодернизме — нечто вроде суммы групповых идентичностей, к которым одновременно принадлежит индивид.

Возникновение исследований Социальной Справедливости

Описанные перемены могут показаться слишком незначительными, чтобы считать Теорию серьезным отходом от постмодернизма, однако в реальности они весьма существенны. Отказавшись от ироничной игривости и отчаянной бессмысленности, характерных для деконструктивистского постмодернизма, и нацелившись на достижение результата, Теоретики 1980-х и 1990-х адаптировали постмодернизм к политике и институтам. Вернув понятию идентичности связь с групповым знанием и расширением прав и возможностей (хотя и признавая, что оно сконструировано культурой), они сделали возможным появление более конкретных форм академического активизма. Таким образом, из по большей части описательной Теория превратилась в высшей степени предписывающую — сдвинувшись от «есть» к «должно». По итогам прикладного поворота постмодернизм перестал быть способом описания общества и подрыва доверия к давно устоявшимся моделям реальности — теперь он стремился стать инструментом социальной справедливости. Амбиции постмодернизма реализовались в начале 2010-х, когда в его эволюции произошла вторая значимая мутация. Новые теории, продукт прикладного постмодернистского поворота, позволили ученым и активистам *сделать что-то* с постмодернистской концепцией общества. Если знание — это конструкт власти, предписывающий, что допустимо говорить и мыслить, то его можно изменить, а структуры власти — разрушить, поменяв это предписание. Таким образом, прикладной постмодернизм фокусируется на осуществлении контроля над дискурсами, особенно путем *проблематизации* языка и образов, вредоносных с точки зрения Теории. Другими словами, он отыскивает и привлекает внимание к подчас едва уловимым проявлениям проблем угнетения, предположительно существующих в обществе, стремясь «сделать угнетение видимым». Тщательный анализ языка и разработка все более строгих правил терминологии, связанной с идентичностью, которую часто называют «политической корректностью», пережили расцвет в 1990-х и вновь стали актуальными с середины 2010-х.

Следующие из этого выводы готовы к применению в политической практике. Если принимаемое нами в качестве истины является таковым только по причине привилегированного положения дискурсов гетеросексуальных белых обеспеченных западных мужчин, то, согласно прикладной Теории, этому можно бросить вызов, расширив права и возможности групп, маргинализированных по признаку идентичности, и настояв на том, чтобы их голоса получили приоритетное значение. Это убеждение настолько повысило уровень агрессии политики идентичности, что даже привело к возникновению понятий вроде «исследовательской справедливости» (research justice). Эта настораживающая инициатива требует от ученых больше ссылаться в своих работах на женщин и представителей меньшинств и меньше — на белых мужчин из западных стран, поскольку эмпирические исследования, производящие знание на основе доказательств и рациональных аргументов, культурно сконструированы ими и поддерживают их привилегии. С этой точки зрения настоящий моральный долг — разделить престиж научных исследований с «другими формами исследования», например такими, как суеверия, духовные верования, культурные традиции и убеждения, опыт, обусловленный идентичностью, и эмоциональные реакции[33].

Поскольку применить этот подход можно практически ко всему, примерно с 2010 года появляется огромное количество работ в любых (или во всех) областях, имеющих отношение к идентичности. Социальная сконструированность знания и иерархий власти с абсолютной уверенностью провозглашается в них объективной истиной. Эта эволюция началась в тот момент, когда новоявленные гипотезы прикладного постмодернистского поворота стали «известным знанием»* — тем, что люди принимают как должное, потому что знают, что они это «знают». Эти работы включают в себя методологии, известные как «феминистская эпистемология», «критическая расовая эпистемология», «постколониальная эпистемология» и «квир-эпистемология», а также более широкие исследования: «эпистемическую несправедливость»[34], «эпистемическое угнетение»[35], «эпистемическую эксплуатацию»[36] и «эпистемическое насилие»[37]. («Эпистемология» — это термин, описывающий способы производства знания, а «эпистемический» означает «относящийся к знанию».) Зачастую все эти подходы комбинируются в рамках производства того, что мы привыкли называть

---

* Тавтологичный термин «известное знание» (*англ.* known knowns) был в свое время популяризован министром обороны США Дональдом Рамсфельдом. По одной из версий, он отсылает к методике «Окна Джохари» американских психологов Джозефа Лифта (1916–2014) и Харрингтона Инхэма (1914–1995). Однако его использование в тексте несколько затрудняет понимание авторской мысли — по-видимому, речь идет скорее о чем-то вроде «здравого смысла» или эпистемологической уверенности в том, что если мы что-то «знаем», то оно является «знанием», в то время как в исходной психологической теории термин означал собой пересечение того, что знает о себе индивид, и того, что знают о нем другие. — *Прим. ред.*

«исследованиями социальной справедливости». Несмотря на кажущееся разнообразие, все эти подходы к «другим знаниям» исходят из предположения, что индивиды с разными маргинализированными идентичностями обладают разными знаниями, вытекающими из их общего, личного и прожитого опыта в качестве членов этих групповых идентичностей, в особенности опыта угнетения. Как носители знания подобные индивиды могут оказываться в невыгодном положении, когда вынуждены действовать в рамках «доминирующей» системы, но могут пользоваться и уникальными преимуществами благодаря знакомству с разнообразными эпистемическими системами. Попеременно они могут становиться жертвами «эпистемического насилия», когда их знание не признаётся и исключается, или «эпистемической эксплуатации», когда их просят этим знанием поделиться.

Описанные изменения неуклонно размывали барьер между академией и активизмом. Раньше связка преподавательской или научной деятельности с определенной идеологической позицией считалась чем-то нежелательным. От преподавателя или ученого ожидалось, что он отбросит свои личные предрассудки и убеждения, чтобы подойти к своему предмету как можно объективнее. Научных работников подталкивало понимание, что их коллеги могут — и не преминут — указать на их пристрастность или предвзятость суждений, противопоставив им доказательства и аргументы. Преподаватели могли считать, что преуспели в сохранении объективности, если их ученики не знали, какова их политическая или идеологическая позиция.

Совсем не так работают или применяются в образовании исследования социальной справедливости. Преподавание теперь должно быть политическим актом, а, согласно социальной справедливости и Теории, приемлем только один вид политики — политика идентичности. В различных дисциплинах, от гендерных исследований до английской литературы, отныне совершенно приемлемо обозначить свою теоретическую или идеологическую позицию и затем исследовать материал с этого ракурса, не предпринимая никаких попыток применить к своей интерпретации критерий фальсифицируемости, прибегнуть к опровержениям или альтернативным гипотезам. Сегодня ученые могут открыто объявлять себя активистами и преподавать активизм на курсах, требуя от студентов принять идеологический базис социальной справедливости в качестве истины и воспроизводить его в своих работах[38]. В получившей особенно печальную известность статье 2016 года, вышедшей в научном журнале «Géneros: мультидисциплинарный научный журнал гендерных исследований», женские исследования *благожелательно* сравниваются с ВИЧ-инфекцией и лихорадкой Эбола: утверждается, что они распространяют свою версию феминизма как вирус, подавляющий иммунитет, используя студентов-становящихся-активистами в роли переносчиков[39].

Какими бы неожиданными или тревожными ни были вышеописанные перемены, они не результат скрытого умысла. Он четко обозначен и никогда не был тайной. Например, в 2013 году активистка и ученый Сандра Грей настаивала:

> Быть активными гражданами академического сообщества в том числе подразумевает побуждать наших студентов больше действовать и представлять собой что-то большее. В первых университетах именно студенты несли знания в необразованные слои населения, выступая в роли миссионеров, обучая крестьян и тем самым распространяя в сельской местности идеи, подобные лютеранству. Я не имею в виду, что наши студенты должны выходить в народ и пропагандировать лютеранские идеалы, но тем не менее хотелось бы думать, что мы снабжаем их инструментами для критики, дебатов и исследовательской работы, чтобы они могли проявлять активную гражданскую позицию и даже вдохновлять других на активистскую деятельность.

> Наконец, членам академических кругов в рамках своей обычной трудовой деятельности необходимо образовывать альянсы и налаживать связи, а иногда даже вступать в политические и правозащитные организации. Серьезные исследования, предпринятые во имя чего-то, должны снова считаться легитимным способом генерирования знания[40].

В 2018 году академические активисты опубликовали сборник эссе под названием «Заявим во всеуслышание: роль научных исследований в правозащитной деятельности и роль правозащитной деятельности в научных исследованиях»[41]. Хотя ученым, разумеется, допустимо быть активистами, а активистам — учеными, совмещение этих двух ролей чревато проблемами, а в ситуации преподавания политических взглядов в университетах склонно приводить к ортодоксии, которую нельзя подвергнуть сомнению. Между активизмом и образованием лежит принципиальное противоречие: активизм предполагает, что знает истину в достаточной мере, чтобы действовать в соответствии с ней, в то время как образование осознаёт, что не знает наверняка, что является истиной, и поэтому стремится узнать больше[42].

В отличие от оригинальной постмодернистской Теории, идеям прикладного постмодернизма удалось вырваться далеко за пределы университетских кабинетов благодаря (по крайней мере отчасти) своей применимости на практике. Выйдя в мир, эти идеи обрели силу. Нынешние активисты постоянно ссылаются на постмодернистские принцип знания и политический принцип — и им все чаще вторят корпорации, СМИ, общественные деятели и широкая публика.

Мы, рядовые граждане, все сильнее недоумевающие по поводу того, что произошло с обществом и как быстро это произошло, постоянно слышим требования «деколонизировать» все подряд — от учебных планов до причесок и математики. Мы слышим стенания по поводу культурной апроприации и в то же время жалобы на недостаточное представительство определенных групп идентичности в искусстве. Слышим, что только белые люди могут быть расистами и что они являются таковыми всегда, по умолчанию. Политики, актеры и художники гордятся своей интерсекциональностью. Компании бравируют своим уважением к «разнообразию» (diversity), при этом наглядно демонстрируя, что их интересует лишь поверхностное разнообразие идентичностей (но не мнений). Общественные организации и всевозможные группы активистов объявляют о своей инклюзивности — но только для тех, кто с ними согласен. Американских инженеров увольняют из таких корпораций, как Google, за фразу о существовании гендерных различий[43], а британских комиков с BBC — за шутки, которые американцам могли бы показаться расистскими[44].

Большинство из нас происходящее настораживает и сбивает с толку. Многие задаются вопросами: что происходит, как мы до этого дошли, что все это значит и как (как скоро) мы сможем все исправить и восстановить взаимопонимание, доброжелательность и здравый смысл? Это сложные вопросы. Произошло следующее: прикладной постмодернизм обрел свое лицо, был *овеществлен* — принят в качестве такого же элемента реальности, как и «истины» учения о социальной справедливости, — распространен активистами и (что весьма иронично) сам превратился в доминирующий метанарратив. Для широких слоев общества, особенно левых, он стал символом веры или практичной мифологией. Отказ воздать ему почести может привести к фатальным последствиям — в буквальном, но чаще всетаки в переносном смысле. Нельзя просто так взять и бросить вызов господствующей ортодоксии.

К счастью, маловероятно, что большинство людей — не говоря уже о корпорациях, организациях и общественных деятелях — действительно привержены радикальным идеям культурного конструктивизма, постмодернистским концепциям общества и интерсекциональному пониманию социальной справедливости. Однако, поскольку эти идеи предлагают видимость глубоких ответов на запутанные вопросы и работают в рамках Теории, они успешно трансформировались из мудреных академических учений, в которые могут верить только интеллектуалы, в часть житейской «мудрости», объясняющей, как устроен мир. Учитывая повсеместное распространение этих идей, ситуация не улучшится, пока мы не продемонстрируем их сущность и не отвергнем их — в идеале при помощи устойчивых либеральных принципов и этики.

Чтобы понять, как учение о социальной справедливости развилось из постмодернистской Теории через прикладной постмодернистский поворот, мы должны изучить новоявленные Теории более детально и конкретно. Именно эти прикладные Теории — постколониальная, гендерная, квир-, критическая расовая и другие, — а не сам постмодернизм в какой-то момент вырвались на вольный простор и захватили академические исследования, активизм и наши социальные институты. В следующих пяти главах мы надеемся объяснить, как развивались эти прикладные Теории. Затем в главе 8 мы расскажем, как благодаря идеологии социальной справедливости они стали восприниматься в качестве непреложных Истин.

3. Постколониальная Теория

Деконструкция Запада ради спасения Другого

Постколониальная Теория — первый амбициозный подрывной проект прикладного постмодернизма — ставит своей целью деконструировать Запад в том виде, в котором она его понимает. В отличие от расовой и гендерной Теорий, успевших достичь относительной интеллектуальной и академической зрелости до того, как постмодернизм захватил культурные исследования, постколониальная Теория напрямую проистекает из постмодернистской мысли. Более того, возникновение постколониальной Теории обусловлено конкретной целью — *деколонизацией*: систематической ликвидацией колониализма и всех его последствий во всех их проявлениях.

Если постмодернизм видел своей задачей выход за рамки модерности и демонтаж ее ключевых принципов, то описываемая в этой главе Теория ограничивается вопросами колониализма. Заметную роль в постколониальной Теории играют оба ключевых принципа постмодернизма: принцип знания, отвергающий объективную истину в пользу культурного конструктивизма, и политический принцип, согласно которому мир состоит из систем власти и привилегий, определяющих, что допустимо знать. В постколониализме присутствуют и четыре основных сюжета постмодернистского мышления: размывание границ, вера в безграничную власть языка, культурный релятивизм и потеря индивидуального вкупе с отрицанием универсального. Пусть и не все поголовно академические исследователи в этой области, но как минимум центральные фигуры постколониализма придерживались и придерживаются постмодернистского мировоззрения; на сегодняшний день этот подход преобладает в постколониальных исследованиях социальной справедливости и активизме[1].

Постколониализм и сопряженная с ним Теория возникли в конкретном историческом контексте — морального и политического краха европейского колониализма, доминировавшего по всему миру на протяжении более пятисот лет. В полной мере эта эпоха началась примерно в XV веке и длилась до середины XX столетия. Колониализм руководствовался тем, что европейские державы обладают правом расширять свои территории и влиять на другие народы и регионы. Хотя до наступления XX века подобные имперские амбиции были характерны для многих, если не для всех культур, европейский колониализм был вооружен масштабными объяснениями, историями и самооправданиями — если угодно, метанарративами, — с помощью которых стремился это право легитимировать. В их число входят *la mission civilisatrice* (цивилизаторская миссия) французского колониализма и Manifest Destiny* в Северной Америке — центральные понятия производства знания и политического устройства в период с Просвещения и вплоть до эпохи модерна[2].

Европейский колониализм оказался удивительно скоротечным явлением и рухнул уже в середине XX века. В послевоенное время деколонизация — как материальная, так и политическая — проходила стремительными темпами, и к началу

* Явное предначертание (*англ.* Manifest Destiny) — религиозно-политическое клише, популярное у сторонников экспансионистской политики в США в XIX веке. Использовалось для теологического оправдания экспансионизма как Богом предначертанной миссии американской нации. — *Прим. ред.*

1960-х озабоченность нравственными аспектами колониализма преобладала как среди академиков, так и среди широкой общественности, особенно среди крайних левых. Крах колониализма определил социально-политическую обстановку, в которой возник постмодернизм, особенно в университетах континентальной Европы. На сцену вышли постколониальные Теоретики, отвергнувшие колониальные метанарративы и сосредоточившие свое внимание на соответствующих дискурсах. Таким образом, постколониализм, по сути, представляет собой сведение постмодернизма к одной конкретной составляющей модерности — колониализму — и использует в качестве своего инструмента адаптированную к этой проблеме версию постмодернистской Теории — *постколониальную Теорию*. Постколониальные Теоретики исследовали дискурсы колониализма, нацеленные на защиту интересов тех, кто обладал властью и привилегиями, например так называемое право господства «цивилизованных» западных (и христианских) дискурсов над другими, «нецивилизованными» и «варварскими» культурами.

Постколониализм как проект прикладного постмодернизма

В середине XX века на фоне растущей обеспокоенности проблемой колониализма среди академической элиты стремительно обретают влияние работы психиатра Франца Фанона*. Его, родившегося на Мартинике во времена французского колониального господства, зачастую считают основоположником постколониальной Теории. В своей книге «Черная кожа, белые маски» (1952)[3] Фанон формулирует мощную критику расизма и колониализма; в «Умирающем колониализме» (1959)[4] описывает

---

* Франц Фанон (1925–1961) — психоаналитик, философ, участник алжирского движения за независимость. — *Прим. ред.*

культурные и политические изменения в ходе Алжирской войны за независимость от Франции; затем, в «Проклятьем заклейменных»[5] (1961), Фанон подготавливает почву для постколониальной Теории. Тезисы из «Проклятьем заклейменных» предложили радикально новое понимание рассматриваемых проблем. Для Фанона к 1961 году колониализм представлял собой прежде всего систематическое отрицание человечности колонизированных народов: эта тема настолько важна для фаноновского анализа, что он постоянно говорит о буквальном стирании их идентичности и достоинства. Колонизированные народы, настаивает он, должны оказать вооруженное сопротивление, чтобы сохранить психическое здоровье и самоуважение. Книга Фанона стала одновременно глубоко критической и открыто революционной — с тех самых пор обе эти установки легли в основу постколониализма и более радикальных ответвлений левого активизма.

Однако Фанон, писавший свою книгу в 1961-м, едва ли был постмодернистом. Несмотря на его глубоко скептический, откровенно критический и даже радикальный подход, Фанон опирается в основном на марксистско-ленинскую критику капитализма и психоаналитическую теорию, а его философия, по сути, гуманизм. Тем не менее более поздние мыслители, включая отца постколониальной Теории Эдварда Саида, черпали вдохновение в том, как Фанон описывал психологическое воздействие, которому подвергается человек, когда его культура, язык и религия подчинены другим культуре, языку или религии. Фанон утверждал, что колониальный *тип мышления (mind-set)* должен быть разрушен, а его негативное влияние на людей, подвергнувшихся гнету колониального правления и оправдывающего его мировоззрения, по возможности обращено вспять.

Подобное внимание к установкам, предубеждениям и дискурсам вполне соответствует постмодернистскому канону. Академические исследователи, рассматривающие постколониализм с постмодернистских позиций, — Теоретики постколониализма — воспринимают свою деятельность как проект, направленный на устранение определенных *типов мышления*, связанных с колониализмом и предположительно легитимирующих его (вместо того чтобы уделить внимание его практическим и материальным последствиям). Они опираются прежде всего на постмодернистское понимание знания как конструкта власти, закрепляемой дискурсами. Ключевая идея постколониальной Теории заключается в том, что Запад противопоставляет себя Востоку, заявляя: «Мы рациональны, а они суеверны»; «Мы честны, а они лживы»; «Мы нормальные, а они экзотичные»; «Мы продвинутые, а они примитивные»; «Мы — либералы, а они — варвары». Восток конструируется как противоположность Западу, с которой тот может себя сравнивать. Подобное принижение других народов с целью почувствовать свое превосходство описывается термином «инаковизация» (othering). Саид назвал этот образ мышления ориентализмом. Этот ход позволил ему наделить мощной негативной коннотацией уже существовавший термин «ориенталисты», которым обозначались ученые, занимающиеся изучением Южной Азии, Дальнего и в особенности Ближнего Востока.

Саид высказал свои революционные соображения в работе «Ориентализм», опубликованной в 1978 году[6]. Эта книга не только заложила фундамент для развития постколониальной Теории, но и представила американской аудитории концепцию применимой на практике постмодернистской Теории. Саид, американский Теоретик палестинского происхождения, преимущественно опирался на Фанона и Фуко[7] — в особенности на фукианское понятие «власти-знания». Несмотря на то что в конечном итоге Саид подверг подход Фуко критике, он полагал, что концепт власти-знания важен для понимания Ориентализма*. Основное

---

* Здесь и далее авторы предпочитают писать «ориентализм» с заглавной буквы, даже если речь не идет непосредственно о названии работы Саида. — *Прим. ред.*

значение для него имели тезисы Фуко, что то, как мы говорим, конструирует знание и что обладающие властью группы получают возможность управлять дискурсом и таким образом определять, что составляет знание. Например, Саид пишет:

> Для того чтобы определить ориентализм, мне представляется полезным обратиться здесь к понятию дискурса у Мишеля Фуко, как он развивает его в работах «Археология знания» и «Надзирать и наказывать». Моя позиция заключается в том, что без исследования ориентализма в качестве дискурса невозможно понять исключительно систематичную дисциплину, при помощи которой европейская культура могла управлять Востоком — даже производить его — политически, социологически, идеологически, военным и научным образом и даже имагинативно в период после эпохи Просвещения[8].

Саид доказывает, что в основе Ориентализма лежит западный дискурс и именно этот дискурс конструирует Восток, навязывая ему характеристики, которые одновременно принижают его и экзотизируют. Влияние постмодернизма на работы Саида бросалось бы в глаза, даже если бы он не настаивал, что Ориентализм «попросту невозможно» понять без идей Фуко.

Желание деконструировать якобы господствующий Запад с тех пор доминировало в постколониальной Теории: значительная часть постколониальных исследований представляет собой вчитывание Ориентализма в тексты. Отчасти это объясняется тем, что проект Саида был целиком и полностью литературным начинанием — особенно его возмутила повесть Джозефа Конрада «Сердце тьмы»[9] (1899), аллегория, поднимающая важные вопросы о расизме и колониализме. Отринув любые попытки работы с художественными элементами текста, Саид предпочитал досконально изучать тексты при помощи метода «медленного чтения», чтобы выявить различные способы, которыми западные дискурсы конструируют, навязывают и закрепляют Ориенталистскую бинарную структуру.

Постмодернистский дискурсивный анализ Саида вчитывает асимметрии власти во взаимодействие между господствующими и маргинализованными (местными) культурными группами и стремится переписать историю с позиции угнетенных. Подобное переосмысление зачастую принимает весьма продуктивную форму, позволяя восстановить утраченные голоса и точки зрения и тем самым получить более полную и точную картину прошлого. Однако, помимо этого, оно нередко используется для переписывания истории в соответствии с локальными или политическими нарративами, а также для одновременного продвижения множества непримиримых исторических взглядов, что в неявной форме порывает с любыми претензиями на объективное знание.

В предисловии к «Ориентализму» также можно наблюдать постмодернистское представление о том, что знание не открывается, а изобретается. Саид пишет:

> Мой аргумент заключается в том, что история делается мужчинами и женщинами и точно так же может быть переделана и переписана, всегда с разными умолчаниями и пропусками, всегда с навязанными формами и допущенными уродствами, таким образом, что «наш» Восток, «наш» Ориент присваивается, чтобы им можно было обладать и управлять[10].

Это уже не просто деконструкция, а призыв к реконструкции. Постколониальная теория включает в себя (типично радикальную) политическую повестку, которой не хватало раннему постмодернизму. Это явно дает понять и выдающийся исследователь постколониализма и феминизма Линда Хатчеон[11]. Она пишет об академических исследованиях феминизма и постколониализма: «И те и другие подразумевают ясную политическую повестку и зачастую теорию агентности*, что позволяет им выходить за постмодернистские рамки деконструкции существующих ортодоксий в сферу социального и политического действия»[12]. Как и многие из адептов критической Теории, последовавших за постмодернистами и попытавшихся применить их идеи, Хатчеон выступает за необходимость адаптировать постмодернистскую Теорию к политическому активизму. Таким образом, откровенно ориентированная на активизм постколониальная Теория стала первым течением, возникшим в рамках школы мысли *прикладного постмодернизма*.

Наряду с Саидом основоположниками постколониальной Теории считаются Гаятри Чакраворти Спивак** и Хоми Бхабха***. Как и работы Саида, их труды — целиком и полностью постмодернистские как по происхождению, так и по направленности, ориентирующиеся больше на деррридианскую деконструкцию языка, с лингвистической и концептуальной точек зрения они сложны вплоть до степени непостижимости. Вероятно, наиболее значимый вклад Спивак в постколониальную Теорию — ее эссе 1988 года «Могут ли угнетенные говорить?»[13], в котором она уделяет повышенное внимание языку и выражает озабоченность ролью структур власти в его ограничении.

Спивак утверждает, что *угнетенные* — колонизированные народы, находящиеся в подчиненном положении, — не имеют доступа к речи, даже если, казалось бы, говорят сами за себя.

---

* Агентность (*англ.* agency) — социологическая категория, способность человека инициировать действие в рамках самостоятельного свободного выбора. — *Прим. ред.*

** Гаятри Чакраворти Спивак (р. 1942) — философ, литературовед. Почетный профессор Колумбийского университета. — *Прим. ред.*

*** Хоми К. Бхабха (р. 1949) — историк литературы, критический теоретик. Профессор английского языка и литературы Гарвардского университета. — *Прим. ред.*

Она настаивает, что эта проблема — результат проникновения власти в дискурс и создания ею непреодолимых коммуникативных барьеров для всех, кто существует за пределами доминирующих дискурсов. Опираясь на труды Саида и Фуко, Спивак развивает концепцию *эпистемического насилия* с целью описать ущерб, который доминирующие дискурсы наносят колонизированным индивидам, маргинализируя их знание и статус знающих.

Постмодернизм Спивак проявляется в полной мере, когда она перенимает деконструктивистскую идею Деррида о подрывном потенциале инверсии бинарных стереотипов (при их структурном сохранении). Она называет это «стратегическим эссенциализмом»[14]. «*Эссенциализм*, — заявляет Спивак, — это лингвистический инструмент господства». Колонизаторы оправдывают угнетение подчиненной группы, рассматривая ее как неделимое «иное», которое можно подвергать стереотипизации и дискредитации. *Стратегический эссенциализм* направляет то же самое ощущение неделимой групповой идентичности на нужды сопротивления, временно приостанавливая индивидуальность и внутригрупповое разнообразие подчиненной группы ради достижения общих целей на базе общей идентичности. Другими словами, он определяет особый вид политики идентичности, выстроенный вокруг умышленных двойных стандартов.

Этот ход Спивак типичен для Теории. Спивак полагается в большей степени на Деррида, нежели на Саида и Фуко, находя последнего слишком политизированным. А поскольку Деррида уделяет особое внимание двусмысленности и текучести языка, а его собственный невразумительный стиль принципиально сопротивляется проговариванию чего-либо конкретного, работа Спивак тоже ускользает от понимания. Например, она пишет:

> Я нахожу морфологию [Деррида] гораздо более скрупулезной и полезной, чем непосредственное, содержательное

> вовлечение Фуко и Делёза в более «политические» проблемы — например, приглашение последнего «стать женщиной», — опасные в руках американского академика с его энтузиазмом к радикальным идеям. Деррида связывает радикальную критику с опасностью присваивания иного посредством ассимиляции. Он считывает катахрезу*
> в зачатке. Он требует переработки утопического структурного позыва, который «именует безумным тот внутренний голос, что является голосом иного в нас»[15].

Непроницаемость и непрактичность письма были в моде у Теоретиков того времени — особенно у постколониальных. Хоми Бхабха, еще один примечательный адепт постмодернизма, внесший заметный вклад в эту область в 1990-е, в своем умении создавать почти нечитабельный текст затмевает даже Спивак. Бхабха, пожалуй, самый деконструктивистский из выдающихся академических исследователей постколониализма; на него оказали влияние прежде всего Лакан и Деррида. В основном он уделяет внимание роли языка в конструировании знания[16].

Труды Бхабхи славятся сложностью для восприятия — что вполне естественно для автора, скептически оценивающего способность языка передавать какой-либо смысл. В 1998 году он занял второе место в конкурсе научного журнала «Философия и литература» на худший стиль письма, уступив лишь Джудит Батлер, за предложение:

> Если на определенное время эта уловка желания и вычислима с пользой для дисциплины, то вскоре повторяемость вины, оправданий, псевдонаучных теорий, суеверий,

---

* Катахреза (от *др.-греч.* κατάχρησις — злоупотребление) — тип стилистической ошибки или художественного приема в поэзии, при котором слова в словосочетании подбираются в переносном смысле вопреки несовместимости их буквальных значений. — *Прим. ред.*

ложных авторитетов и классификаций можно рассматривать как отчаянную попытку формально «нормализовать» разлад дискурса расслоения, который нарушает рациональные, просвещенные притязания его декларативной модальности[17].

У этого обескураживающего предложения действительно есть смысл — целиком и полностью постмодернистский. В расшифрованном виде оно означает, что шутки расистского и сексуального характера, которые первоначально использовались колонизаторами для контроля над подчиненной группой, в конечном итоге оказались нужны им, чтобы попытаться убедить себя в правильности их собственного мировосприятия, в котором они втайне — и с ужасом — сомневаются. Прочитав тайные мысли колонизаторов, Бхабха выстраивает на этом всю свою аргументацию, в частности утверждая, что отказ от устойчивых дескриптивных категорий способен подорвать колониальное господство[18]. Разумеется, этот аргумент совершенно неопровержим, а сформулированный в том виде, в котором он приведен выше, еще и недоступен для понимания[19].

Труды Бхабхи часто подвергают критике за излишнюю непонятность, из-за которой их сложно использовать для нужд постколониальных исследований. В отличие от других исследователей постколониализма, он также открыто отвергает материалистический и политический подходы к постколониальным исследованиям, а еще марксизм и национализм. Более того, в языке постмодернистской Теории, которым Бхабха пользуется сам, он усматривает потенциальную проблему: «Является ли язык теории всего лишь еще одной уловкой культурно привилегированной западной элиты для создания дискурса об Ином, укрепляющего ее систему власти-знания?»[20] Здесь он явным образом ссылается на Фуко и неявным — на Деррида, опровергая при этом их обоих, а следовательно, и себя самого.

Работы наиболее видных родоначальников постколониализма стали первой ветвью древа прикладного постмодернизма, выросшего из саженца постмодернистской Теории. Уклон в постмодернизм предопределил направление деятельности этих Теоретиков: вместо изучения материальных реалий, в которые угодили страны и народы, ранее находившиеся под колониальным управлением, а также последствий этой ситуации, они погрузились в анализ установок, убеждений, речи и типов мышления, сакрализуя или проблематизируя их. Все перечисленное они выводят из упрощенной предпосылки, что белые западные люди (и знание, понимаемое как «белое» и «западное») в чем-то превосходят восточных людей и людей небелого цвета кожи (и «знание», ассоциирующееся с незападными культурами), несмотря на то что именно в этом и заключается стереотип, с которым Теоретики вроде бы должны бороться[21].

Сравнение типов мышления

Конечно, колониальные нарративы существовали — в колониальной истории (не только европейской) тому имеется множество свидетельств. Например, рассмотрим этот отвратительный пассаж, датированный 1871 годом:

> Возрождение низших или вырождающихся рас высшими расами — часть ниспосланного человечеству порядка вещей. <...> Природа создала расу рабочих, китайскую расу, обладающих поразительной ловкостью рук и почти напрочь лишенных чувства чести. <...> Управляйте ими справедливо, взимайте с них в обмен на благо такого управления достойную плату для расы покорителей, и будут они довольны; расу земледельцев, негров; относитесь к ним с добротой и человечностью, и будет все как должно; расу господ

и воителей, европейскую расу <...> Пусть каждый делает то, для чего был сотворен, и будет все хорошо[22].

Однако сегодня подобные взгляды встречаются редко. В ходе XX века, после краха колониализма и взлета движения за гражданские права, они постепенно становились все менее морально приемлемыми и сейчас обоснованно ассоциируются с ультраправым экстремизмом. Тем не менее постколониальная Теория продолжает ссылаться на них, будто бы их былое существование наложило неизгладимый отпечаток на то, что люди говорят и думают сегодня. Притязания постколониальной Теории на значимость главным образом зиждутся на предположении, что существуют вечные проблемы, переданные нам через язык, который был выработан столетия назад.

Фактические социальные изменения, из-за которых вышеописанные взгляды стали почти универсально неприемлемыми, не основывались на постмодернистском анализе и не были постмодернистскими по своей сути. Они предшествовали постмодернизму, исходя из универсального и индивидуального либерализма в своих целях и средствах. Согласно этой форме либерализма, наука, разум и права человека — достояние всех индивидов, а не какой-либо отдельной группы, будь то белые западные мужчины или кто-нибудь еще. Постмодернистский постколониальный подход радикально отличается от описанного либерального и часто подвергается критике за то, что укрепляет ориенталистские бинарные структуры, а не помогает преодолеть их.

Колониальное (западное) мышление: *«Западные люди рациональны и склонны к науке, тогда как азиаты иррациональны и суеверны. Поэтому европейцы должны править Азией для ее же блага».*

> **Либеральное мышление:** *«Способность к рациональному мышлению и науке есть у всех, но при этом индивиды сильно отличаются друг от друга. Поэтому возможности и свободы должны быть достоянием каждого».*

> **Постмодернистское мышление:** *«Запад сконструировал позитивное представление о рациональности и науке, чтобы укрепить собственную власть и маргинализировать нерациональные, ненаучные формы производства знаний где бы то ни было».*

Таким образом, если либеральное мышление отрицает высокомерное колониальное утверждение, что разум и наука принадлежат белым западным людям, то постмодернистское — принимает его, однако рассматривает разум и науку как лишь один из способов познания и одновременно форму угнетения, которое подлежит устранению при помощи основных методов постмодернизма. Прикладное постмодернистское мышление в отношении колониализма напоминает постмодернистское, но дополненное активистскими выводами.

> **Прикладное постмодернистское мышление:** «Запад сконструировал позитивное представление о рациональности и науке, чтобы укрепить собственную власть и маргинализировать нерациональные, ненаучные формы производства знаний где бы то ни было. *Поэтому теперь необходимо обесценить белые западные способы познания по причине их принадлежности белым западным людям и продвигать вместо них восточные способы познания (чтобы устранить дисбаланс власти)»*.

Подобный практический подход часто называют *деколонизацией* и стремлением к *исследовательской справедливости*.

Деколонизировать все подряд

Изначально постколониальные исследования принимали форму литературной критики и дискурсивного анализа текстов о колониализме и зачастую были изложены весьма туманным языком постмодернистской Теории, однако постепенно расширили свой фокус и стали проще. К началу 2000-х понятие *деколонизации* (всего подряд) стало преобладать в академических исследованиях и активизме, и новоиспеченные исследователи по-разному использовали и развивали эту концепцию, добавив в нее более практичные элементы. Сохранив постмодернистские принципы и сюжеты, они расширили фокус своего внимания с идей и высказываний о колониализме в буквальном смысле до наблюдаемых ими проявлений чувства превосходства по отношению к людям с определенным статусом идентичности. В число последних входят перемещенные представители коренных народов и представители расовых или этнических меньшинств, которых в определенном смысле можно рассматривать как субалтернов*, членов диаспоры или гибридных индивидов или тех, чьи незападные верования, культура или обычаи подверглись обесцениванию. Более конкретными стали и намерения постколониальной Теории: уделять меньше внимания характерному для постмодернизма пессимистическому ослаблению дискурсов, рассматриваемых как колониальные, и предпринимать больше активных шагов в вопросах деколонизации, прибегнув к воинственным методам социальной справедливости, с 2010 года упрочившей свои позиции. В основном это происходило благодаря различным движениям *деколонизации*,

---

* Субалтерн (*англ.* subaltern) — термин постколониальной теории, обозначающий маргинализованного, несамостоятельного, подчиненного индивида, а в более широком смысле — рядового жителя колонии по отношению к колониальной элите или жителю метрополии.

которые можно рассматривать как результат деятельности более поздних Теоретиков, переосмысливших гипотезы постколониальной Теории и воплотивших их в жизнь.

Если что-то в буквальном смысле никогда не было колонизировано, то задача его деколонизации может пониматься весьма по-разному. Иногда это просто вовлечение в академическую деятельность исследователей всех национальностей и рас: именно на это направлены кампании Национального союза студентов Великобритании (NUS) Why Is My Curriculum White?* (2015) и #LiberateMyDegree** (2016)[23]. Подобные кампании задаются целью снизить зависимость от белых исследователей из бывших колониальных держав и заменить их на небелых специалистов из ранее колонизированных регионов. Однако помимо этого мы наблюдаем стремление к многообразию «знания» и эпистемологий (способов принимать решение о том, что является истиной), в терминах Теории часто описываемых как «(иные) способы познания». Этот процесс характеризуется усиленной критикой, проблематизацией и пренебрежительным отношением к знанию, которое понимается как западное. Он может приобретать характер прочтения физических пространств словно «текстов», нуждающихся в деконструкции, — пример того, как постмодернистская Теория размывает границы и фокусируется на власти «языка».

Хорошим примером этого служит движение Rhodes Must Fall***, зародившееся в 2015 году как инициатива по сносу памятника Сесилу Родсу в Кейптаунском университете и позднее добравшееся до других учебных заведений, включая Оксфорд. Родс, британский бизнесмен и политик в Южной Африке, в значительной мере был ответственен за правовую основу

* «Почему мой учебный план белый?»

** «#СвободуМоемуОбразованию».

*** «Родс должен пасть».

южноафриканского апартеида, и поэтому протест против его изображения исключительно в благоприятном свете вполне обоснован. Однако риторика этого движения вышла далеко за пределы возражений против эксплуататорской и нелиберальной практики апартеида и колониализма. В Оксфорде, например, требования символических изменений — вроде демонтажа «оскорбительных» колониальных памятников и скульптурных изображений — сопровождались и другими запросами активистов[24]. В их числе: очередная настойчивая инициатива по увеличению представительства этнических и расовых меньшинств, разделяющих постулаты Теории, в кампусах и повышенное внимание к тому, *что* и *как* изучается в рамках учебной программы.

В предисловии к сборнику «Деколонизация университета» его редакторы Гурминдер К. Бхамбра, Далия Гебриал и Керем Нишанчиоглу поясняют, что деколонизация может отсылать к изучению колониализма как в его материальных проявлениях, так и через дискурсы, а кроме того, способна предложить *альтернативные способы мышления*[25]. Это одна из форм *позиционной теории* (standpoint theory) — убеждения в том, что знание обусловлено прожитым опытом разных групп идентичности, которые по-разному позиционированы в обществе и потому видят разные его аспекты[26]. Для исследователей деколониализма «европоцентристские формы знания», равно как и «уникальный авторитет в вопросах эпистемологии, приписываемый западным университетам как привилегированному месту производства знаний»[27], представляют собой проблему, и «суть не просто в деконструкции такого понимания, а в его трансформации»[28]. Другими словами, используя активизм для достижения символической «текстуальной» цели — сноса памятников в кампусах, — активисты деколонизации также пытались укрепить свои позиции, «реформировав» образование и поставив его в зависимость от прикладных положений Теории.

Таким образом, в стремлении постколониальной Теории деколонизировать все подряд выделяется два основных лейтмотива: национальное происхождение и раса[29]. Например, Бхамбра и его коллеги, испытавшие влияние Саида, рассматривают знание как географически ситуационное понятие: «Содержание академического знания по-прежнему определяется Западом — и предназначается для Запада»[30]. Для Теоретика Кехинде Эндрюса более важную роль играет критическая расовая Теория, а знание в большей степени связано с цветом кожи: «Пренебрежение общества к знанию чернокожих — не случайность, а непосредственный результат расизма». Мы должны, говорит нам Эндрюс, «навсегда отказаться от веры в возможность производства знания, свободного от оценочных суждений. Политика определяет наше понимание мира, а видимость нейтралитета, которую мы поддерживаем, лишь обесценивает наши усилия»[31].

Обратите внимание на то, что «свободное от оценочных суждений» и «нейтральное» знание получить невозможно — от этой идеи необходимо полностью отказаться. Теория постулирует, что объективное знание — истинное для каждого индивида независимо от его идентичности — недостижимо, поскольку знание всегда тесно связано с культурными ценностями. Так гласит постмодернистский принцип знания. Согласно Теории, в настоящее время выше всего ценится именно белое и западное знание, что, вне зависимости от надежности способов производства этого знания, несправедливо. Это — политический принцип постмодернизма. Он стоит за словом «универсальный» в программном разделе «Цели» оксфордской фракции движения «Родс должен пасть»: «Скорректировать крайне избирательный нарратив традиционной академии, преподносящий Запад в качестве единственного производителя универсального знания, путем интеграции эпистемологий порабощенных народов и локальных эпистемологий... [и создания. — *Прим. авт.*] более интеллектуально точной, целостной академии»[32].

Таким образом, даже в новейших прикладных формах Теории наблюдается радикальный скептицизм в отношении объективного, универсального или нейтрально истинного знания. Он ведет к убеждению, что научная строгость и целостность — производные не верной методологии, скептицизма и доказательного метода, а «позиций», зависимых от идентичности, и множественных «способов познания»[33]. И не важно, что такой подход имеет обыкновение не работать, — главное, что он считается более *справедливым*. То есть это убеждение исходит из того, что *должно*, не обязательно пересекающегося с тем, что *есть*.

Подобная точка зрения используется для продвижения исторического ревизионизма — пересмотра истории, зачастую в угоду политической повестке, путем обвинения научно строгих методов в «позитивизме» и, следовательно, предвзятости. Как пишет Далия Гебриал в «Деколонизации университета»,

> широкое понимание истории по-прежнему находится под влиянием позитивистских тенденций, согласно которым роль историка состоит в том, чтобы просто «раскрывать» факты о прошлом, которые заслуживают этого, автономно от чьей-либо власти. Подобная настойчивая эпистемическая трактовка истории как позитивистского предприятия служит орудием колониальности в институтах, поскольку стирает властные отношения, лежащие до сей поры в основе «производства истории»[34].

В сущности, претензия заключается в том, что истории нельзя верить, потому что ее «пишут победители». Хотя в этом есть доля истины, большинство историков, придерживающихся в своей работе строгих, эмпирических методов, стремятся смягчить эту негативную тенденцию (при которой история пишется исходя из предубеждений автора), пытаясь отыскивать опровержения своих собственных утверждений и таким образом приблизиться к истине — в существовании которой, в отличие от Теоретиков, они убеждены. Например, военные историки-медиевисты часто советуют простодушным читателям батальных описаний делить число солдат, которые, как утверждается, участвовали в сражении, на десять, чтобы получить более реалистичную цифру. Тенденция к значительному завышению цифр (вероятно, в целях сделать историю более захватывающей) была обнаружена историками-эмпиристами, искавшими данные о жалованье солдат. Схожим образом анализ юридических и финансовых документов в ходе эмпирических феминистских исследований показал, что женщины играли значительно более активную роль в обществе, законодательстве и бизнесе, чем считалось на протяжении длительного периода времени. Наше знание истории искажено предвзятостью исторических данных, которая неистребима. Однако с ней можно бороться при помощи эмпирического исследования и обличения ложности предвзятых нарративов, а отнюдь не включением в анализ еще большего числа предубеждений, части которых гарантирован иммунитет от критики.

Помимо критики эмпирических исследований, деколониальные нарративы зачастую атакуют рациональность, которую постколониальные исследователи считают элементом западного мышления. Например, эссе 2018 года «Деколонизация философии», опубликованное в «Деколонизации университета», начинается следующим образом:

> Будет трудно оспорить утверждение, что, вообще говоря, философия как область или дисциплина в современных западных университетах остается бастионом европоцентризма, белости в целом и структурной привилегированности и превосходства белых гетеронормативных мужчин в частности[35].

Ценность философских концепций здесь соотносится с гендером, расой, сексуальностью и происхождением авторов — вполне типично для позиционной теории. По иронии судьбы, авторы прибегают к концепции «власти-знания» Фуко, хотя он был белым западным мужчиной и в первую очередь повлиял на западную мысль.

Понятие знания Фуко, используемое для деконструкции категорий, которые мы принимаем за реальные, повлияло на весь этот раздел Теории. Например, вот как это проявляется в описании деколонизаторской миссии:

> Любые значимые усилия по деколонизации философии не могут увенчаться успехом, если просто вносить новые элементы в существующий порядок власти/знания, оставляя на месте европоцентристские нормы, определяющие дисциплину в целом, или самостоятельно воспроизводя эти нормы. Например, при изучении неевропейской философии важно избежать воспроизведения проблематичных понятий времени, пространства и субъективности, заложенных в европоцентристском определении европейской философии и ее многочисленных воплощениях[36].

То есть недостаточно просто внедрять другие философские подходы в область, которую требуется деколонизировать. Постколониальные Теоретики настаивают на том, что европейская философия должна быть отвергнута полностью — вплоть до деконструкции понятий *времени и пространства* как западных концептов. (Как будет видно в дальнейшем, такого рода утверждения встречаются и в квир-Теории, которая выстроена на весьма схожих постмодернистских началах, заимствованных у Мишеля Фуко.)

В этой возмужавшей постколониальной Теории выделяются все четыре сюжета постмодернизма: размывание границ, власть языка, культурный релятивизм и утрата универсального и индивидуального в пользу групповой идентичности. Эти сюжеты играют подчеркнуто важную роль в постколониальной Теории и движении за деколонизацию. Все их можно обнаружить в следующем заявлении о намерениях философии деколонизации:

> Философия занимает особое место среди дискурсов свободных искусств, поскольку она сосредоточена на том, из чего и вырос университет, — разуме. Это подразумевает обеспечение критериев для идентификации и разграничения гуманитарных, естественных и социальных наук, а также отделения разума от веры, секуляризма от религии, «примитивного» и древнего от современного. Это центральные колонны, на которых зиждется монументальное строение современной западной рациональности и современного западного университета. Поэтому современный западный исследовательский университет и свободные искусства во многом обязаны своей основной концептуальной инфраструктурой философским формулировкам рациональности, универсализма, субъективности, отношений между субъектом и объектом, истины и метода — все это становится релевантными объектами критического анализа в ходе деколониального поворота[37].

Это хрестоматийный пример прикладного постмодернизма, и, разумеется, он применим на практике. Деятельность, которую он пропагандирует, часто называют «исследовательской справедливостью» (research justice).

Верша исследовательскую справедливость

Исследовательская справедливость исходит из убеждения, что такие способы получения знания, как наука, рациональное мышление, эмпиризм, объективность, универсальность и субъективность, были переоценены, в то время как эмоции, опыт, традиционные нарративы и обычаи, а также духовные верования — недооценены. Поэтому более целостная и справедливая система производства знаний ценила бы последние никак не меньше (а то и больше) первых, учитывая, как долго наука и рациональное мышление господствовали на Западе. Книга «Исследовательская справедливость: методологии социальных изменений», изданная в 2015 году под редакцией Эндрю Джоливетта, — ключевой текст этого направления. Джоливетт, профессор и бывший глава кафедры исследований американских индейцев Университета штата Калифорния в Сан-Франциско, определяет цели этого метода:

> «Исследовательская справедливость» — это стратегическая программа и методологическое вмешательство, направленная на искоренение структурного неравенства в исследованиях. Она основана на представлении о равной политической власти и легитимности различных форм знания, включая культурные, духовные и вырастающие из личного опыта, и ставит перед собой цель достижения большего равенства в процессе принятия государственных мер и законов, которые опираются на данные и исследования[38].

Это активизм. Он стремится не только перевернуть понимание знания и дисциплины в университетских учебных программах (при этом не обязательно их улучшить), а еще и к тому, чтобы при принятии решений чиновники учитывали не доводы и доказательства, но эмоциональное, религиозное, культурное и традиционное измерения с особым акцентом на *прожитом опыте*. Для того чтобы лучше разобраться в социальных вопросах, этот активизм стремится оспорить базовое понимание «научного исследования» как сбора эмпирических данных для анализа. Наиболее ярко этот сюжет проявляет себя в посвященном исследованию коренных народов сборнике 2004 года «Деколонизирующие исследования в кросс-культурных контекстах: критические личностные нарративы»[39] под редакцией Кагендо Мутуа, профессора специальной педагогики* Университета Алабамы, и Бет Блю Сваденер из Университета Аризоны, профессора культурологии, обществознания и образования, а также исследователя справедливости и расследования социальных проблем. В предисловии к сборнику редакторы цитируют Хоми Бхабху:

> Эти работы стоят в центре «начала бытования» дисгармоничного, своенравного, неподконтрольного (следовательно, неэссенциализируемого) знания, производимого в экс-центричном пространстве нео/пост/колониального сопротивления, «которое никогда не позволит национальной (*читай: колониальной/западной*) истории самовлюбленно смотреть себе в глаза» (курсив в оригинале. — *Прим. авт.*)[40].

Написанное означает, что от авторов эссе, попавших в этот сборник, не ожидают осмысленности, обоснованных аргументов, отсутствия логических противоречий или предоставления каких-либо доказательств в поддержку своих утверждений. Привычные ожидания от научного «исследования» неактуальны,

---

* Специальная педагогика (*англ.* special education) — наука, изучающая закономерности развития детей с ограниченными возможностями здоровья. — *Прим. ред.*

когда речь идет об исследовательской справедливости. Это вызывает тревогу, но не у сторонников Теории. По словам профессора в области образовательных методик коренного населения (Indigenous education) Университета Уаикато в Новой Зеландии Линды Тухивай Смит*,

> с точки зрения колонизированных — позиции, с которой я пишу и которой считаю нужным отдавать приоритет, — термин «исследование» неразрывно связан с европейским империализмом и колониализмом. Само слово «исследование», вероятно, одно из грязнейших слов в лексиконе коренного мира[41].

Остается неясным, как подобный подход может помочь людям «коренного мира», который, так уж случилось, тоже вступил в XXI век, — если, конечно, не подвергнуть деколонизации само время.

В конечном счете «исследовательская справедливость» оценивает продукты научного труда исходя не из их качества или научной строгости, а из идентичности их производителей и отдает предпочтение тем, кто с точки зрения постколониальной Теории относится к маргинализованной группе, — при условии, что они продвигают методы производства знания и разделяют заключения постколониальной Теории. Вполне понятный ход для постмодернистов, отрицающих существование каких-либо объективных критериев научной строгости или качества: для них критерии бывают лишь привилегированные или маргинализированные. Но у науки (включая социальные науки) такой объективный критерий есть: соответствие реальности. Некоторые научные теории работают,

---

* Линда Тухивай Смит (р. 1950) — постколониальный исследователь, профессор Университета Уаикато в Гамильтоне. — *Прим. ред.*

другие — нет. Сложно понять, какую пользу маргинализированным индивидам или вообще кому-либо могут принести научные теории, не соответствующие реальности и, следовательно, неработающие.

Та же проблема задом наперед

С тезисом о том, что строгие, основанные на фактах исследования и аргументированные, не противоречащие друг другу доводы — достояние Запада, в то время как основанное на опыте, иррациональное и противоречивое «знание» принадлежит колонизированным или перемещенным коренным народам, разумеется, согласны не все исследователи из числа представителей последних. Многие из них продолжают работать над эмпирическим и материалистическим анализом разнообразных экономических, политических и правовых вопросов. Подобные исследователи критикуют постмодернистский подход к постколониализму. Возможно, самый выдающийся из критиков — индийская исследовательница постколониализма Мира Нанда*. Она утверждает, что, закрепляя науку и рациональное мышление за Западом, а традиционные, спиритуальные и основанные на опыте верования — за Индией, постмодернистские исследователи воспроизводят Ориентализм и усложняют решение многих насущных вопросов, к которым лучше всего было бы подойти с позиций науки и рационального мышления. С точки зрения подобных критиков, отмечает она, «современная наука в той же мере является локальной западной традицией, сколь коренное знание незападного угнетенного — локальным знанием его культуры»[42]. Таким образом, по словам Нанды, критика традиционного

---

* Мира Нанда (р. 1954) — писательница, философ, историк науки. Сотрудница Университета им. Джавахарлала Неру. — *Прим. ред.*

знания с позиций науки в рамках постколониальной Теории понимается как:

> «Ориенталистское» Просвещение, колониальная модерность, отдающая приоритет западной концепции разума и современности перед незападными способами познания и бытия. Предполагается, что мы, постколониальные гибриды, видим эту «универсальность» и «прогресс» науки насквозь (обязательно в ироничных кавычках). Мы больше не верим в «бинарные связи» между наукой и ненаукой или истиной и устоявшимися убеждениями, но везде усматриваем немного и того и другого. Такое состояние постоянной гибридности тем самым никак не побуждает к разрешению каких-либо противоречий... Пусть расцветает тысяча противоречий![43]

Нанда подчеркивает, что постколониальная Теория не решает проблему Ориентализма, выстраивая аналогичные категории и просто переворачивая структуры власти (дерридианский трюк, умышленно использованный Спивак). Если колониализм конструирует Восток просто как противоположность Западу, то постколониальная Теория намеренно конструирует его как благородную угнетенную противоположность (в то время как либерализм утверждает, что люди есть люди, где бы они ни жили). По мнению Нанды, подобный постмодернистский подход с его акцентом на неклассовые идентичности препятствует технологическому и социальному прогрессу, который мог бы принести пользу малообеспеченным слоям населения Индии, и поэтому он скорее консервативен, нежели прогрессивен[44]. Более того, она утверждает, что ассоциировать индийский народ с иррациональным знанием и суевериями унизительно, равно как и считать науку традицией, принадлежащей Западу, а не результатом чрезвычайно кропотливой человеческой деятельности, от которого в конечном счете выигрывают все общества[45].

И вправду. Постмодернистская гипотеза, что в западном обществе доминируют дискурсы науки и рационального мышления, не находит подтверждения, учитывая, что большинство из нас по-прежнему ценят нарративы своих групп, местную культуру и верования, а в науке разбираются слабо. Нападки на науку со стороны религиозных правых и постмодернистских левых оказывают вполне ощутимое влияние на общество, и именно поэтому им нужно что-то противопоставить.

Опасная, покровительственная Теория

Будучи прикладной постмодернистской Теорией, постколониализм представляет собой серьезную практическую проблему и несет угрозу обществу, что отличает его от первоначального постмодернизма. Особую тревогу вызывает рвение деколонизировать все вокруг — от причесок[46] до учебных программ по английской литературе[47]; срывать со стен картины и разбивать статуи; стирать историю и обсуждать ее с ревизионистских позиций. Когда Уинстон Черчилль, Джозеф Конрад и Редьярд Киплинг становятся не более чем символами расистского империализма, а их достижения и труды считаются слишком скомпрометированными, чтобы заслуживать признания, мы не только отрицаем все то хорошее, чем им обязаны, но и упускаем возможность всестороннего разговора об истории и прогрессе.

Более того, постколониальная Теория с ее пренебрежительным отношением к науке и рациональному мышлению как к локальным западным способам познания не только угрожает основам современных развитых обществ, но и препятствует прогрессу развивающихся. Поскольку многие развивающиеся страны могли бы извлечь пользу из технологической инфраструктуры, способной справиться с такими важными проблемами, как малярия, нехватка питьевой воды, плохие санитарные условия в отдаленной сельской местности и т. д., позиция Теории не только фактически ошибочна, морально бездумна и снисходительна, — она опасна в своей беспечности.

Немалым вредом чреват и культурный релятивизм постколониальных исследований, согласно которому Запад, растоптавший другие культуры и навязавший им чуждые моральные системы, отныне обязан прекратить не только всякую критику любых аспектов этих культур, но и в некоторых случаях их излишне прямую поддержку. В рамках правозащитной деятельности это ведет к заметному моральному противоречию, подразумевающему серьезные практические последствия. Например, когда феминистки из Саудовской Аравии, либералы-секуляристы из Пакистана и борцы за права ЛГБТ из Уганды попытались заручиться поддержкой англоязычного мира, используя хештеги на английском языке в социальных сетях для привлечения внимания к нарушениям прав человека, они не получили практически никакого отклика от исследователей и активистов прикладного постмодернизма, которые, казалось бы, должны быть на их стороне. Подобное может озадачить или показаться лицемерием, однако это вполне логично в рамках теоретической концепции, которая не действует в соответствии с универсальными принципами прав человека и верит в бинарные системы власти, предусматривающие исключительно западного угнетателя и восточного (или — в глобальном масштабе — южного) угнетенного. Это подводит нас к двум общим тезисам.

Во-первых, постколониальная Теория настаивает: для того чтобы та или иная незападная культура признала нарушения прав человека, она должна быть колонизирована западными представлениями о правах человека (и их нарушении). Но это запрещено, так как укрепляет динамику власти, которую постколониальная Теория призвана разрушить.

Во-вторых, постколониальная Теория нередко заявляет, что любые нарушения прав человека, имеющие место в ранее колонизированных странах, представляют собой наследие колониализма, — и останавливается на этом. Само собой, это приводит к тому, что такие нарушения прав весьма непросто устранить исходя из их собственного контекста и мотивации, которые зачастую связаны с особенностями незападных религий и верований. К примеру, широкомасштабное нарушение прав женщин, атеистов и членов ЛГБТ-сообщества в пространствах строгих исламистских культур не рассматривается как особенность авторитарного понимания ислама — пусть в этом и убеждены сами исламисты, — а интерпретируется как следствие западной колонизации и империализма, извративших местную культуру и сделавших ее насильственной. Такой подход вставляет палки в колеса кампаниям по секуляризации общества, которые могли бы помочь смягчить описанные проблемы.

Так и бывает, когда сначала выдвигается предположение о причине явления, а уже затем ищутся ее доказательства. Поскольку исследователи и активисты относят угнетение исключительно на счет колониализма, лишь колониализм они и способны обнаружить. В результате они не только ограничивают свое понимание проблем, которые стремятся решить, но и усугубляют эти проблемы. Обычно это приводит к ярко выраженной тенденции пренебрегать правами женщин, сексуальных и религиозных меньшинств, если только им не угрожают белые западные люди. Это идет вразрез с достижением реальной социальной справедливости, но является неотъемлемой частью идеологии, называемой Социальной Справедливостью.

Поскольку постколониальные исследователи полагают, что знание и мораль — это культурные конструкты, закрепленные в языке, с ними подчас крайне непросто дискутировать. Доказательные и аргументированные доводы понимаются как конструкты западной мысли и поэтому оцениваются как несостоятельные или даже репрессивные. Предполагается, что несогласные с постколониальной Теорией лишь подтверждают ее постулаты и отстаивают расистские, колониалистские или империалистические взгляды ради собственной выгоды и подавления иных точек зрения.

Более того, академический подход, исходящий из предположения, что существует дисбаланс власти, который можно обнаружить, если деконструировать язык и взаимодействия индивида, обречен «находить» все больше и больше примеров «инаковости», «Ориентализма» и «апроприации» в результате все более предвзятого анализа. И это не баг, а фича. Так Теория *определяет* свой *критический* метод. Материала для интерпретации и деконструкции всегда хватает, а при достаточной мотивации и определенной доле фантазии все что угодно можно проблематизировать. Повышенная чувствительность к языку и умение усматривать дисбаланс власти во всех взаимодействиях индивида с маргинализованной идентичностью и белого западного человека характерны для всех форм прикладных постмодернистских исследований социальной справедливости.

Описанную проблему нельзя недооценивать. Извлечь уроки из реалий колониализма и его последствий мы можем, лишь изучив их с надлежащей научной строгостью. Постколониальные исследователи и активисты, отрицающие достижимость объективной реальности и стремящиеся скорректировать историю в соответствии с правилами Теории, занимаются совсем другими вещами. Равно как и те, кто отвергает логическое мышление, эмпирические исследования, науку и медицину; кто считает пространство и время западными конструктами; кто создает невразумительные, запутанные тексты и отрицает, что в языке вообще может содержаться смысл.

Такие исследователи, чье влияние значительно превосходит их численность, — как правило, отучившиеся и работающие в лучших западных университетах — действуют в соответствии с предельно теоретической концепцией, зародившейся во Франции и распространившейся в США и Великобритании. Их работа имеет ничтожную практическую значимость для людей, живущих в некогда колонизированных странах и пытающихся совладать с политическими и экономическими последствиями колонизации. Сложно представить, что пострадавшие от гнета колонизации народы извлекут пользу из постколониальной Теории или деколониализма, утверждающих, что математика является инструментом западного империализма[48], рассматривающих грамотность как колониальную технологию и постколониальную апроприацию[49], считающих научные исследования производством тотализирующих метатекстов колониального знания[50] или борющихся с представлениями французов и американцев о больших черных задницах[51].

4. Квир-Теория

Свобода от Нормальности

Квир-Теория сосредоточена на освобождении от нормального — в особенности от норм гендера и сексуальности. Потому что само существование пола, гендера и сексуальности квир-Теория считает угнетением. Наследуя постмодернизму, она с радикальным скепсисом относится к любому биологическому обоснованию этих категорий — рассматривает их как продукт нашего языка, как нечто искусственное. Таким образом, квир-Теория почти полностью игнорирует биологию (или подчиняет ее социализации) и сосредотачивает свое внимание на поле, гендере и сексуальности как закрепленных в языке социальных конструктах. Это не находит особого понимания со стороны большинства людей, обоснованно усматривающих здесь определенную долю безумия.

Квир-Теория исходит из того, что угнетение — следствие категоризации, возникающей всякий раз, когда язык конструирует ощущение «нормальности», создавая и поддерживая строгие рамки пола (мужской и женский), гендера (маскулинный и фемининный) и сексуальности (натурал, гей, лесбиянка, бисексуал и т. д.) и «вписывая» в них людей. Эти бесхитростные с виду понятия считаются репрессивными, если не насильственными, и потому главная задача квир-Теории — изучить, критически оценить, пошатнуть и в конечном итоге разрушить их.

Все эти операции подчеркнуто опираются на постмодернистский принцип знания, отрицающий возможность существования объективной реальности, и постмодернистский политический принцип, согласно которому общество структурируется несправедливыми самовоспроизводящимися системами власти. Квир-Теория использует эти принципы, чтобы достичь конечной цели: выявить и выставить на всеобщее обозрение то, как существование подобных категорий в языке создает угнетение, — а также помешать этому. В почти неизменном виде в ней выражены постмодернистские сюжеты о власти языка (язык создает категории, навязывает их и вписывает в них людей) и о размывании границ (границы произвольны, репрессивны и могут быть стерты, если довести их до полного абсурда). Наряду с целью подорвать или отвергнуть в пользу «квира» все, что считается нормальным и врожденным, перечисленное подчас делает квир-Теорию мучительно сложной для понимания, поскольку она высоко ценит бессвязность, нелогичность и запутанность. Это делает ее сознательно обскурантистской и по большей части нерелевантной за пределами собственных границ. Тем не менее она оказала колоссальное влияние на переход постмодернистской Теории к ее более современным прикладным формам, особенно в областях гендерных исследований, транс-активизма, исследований инвалидности и исследований человеческой полноты.

Краткая история квир-Теории

Как и постколониальные исследования, квир-Теория возникла в ответ на определенные исторические обстоятельства. Она вышла из среды радикальных групп, с 1960-х занимавшихся феминистскими, лесбийскими и гей-исследованиями и активизмом. Новый виток интереса к изучению гомосексуальности, равно как и способов ее категоризации и стигматизации — как в историческом, так и в современном контекстах, — возник благодаря движению за гражданские права. Глубокое влияние на квир-Теорию оказала также эпидемия СПИДа 1980-х, после которой права геев стали неотложной политической и социальной проблемой.

Как и постколониальная, квир-Теория имеет под собой прочные основания. Мы действительно кардинально *изменили* наше представление о сексуальности. На протяжении всей христианской истории мужская гомосексуальность считалась тяжким грехом, что резко контрастирует с древнегреческой культурой, где для мужчин было приемлемо заниматься сексом с мальчиками-подростками, до тех пор пока не подходило время женитьбы, после которой, как ожидалось, они переключались на секс с женщинами. Однако в обоих случаях гомосексуальность проявлялась в *действии*, а не в *идентичности*. Представление, что человек может *быть* гомосексуалом, начало получать признание лишь в XIX веке — поначалу в медицинских текстах и гомосексуальных субкультурах. Медицина того времени квалифицировала гомосексуальность как перверсию. В связи с возникновением сексологии в конце XIX века общественное восприятие гомосексуалов постепенно начало меняться, и к середине XX века они рассматривались уже не как порочные извращенцы, которых необходимо наказывать, но скорее как ненормальные индивиды, вызывающие стыд и нуждающиеся в психиатрическом лечении.

Взгляды продолжали меняться на протяжении второй половины XX века, пока не сформировался доминирующий либеральный дискурс в отношении гомосексуальности, который является моральным стандартом и на сегодняшний день. Эта позиция лучше всего выражается следующим утверждением: «Некоторые люди — геи. Смиритесь с этим». Тем не менее, поскольку квир-Теория — это ветвь прикладного постмодернизма, приведенную универсальную либеральную идею приоритета общечеловеческих качеств над особенностями демографической идентичности она находит проблематичной. Это связано с тем, что подобный подход преподносит ту или иную ЛГБТ-идентичность как стабильную категорию, а также не выдвигает на первый план социальную сконструированность ЛГБТ-статусов, служащую сильным мира сего и способствующую доминированию и угнетению.

Последние полтора века ознаменовались значительными переменами в нашем отношении к гомосексуальности, а вот наше понимание пола и гендера изменилось в гораздо меньшей степени. В целом мы всегда считали, что наш биологический вид включает в себя два пола и гендер в большинстве случаев соотносится с ними. Гендерные *роли,* однако, изменились коренным образом. На протяжении большей части христианской истории мужчины ассоциировались с публичной сферой и сознанием (sapientia), а женщины — с частной сферой и телом (scientia), что приводило к аналогиям вроде «мужчины для женщин — как культура для природы»[1]. Поэтому считалось, что женщинам подходят роли прислужниц, домохозяек и воспитательниц, а мужчинам — лидеров, общественных деятелей и строгих руководителей. Такие взгляды, которые называют *биологическим эссенциализмом*, в значительной степени отражали требования культуры, преобладавшие в обществе примерно до конца XIX века — пока их не начал подтачивать феминизм.

По мере того как биологический эссенциализм терял свои позиции, возникла необходимость в более четком разграничении пола и гендера. Хотя до XX века термин «гендер» в отношении людей не использовался — в некоторых языках сопоставимого слова нет до сих пор, — *понятие* гендера, похоже, было с нами всегда. Пол соотносится с гендером так же, как мужчина с мужественностью или женщина с женственностью. Таким образом, по-видимому, гендер всегда понимался как соотносящееся с полом, но отличное от него понятие. Если вы находите утверждение «Она очень маскулинная женщина» осмысленным, то уже отличаете пол — биологическую категорию — от гендера — поведения и черт характера, чаще свойственных представителям какого-то одного из полов. История полна примеров того, как люди ссылались на «мужественные» и «женственные», или маскулинные и феминнинные, черты характера и особенности поведения, а также использовали эти прилагательные для выражения как одобрения, так и неодобрения в отношении как мужчин, так и женщин.

Однако ключевые изменения произошли в ходе второй волны западного феминизма во второй половине XX века, когда женщины получили контроль над репродуктивной функцией, доступ ко всем рабочим местам и право на равную с мужчинами оплату за идентичный труд. Сегодня женщины могут заниматься любым делом и практически не сталкиваются с юридическими или культурными препятствиями для входа в любую профессию, хотя в массе своей их предпочтения по-прежнему разнятся с предпочтениями мужчин. Схожих перемен добилось движение за права геев, а впоследствии и трансгендерных людей, преуспевшее в устранении многих юридических и культурных барьеров на пути представителей ЛГБТ-сообщества. Несмотря на то что большинство этих изменений были обусловлены признанием биологической природы пола, гендера и сексуальности, а общее отношение к ним носило либеральный и индивидуалистический характер («трансгендерный человек — ну, пускай»), квир-Теоретики, особенно связанные с феминизмом, воспринимают их как доказательство социальной сконструированности гендера и сексуальности. Например, различие между полом и гендером считается доказательством того, что гендер (и даже пол) — это социальные конструкты[2].

Поскольку квир-Теоретики убеждены, что пол, гендер и сексуальность — это социальные конструкты, главным образом производные от преобладающей культуры, материальный прогресс заботит их меньше, чем возведение и навязывание категорий вроде «мужского», «женского» и «гейского» доминирующими дискурсами. Справедливости ради следует отметить, что исследователи и активисты небезосновательно обеспокоены культурной динамикой власти, конечно же возникающей, когда эти категории принимаются как существующие, осмысленные и *нормативные*. Именно в этом контексте и возникла квир-Теория[3], родоначальники которой, такие как Гейл Рубин, Джудит Батлер и Ив Кософски Сэджвик, активно обращались к трудам Мишеля Фуко и его понятию *биовласти* — власти научных (биологических) дискурсов. К сожалению, по всей видимости, они упустили из виду, что биологическая легитимация статусов пола, гендера и сексуальности скорее ведет к благосклонному восприятию их людьми, нежели наоборот[4], и что такие дискурсы больше не используются для исключения и угнетения. Безо всякой помощи со стороны постмодернистских Теорий либерализм привел к прогрессу, который те склонны считать своей заслугой.

Квирить/квир

Ключевые аспекты квир-Теории — проблематизация дискурсов (способов высказывания о вещах), деконструкция категорий и глубокий скептицизм в отношении науки. Следуя заветам Фуко, она зачастую обращается к истории и указывает, что определенные категории и дискурсы, в свое время считавшиеся очевидно разумными или истинными, не являются таковыми сегодня. Это наблюдение служит аргументом в пользу того, что категории, которые сейчас кажутся нам столь очевидными, — мужское/женское, маскулинное/фемининное, гетеросексуальное/гомосексуальное — тоже социально сконструированы доминирующими дискурсами. Для квир-Теоретика это становится основанием полагать, что в будущем мы не только сможем по-другому мыслить и говорить о поле, гендере и сексуальности, но и, возможно, станем считать эти категории во многом произвольными и почти до бесконечности гибкими.

Именно здесь и возникает термин *квир*. «Квир» обозначает все, что находится вне бинарных структур (уже упомянутые мужское/женское, маскулинное/фемининное и гетеросексуальное/гомосексуальное), а кроме того, способ противодействия связям между полом, гендером и сексуальностью. Например, сомнению подвергаются ожидания, что женщины должны быть женственными и испытывать сексуальное влечение к мужчинам, а также что человек вообще должен подпадать под категории мужского или женского, маскулинного или фемининного или сексуальности вообще или что какая-либо из этих категорий должна считаться стабильной. Быть квиром — значит иметь возможность одновременно быть мужчиной, женщиной или ни тем и ни другим; являть собой маскулинность, фемининность, нейтральность или любую комбинацию перечисленного; присваивать любую сексуальность; а также в любой момент поменять любую из этих идентичностей или заявить, что она вообще ничего не значит. Это не просто способ самовыражения, но и политическое заявление о социально сконструированных «реалиях» пола, гендера и сексуальности.

Как и другие постмодернистские Теории, квир-Теория — политический проект, ставящий перед собой цель подорвать нормы, согласно которым люди должны выбирать одну из двух гендерных или половых ролей, и опровергнуть предположения, что пол или гендер связаны с сексуальностью или предписывают ее. Подобная примитивная категоризация должна быть отвергнута. В общем смысле политическая задача квир-Теории — бросить вызов тому, что называется *нормативностью*, то есть установке на то, что более привычные для человеческой природы вещи считаются и более нормативными с социальной (а значит, и моральной) точки зрения. Квир-Теоретики занимаются в основном тем, что намеренно смешивают два значения термина «нормативный» и удобным для себя образом подчеркивают моральное понимание этого слова, чтобы проблематизировать его описательное значение. Нормативность для квир-Теоретиков имеет негативное значение и обычно предваряется префиксом «гетеро-» (сексуальное влечение к людям противоположного пола), «цис-» (совпадение биологического пола и гендера) или описывается словом «стройный» (без лишнего веса). Оспаривая нормативность во всех ее проявлениях, квир-Теория стремится объединить группы меньшинств, не подпадающих под нормативные категории, под единым знаменем — «квир». Это понимается как освободительный проект для людей, не вполне вписывающихся в категории пола, гендера и сексуальности, а также для тех, кто не вписался бы в эти категории, если бы не конформизм и социализация. Но *фактически* это приводит к смешению гендерных и сексуальных меньшинств, озаглавленному должным образом изменчивой аббревиатурой, чаще всего начинающейся с букв ЛГБТК[5, *].

Поскольку речь идет о политическом проекте, предназначенном для квир-активистов, в последние годы стало привычным использовать «квир» в глагольной форме. *Квирить* что-либо — означает подвергать сомнению стабильность, нарушать видимую устойчивость категорий и проблематизировать «бинарные структуры». Когда исследователи говорят о *квиринге*, они имеют в виду, что намерены вывести нечто за пределы категорий, в которых мы это мыслим, и взглянуть на это нечто с новой и неожиданной стороны. Квиринг — это свержение любого ощущения нормальности с целью освободить людей от нормативных ожиданий. Согласно квир-Теории, эти ожидания — выраженные

---

* Традиционно используемая аббревиатура LGBT содержит в себе указание на «лесбиянок», «геев», «бисексуалов» и «трансгендерных людей» (*англ.* lesbian, gay, bisexual and transgender); в случае с ЛГБТК последняя буква отвечает за «квир» (*англ.* queer), то есть индивидов, отказывающихся от стабильной сексуальной и гендерной идентичности. — *Прим. ред.*

явно или скрытые — порождают культурную и политическую власть («личное — это политическое»*), которая зовется нормативностью и угнетает людей, неспособных идентифицировать себя с ней. Описанное явление может не иметь ничего общего с гендером или сексуальностью, да и вообще разрослось настолько, что включило в себя время и пространство[6] и саму квир-Теорию[7]. Таким образом, суть квир-Теории в том, что категоризация гендера и сексуальности (или чего-либо еще) означает легитимацию в качестве знания лишь одного дискурса — нормативного — и его использования для ограничения индивидов. Эту проблему она решает при помощи постмодернистских методов, в первую очередь используя Теории Мишеля Фуко и Жака Деррида.

Вышеописанное делает квир-Теорию исключительно трудной для определения, в том числе потому, что любая определенность в принципе противоречит ее радикальному недоверию к языку и стремлению избегать любой категоризации, включая свою собственную. Тем не менее Дэвид Гальперин** пытается определить «квир» в своей работе 1997 года «Святой Фуко: навстречу житию гомосексуалов», где утверждает, что представление Фуко о том, что сексуальность — это продукт дискурса, произвело революцию в гей- и лесбийском политическом активизме. Он описывает «квир» как «*все что угодно*, идущее вразрез с нормальным, легитимным, доминирующим. *Нет ничего конкретного, к чему бы это с необходимостью отсылало.* Это идентичность без сущности»[8] (курсив в оригинале).

Поскольку главная особенность квир-Теории заключается в том, что она противостоит категоризации и не доверяет языку,

---

* «Личное — это политическое» — лозунг второй волны феминизма, авторство которого принято закреплять за радикальной феминисткой и активисткой Кэрол Ханиш.

** Дэвид Гальперин (р. 1952) — специалист в области гендерных исследований, квир-теории и критической теории. Профессор Мичиганского университета.

с ней в принципе сложно взаимодействовать. Квир-Теорию невозможно определить не только в обычном смысле, но и функционально, основываясь на том, как она работает. В научных статьях, где используется квир-Теория, как правило, сначала изучается объект исследования, затем он проблематизируется при помощи квир-методов (или «квиринга», или «гендерфакинга»[9]*) и в конце концов делается вывод, что никаких выводов сделать нельзя. Как заявляет Аннамари Джагоз**, автор «Квир-теории: вступления», «дело не только в том, что квиру еще предстоит затвердеть и обрести более упорядоченную форму, а скорее в том, что определительная неопределимость, эластичность — одна из его основополагающих характеристик»[10]. Невменяемость квир-Теории — это не баг, а фича.

Квир-наследие истории сексуальности

Несмотря на умышленную странность квир-Теории — которую Джагоз относит к числу ее «прелестей», — ее социально-конструктивистские взгляды *во многом, но не полностью* неразумны. На сегодняшний день большинство людей признаёт, что многие наши представления о поле, гендере и сексуальности и в особенности о связанных с ними ролях — это социальные конструкты, которые в определенной мере меняются с ходом времени, так как меняется культура. Весьма немногие по-прежнему неукоснительно верят в биологический эссенциализм — и ученые доказывают, что эта позиция ошибочна[11]. Почти все признают, что проявления пола, гендера и сексуальности заданы комбинацией биологии и культуры. Как утверждает эволюционный биолог

* Что в обиходном языке сродни понятию «травестировать». — *Прим. ред.*

** Аннамари Джагоз (р. 1965) — исследовательница ЛГБТ, писательница. Декан факультета искусств и общественных наук Сиднейского университета.

Эдвард Осборн Уилсон*, «ни один серьезный исследователь не подумает, что поведение человека регулируется так же, как животный инстинкт, без вмешательства культуры»[12].

Большинство квир-Теоретиков тем не менее не разделяют подобные взгляды. Поскольку квир-Теория является всецело постмодернистской, она *радикальна* в своей вере в конструктивизм. Ни одному из дискурсов — даже основанному на научных фактах — не стоит ждать пощады, если он будет уличен в продвижении или легитимации биологического эссенциализма. В результате если биология и упоминается в академических исследованиях квир-Теории, то обычно с одним из двух умыслов: проблематизировать ее в качестве одного из способов познания, причем шовинистического, впитавшего предубеждения групп власти, например гетеросексуальных мужчин (которые идентифицируются как единственные настоящие мужчины), или обосновать существование интерсексуальных** людей, которое и так никто не отрицает. О существовании интерсексуальных людей вспоминается лишь с целью отвлечь внимание от тех фактов, что подавляющее число *Homo sapiens* — либо мужского, либо женского пола, а гендерная экспрессия у людей преимущественно бимодальна по природе и строго коррелирует с полом. Не вдаваясь в детали, квир-Теория отмечает, что эти неоспоримые факты поддерживают нормативность, и по этой причине их отвергает.

Это радикальное пренебрежение биологией ограничивает возможность всерьез изучать социальные аспекты гендерной репрезентации (и ожиданий от нее), причем не только для самих квир-Теоретиков, но и *для всех исследователей* в этой области. Кроме того, это делает потенциально полезные выводы

* Эдвард Осборн Уилсон (р. 1929) — биолог, эколог и писатель. Дважды лауреат Пулитцеровской премии.

** Интерсекс — люди, рожденные с половыми признаками, не соответствующими традиционным классификациям женского или мужского тела. — *Прим. ред.*

квир-Теории почти нерелевантными для серьезной дискуссии. Работа ученых, продвигающих знание о биологических и психологических различиях полов (или их отсутствии), механизме сексуальности и причинах того, почему некоторые люди являются геями, лесбиянками, бисексуалами или трансгендерами, не приветствуется квир-Теоретиками. Напротив, обычно они относятся к такому знанию с крайней настороженностью, считая его опасным или даже «насильственным» способом категоризации и стеснения индивидов, не вписывающихся в одну из следующих двух категорий: «мужественный мужчина, которого привлекают женщины» и «женственная женщина, которую привлекают мужчины»[13].

Такое представление о репрессивной роли науки по большей части восходит к работам Мишеля Фуко. Он исследовал производство «власти-знания» — то, как знание конструируется дискурсами в угоду власти. Фуко был особенно озабочен «биовластью» — тем, как биологические науки легетимизируют знание, используемое сильными мира сего для поддержания своего господства. В четырехтомном исследовании «История сексуальности»[14] он утверждает, что конец XVII века ознаменовался взрывным ростом (а совсем не подавлением, как доказывали неомарксистские мыслители вроде Маркузе) разговоров о сексе — как об акте, так и о поле*. Когда ученые начали изучать и классифицировать сексуальность, утверждает Фуко, они одновременно сконструировали ее и сексуальные идентичности и категории:

> Общество, которое складывается в XVIII веке, — как его ни называть: буржуазным, капиталистическим или индустриальным, — не только не противопоставило сексу фундаментальный отказ его признавать, но, напротив, пустило

* В оригинале английское слово «sex» обозначает и процесс, и указание на пол.

> в ход целый арсенал инструментов, чтобы производить о нем истинные дискурсы[15].

По мнению Фуко, дискурсы, созданные этим «механизмом», обрели социальную легитимность в качестве «истины» и затем пропитали все уровни общества. Это процесс власти*, но не тот, о котором говорили марксистские философы, когда религиозные или светские власти навязывают идеологию простым людям. В марксистской мысли власть подобна гире, давящей на пролетариат. У Фуко власть — это скорее сетка, пронизывающая все слои общества и определяющая, что люди считают истиной и, следовательно, как они о ней говорят. С точки зрения Фуко, а значит, и Теории, власть — это система, в которой мы все постоянно участвуем, когда говорим что-либо или соглашаемся считать какие-либо идеи легитимными; социализирующая нас система. Главным виновником легитимации знания — и, следовательно, власти, — по мнению Фуко, была наука, удерживающая авторитет в обществе именно для этой цели. Как раз это он называл «биовластью», утверждая, что наука «выставляла себя в качестве верховной инстанции в том, что касается требований гигиены» и что «во имя биологической и исторической настоятельности она оправдывала различные формы государственного расизма» и «обосновывала расизм как „истину"»[16]. Фуко утверждает, что власть пронизывает общество, закрепляясь посредством могущественных дискурсов. Он называл это «вездесущностью власти».

«Власть повсюду, — пишет Фуко, — не потому, что она все охватывает, а потому, что она отовсюду исходит»[17]. По его мнению, власть присутствует на всех уровнях общества, поскольку

---

* В терминологии Фуко описанная структура именуется не «процессом», а «техниками» власти, однако в тексте сохранено авторское понятие (*англ.* the process of power). — *Прим. ред.*

определенные знания были легитимированы и приняты в качестве истины. В результате люди учатся говорить в рамках этих дискурсов, еще более укрепляя их. Власть работает таким образом «не потому вовсе, что она будто бы обладает привилегией перегруппировывать все под своим непобедимым единством, но потому, что она производит себя в каждое мгновение в любой точке или, скорее, в любом отношении от одной точки к другой»[18]. Сегодня этот взгляд преобладает в прикладном постмодернизме и активизме социальной справедливости: несправедливая власть повсюду, она проявляется в предубеждениях, которые в большинстве случаев невидимы, поскольку были интернализованы в качестве «нормы»[19]. Следовательно, необходимо исследовать речь пристальнейшим образом, чтобы обнаружить, какие дискурсы она закрепляет. Предполагается, что в дискурсах обязательно присутствуют расизм, сексизм, гомофобия, трансфобия или другие скрытые предрассудки, воспроизводимые обществом (это замкнутый круг). Подобные «проблемы» необходимо выявлять и изобличать, независимо от того, обнаруживаются ли они в обращении президента или в подростковых твитах десятилетней давности никому не известного пользователя. Широко распространенный сленговый термин «воук» (woke) описывает состояние, при котором человек узнаёт об этих проблемах и начинает чаще их замечать.

Исходя из этих базовых предпосылок, впервые сформулированных в 1970-х, Фуко заложил философский фундамент квир-Теории 1990-х: глубокое недоверие к науке, рассматриваемой в качестве репрессивного проявления власти, а не производителя знания; скептицизм в отношении всех категорий, описывающих гендер и сексуальность; приверженность социальному конструктивизму; пристальное внимание к языку как к средству, с помощью которого власть, замаскированная под знание, проникает на все уровни общества и устанавливает, что должно считаться нормой.

Крестные феи квир-Теории

Квир-Теория выросла из постмодернистских размышлений о поле, гендере и сексуальности. Три ее основоположницы середины 1980-х — Гейл Рубин, Джудит Батлер и Ив Кософски Сэджвик — испытали серьезное влияние Фуко. Каждая из них рьяно противостояла нормативности в трех ключевых для квир-Теории областях.

В эссе 1984 года «Размышляя о сексе» Гейл Рубин утверждает, что наши соображения о «хороших» и «плохих» сексуальных актах (с точки зрения морали, а не исходя из качественной оценки) социально конструируются различными группами и их дискурсами о сексуальности[20]. Основываясь на концепции Фуко о начавшемся в XIX веке социальном конструировании сексуальности, Рубин приходит к позиции глубокого скепсиса в отношении любых биологических исследований пола и сексуальности. Своим эссе она внесла фундаментальный вклад в квир-Теорию, отвергнув «сексуальный эссенциализм» — «представление о том, что пол является естественной силой, чье существование более первично, чем существование социальной жизни, и, стало быть, именно он формирует социальные институции»[21]. С точки зрения Рубин,

> невозможно размышлять хоть сколько-нибудь ясно о расовых или гендерных политиках до тех пор, пока они мыслятся как биологические данности в большей степени, нежели как социальные конструкты. Сходным образом и сексуальность недоступна политическому анализу, пока она рассматривается преимущественно как биологический феномен или как аспект индивидуальной психологии[22].

Это очень прагматичный, ангажированный аргумент. Рубин заявляет, что мы должны считать пол, гендер и сексуальность социальными, а не биологическими конструктами не потому, что это безусловная истина, а потому, что в таком случае *их легче политизировать и потребовать изменений*. Если в циничном фукианском истолковании истории сексуальности еще можно усмотреть описание того, что было, и того, что *есть*, то Рубин очевидным образом отдает приоритет тому, что *должно*. В этом состоит особенность *прикладного* постмодернизма, несколько отличающая его от предшествующего ему постмодернизма, — и у нее есть определенные последствия. А именно — подрыв общественного доверия к академии, обычно считающейся хранителем того, что *есть*, вызванный превращением ее в подобие церкви, предписывающей, что людям *должно* думать и во что верить.

Подобный ангажированный взгляд, в котором вся суть квир-Теории, противоречит как критерию строгости научного исследования, так и этике универсального либерального активизма, борющегося за гендерное равенство и права ЛГБТ: либерализм не требует поверить, что гендер и сексуальность — это социальные конструкты, чтобы заявить, что любой дискриминации не может быть оправданий. Рубин излагает свою позицию по этому вопросу в «Размышляя о сексе»:

> ...концепции сексуального подавления были помещены в контекст биологического понимания сексуальности. Зачастую гораздо легче снова впасть в соблазн использовать понятие естественного либидо, ответственного также и за негуманные репрессии, чем переформулировать концепции сексуальной несправедливости внутри более конструктивистского контекста. Но важно, что мы делаем именно это[23].

Рубин настаивает: крайне важно отвергнуть биологию и безоговорочно принять идею, что пол и сексуальность сконструированы в рамках несправедливой иерархии[24]. Хотя она и признаёт, что проще было бы принять гораздо более вероятную истину: существование различных форм сексуальности обусловлено природой, и некоторые из этих форм подвержены несправедливой дискриминации.

«Размышляя о сексе» Рубин возвестило развитие концепта интерсекциональности и отказ от актуальных на тот момент форм радикального феминизма. Описывая иерархию сексуальности, Рубин отмечает: «Этот сорт сексуальной морали [присущий радикальному феминизму. — *Прим. ред.*] имеет гораздо больше сходных черт с идеологией расизма, чем с подлинной этикой. Он гарантирует добродетель для доминирующих групп и делает порок спутником непривилегированных»[25]. Кроме того, она признаёт, что «секс — это направление подавления. Система сексуального подавления проходит сквозь все остальные модусы социального неравенства, сортируя людей и группы в соответствии со своими собственными принципами»[26]. Поэтому Рубин избирает в качестве мишени доминирующую в то время форму (радикального) феминизма, крайне негативно относящуюся к полу и сексуальности и сосредоточенную на материальном вреде сексуальной объективации, и (не так уж и ошибочно) сравнивает ее с социально-консервативными, правыми взглядами.

Для Рубин радикальный конструктивизм и фокус на дискурсах сексуальности были крайне важны в деле освобождения от дискриминации тех, чья сексуальность или гендерная идентичность не была традиционной цисгендерной, гендерно-конформной и гетеросексуальной. Отрицание биологии и любых обусловленных ею объяснений вариативности сексуальности или гендерной идентичности рассматривалось как политическая необходимость, оправданная глубоким моральным релятивизмом в отношении сексуальности (включая защиту педофилии). Мы видим, что квир-Теория отрицает науку (когда та выдает неудобные для Теории результаты); либерализм (когда тот выдвигает на передний план универсальную человеческую природу); и феминизм (когда тот рассматривает женщин как класс людей, угнетаемых другим классом, мужчинами) — и вместо этого приоритизирует «квирность».

Джудит Батлер — самый влиятельный из Теоретиков «квирности», именно ее труды получили наибольшее признание за пределами квир-Теории и оказали влияние на многие виды исследований, да и на общество в целом. Батлер — американский философ, испытавшая влияние французской феминистской мысли и во многом опирающаяся на постмодернизм, в особенности на работы Фуко и Деррида. Основной вклад Батлер в квир-Теорию состоял в том, что она подвергла сомнению связь между полом — биологическими категориями мужского и женского, гендером — поведением и чертами характера, которые обычно ассоциируются с одним из полов, и сексуальностью — природой сексуального желания.

В 1990-е Батлер проявляла беспокойство по поводу любых намеков на биологический эссенциализм. Она беспрестанно доказывала, что гендер и пол различны и между ними нет обязательной корреляции. По мнению Батлер, гендер *полностью* социально сконструирован — утверждение настолько нелепое, что пришлось задействовать все могущество Теории, чтобы оно казалось правдоподобным. В этом Батлер помогло ее самое известное понятие — *гендерная перформативность*. Эта удивительно запутанная концепция определена в ее работе 1993 года «Тела, имеющие значение: о дискурсивных границах „пола“» как «власть дискурса многократно воспроизводить феномены, которые она регулирует и ограничивает»[27], то есть как нечто, что вызывается к жизни, заключается в осмысленные категории и становится «реальным» посредством поведения и ожиданий, закодированных в речи. Среди прочего в глаза сразу же бросается постмодернистский политический принцип, заимствованный у Фуко, и связанный с ним сюжет власти языка.

Хотя сам по себе термин наводит на мысль о театральном представлении*, концепция гендерной перформативности берет свое начало в лингвистике и не имеет отношения к актерскому искусству. Например, актер-мужчина может играть на сцене женскую роль, при этом оставаясь уверенным в том, что он мужчина. Это не то, что Батлер имеет в виду, когда описывает гендер как «перформатив», поскольку в этом примере подразумевается некая, по ее мнению, несуществующая «предсуществующая идентичность, относительно которой можно измерить действие или поступок»[28]. В своей поворотной книге «Гендерное беспокойство: феминизм и инверсия идентичности» (1990) Батлер утверждает, что гендерные роли преподаются и выучиваются — зачастую неосознанно, путем социализации — как совокупность действий, особенностей поведения, манер и ожиданий, и люди соответствующим образом исполняют эти роли. Для Батлер гендер — это то, как человек *действует*, а не то, кем он *является*. Общество навязывает подобные действия и ассоциирует их с лингвистическими сигналами, такими как «мужской» и «мужественный», — таким образом гендерная перформативность делает эти роли «реальными». По ее мнению, из-за огромного давления социализации и нормативности гендерных ролей люди просто не могут не научиться исполнять свой гендер «правильно», следуя заранее написанному сценарию и тем самым укрепляя «гендеризированную» социальную реальность.

С точки зрения Батлер, люди не рождаются с пониманием того, что они мужчины, женщины, гетеросексуалы или гомосексуалы, а потому их действия не спишешь на какие-либо врожденные факторы. Вместо этого, начиная с самого момента рождения, процесс социализации встраивает их в гендерные роли, чему способствует почти повсеместное распространение этих

* Одно из значений слова «performance» (*англ.*) — «спектакль».

ролей и сопутствующие им социальные ожидания и инструкции (нормативность). Сами по себе такие роли, как гетеросексуальность или гомосексуальность, не являются стабильными или фиксированными категориями, а просто отражают действия людей. Лишь принимая на себя эти роли и «исполняя» их в соответствии с социальными ожиданиями (перформативность), люди создают (репрессивную) иллюзию того, что роли реальны, стабильны и по своему существу осмысленны. Таким образом, понятие *дискурсивного конструирования* — идеи, что вещи легитимируются и становятся очевидной истиной в зависимости от того, как о них говорят в конкретном обществе, — ключевое для понимания квир-Теории, потому что именно посредством дискурсивного конструирования гендерные роли и социальные ожидания создаются и закрепляются.

Тем самым в своем иронично-отстраненном взгляде на гендер Батлер вторит Фуко и описывает колоссальный социальный заговор, разворачивающийся у всех на глазах и в то же время в тайне — классический сюжет прикладной постмодернистской Теории. Она называет «истинную гендерную идентичность» «регулятивным идеалом», который необходимо «разоблачить»[29]. «Регулятивные идеалы» пола, гендера и сексуальности, утверждает Батлер, поддерживаются благодаря вездесущей гендерной перформативности, которая содержит «стратегию, скрывающую перформативный характер гендера»[30]. Поэтому в ее понимании задача квир-Теории и активизма — освобождение «перформативных возможностей для распространения гендерных конфигураций вне ограничивающих рамок маскулинного доминирования и принудительной гетеросексуальности»[31]. Иными словами, если мы признаем перформативный характер гендера, то также увидим, что перформировать его можно и не наделяя привилегиями маскулинность и гетеросексуальность.

Батлер обращается к дерридианскому понятию *фаллогоцентризма*, подразумевающему, что социальная реальность конструируется языком, привилегирующим маскулинность, а также к концепции *принудительной гетеросексуальности*[32] Адриенны Рич*, в рамках которой гетеросексуальность принимается за естественное состояние, а гомосексуальность, следовательно, прописывается как извращение, чтобы принудить людей к «натуральному поведению». Батлер, однако, не питала особого оптимизма по поводу нашей способности разрушить эти гегемонные (как ей кажется) дискурсы (способы высказывания о вещах, обладающие почти несокрушимой властью, — концепция, заимствованная Теорией из работ марксистского философа Антонио Грамши**). Напротив, она убеждена в невозможности выйти за пределы социальных конструктов, созданных дискурсами: мы можем только нарушать их работу и расшатывать их, чтобы создавать более комфортные условия для тех, кто не вписывается в их рамки.

Предложенное Батлер решение этой запутанной проблемы — *политика пародии,* «подрывное и пародийное перераспределение власти»[33] — оказало серьезное влияние на активистов. Такой подход пытается нарушить паттерны гендерной перформативности, доводя их до абсурда, — в частности, фаллогоцентризм и принудительную гетеросексуальность, которые «стремятся к умножению путем постоянного повторения своих логики, метафизики и натурализованной онтологии»[34]. Для достижения этой цели Батлер призывала к умышленно «субверсивному повторению», которое «может поставить под сомнение саму нормативную практику идентичности»[35]. Зачастую это достигается при помощи «гендерфакинга», который «Викисловарь» определяет как «сознательное стремление подорвать традиционные

* Адриенна Рич (1929–2012) — феминистская поэтесса и писательница. Преподавала в Колумбийском, Ратгерском и Стэнфордском университетах.

** Антонио Грамши (1891–1937) — марксистский теоретик, журналист и политический деятель. Основатель и руководитель Итальянской коммунистической партии.

представления о гендерной идентичности и гендерных ролях» при помощи, скажем, дрэг- или квир-кэмп-эстетики*.

Задача батлеровской пародии — вынудить людей усомниться в предпосылках, на которых основывается перформативность, и разглядеть в ней социально сконструированную иллюзию — произвольную и репрессивную в ее текущем виде. Смысл в том, чтобы освободиться от этих категорий и связанных с ними ожиданий. Джудит Батлер призывает двигаться к бессвязности. Если активисту удастся сделать бессвязность строгих категорий пола, гендера и сексуальности очевидной — не смехотворной, — тогда эти категории и создаваемое ими угнетение утратят свое значение. Батлер отстаивает эту позицию с таким упорством, что сомневается, можно ли считать даже биологический пол не сконструированным культурно. В «Гендерном беспокойстве» она пишет:

> Если незыблемый характер пола оспаривается, то, возможно, этот конструкт, называемый «полом», — такой же культурный конструкт, как и гендер; более того, возможно, он всегда и был гендером, вследствие чего различие между полом и гендером оказывается не различием вовсе[36].

Батлер бросает прямой вызов актуальным формам феминизма, довольно невразумительно вопрошая: «Является ли конструирование категории женщины как последовательного и стабильного субъекта невольным регулированием и реификацией**

---

* Кэмп (*англ.* camp) — эстетический стиль, часто ассоциируемый с гей-культурой, который получил популярность в 1960-е годы. Для него характерны повышенная театральность, гротескность, сознательное размывание границы между иронией и серьезностью. Был закреплен как самостоятельный термин в «Заметках о кэмпе» Сьюзен Зонтаг.

** Реификация или овеществление (*англ.* reification) — социологический термин, обозначающий превращение в сознании индивида повторяемых действий и моделей межчеловеческого взаимодействия в «реальность», внешнюю по отношению к нему. — *Прим. ред.*

гендерных отношений?»[37] Проще говоря, может ли то, что мы считаем «женщину» реальной биологической категорией, иметь непреднамеренное последствие в виде создания «последовательного и стабильного» представления о том, что такое быть женщиной?

Для Батлер, таким образом, само существование последовательных и стабильных категорий вроде «женщины» ведет к тоталитарным и репрессивным дискурсам. Хотя большинству людей такой вывод покажется несуразным, ее квир-Теория основывается на отрицании и ниспровержении этих категорий. С подчеркнутой серьезностью она называет одним из видов насильственной категоризации включение людей в категории, такие как гендер, которые, по их собственному мнению, не описывают их адекватно или точно. Батлер полагает, что активизм и академические исследования должны разрушить эти дискурсы, чтобы минимизировать очевидный вред от этого «насилия».

Упор на разрушение категорий путем высвечивания их очевидной несостоятельности характеризует также Ив Кософски Сэджвик, еще одну основательницу квир-Теории. Ее основная заслуга перед Теорией выражается в том, что ей удалось не поддаться искушению разрешить противоречия. Сэджвик придавала особую ценность *плюрализму* — необходимости принимать множество точек зрения, даже если они противоречат друг другу, — и *бессвязности* — отказу от попыток добиться хоть какой-то осмысленности. В соответствии с мировоззрением, приоритизирующим *должно* над *есть*, что характерно для прикладного постмодернизма в целом, она полагает, будто активизм может извлечь пользу из подобных ценностей. Она пишет:

> Созвучно с моей акцентацией на перформативных взаимосвязях двойственных и конфликтующих определений действует и предписание практических политик, явственно проступающее в этой книге, нацеленное в разные стороны,

> где идеалистические и материалистические порывы, стратегии миноритарной и универсалистской моделей и, соответственно, гендерно-сепаратистский и гендерно-интегративный анализ будут существовать на равных, не обладая никаким преимуществом в поле идеологической рационализации[38].

Здесь Сэджвик говорит о том, что продуктивное движение могло бы взять на вооружение все идеи ЛГБТ-исследований и активизма — даже противоречащие друг другу, — и нисколько не беспокоиться об идеологических разногласиях. Она доказывает, что противоречия сами по себе могут быть полезными в политическом плане, не в последнюю очередь потому, что сделают активистское мышление крайне сложным для понимания, а следовательно, и для критики. Весьма в духе квира.

Наиболее отчетливо подобные идеи выражены в работе Сэджвик 1990 года «Эпистемология чулана», в которой она развивает представление Фуко о том, что сексуальность — это социальный конструкт, вызванный к жизни научными дискурсами, особенно теми, которые были легитимированы медицинскими инстанциями, классифицировавшими гомосексуальность как психопатологию. Тем не менее она довольно сильно отклоняется от фукианского курса в сторону Деррида. Сэджвик выворачивает наизнанку представление Фуко о том, что гомосексуальность и гетеросексуальность заданы доминирующими дискурсами, доказывая, что на самом деле именно бинарная пара гомосексуальности и гетеросексуальности научила нас бинарному мышлению: люди могут быть гомосексуалами *или* гетеросексуалами, мужчинами *или* женщинами, маскулинными *или* феминными. Для Сэджвик сексуальная бинарность — основа всех социальных бинарных структур. В «Эпистемологии чулана» она сразу заявляет об этом:

> В книге доказывается, что понимание практически любого аспекта современной западной культуры не только не может быть полноценным, но оно ущербно в самой своей сути настолько, насколько неспособно воспринять критический анализ современных гомо/гетеросексуальных дефиниций[39].

Для Сэджвик понимание сексуальности как оппозиции мужского и женского — фундамент всего бинарного мышления, которое, в свою очередь, ложно. Поэтому признание сложной и изменчивой природы сексуальности — путь к ликвидации многих форм черно-белого мышления в обществе. Таким образом, Сэджвик играет значимую роль в формировании тенденции к «пересмотру» и отторжению любых бинарных противопоставлений во избежание их закрепления и превращения в источники угнетения.

Символизм чулана* у Сэджвик главным образом зиждется на такой идее ложной бинарности. Человек не может быть целиком в чулане или вне его. Некоторые будут знать о его сексуальности, другие — нет. Что-то будет произнесено, а что-то — нет, но знание можно получить как из произнесенного, так и из умолченного. Таким образом, чулан у Сэджвик символизирует одновременное пребывание в противоречащих реальностях. В принятии и подчеркивании этой противоречивости и состоит ее подход к квир-Теории; здесь же мы видим начало экспансии квирности в области за пределами сексуального, равно как и использование глагольной формы этого термина.

Поскольку Сэджвик придерживалась постмодернистских методов, то считала язык — в частности, «речевые

* Речь идет об устойчивом выражении «coming out of the closet» (сокр. «coming out») — букв. «выйти из шкафа» (в цитируемом переводе Сэджвик — «чулана»), совершить «каминг-аут», — обозначающем признание человеком своей принадлежности к сексуальному или гендерному меньшинству.

акты» — способом конструирования и сохранения несправедливых бинарных структур и «чулана». Поэтому свой подход к Теории она видела потенциально разоблачительным и, следовательно, освободительным. Она отмечает:

> Основной посылкой в этой книге является позиция, что закрытые взаимоотношения чулана — отношения знакомого и неведомого вокруг гомо/гетеросексуального — могут быть особенно разоблачительными по отношению к речи вообще[40].

Вслед за Деррида Сэджвик полагает, что упомянутые взаимоотношения нужно деконструировать. Например, она обращает внимание на анализ, признающий, что гомосексуальность ставится ниже гетеросексуальности, но сам термин «гетеросексуальность» не существовал бы, если бы гомосексуальность не была категорией различия. Это наблюдение призвано деконструировать взаимоотношения власти в бинарных структурах: поскольку понятие гетеросексуальности зависит от существования и подчиненного статуса гомосексуальности, оно не может называться приоритетным. Таким способом Сэджвик стремится деконструировать гетеронормативность — широко распространенное представление о том, что гетеросексуальность является принятой по умолчанию нормой.

Сэджвик находит полезным распространить такое понимание сексуальной бинарности на другие бинарные структуры общества в качестве способа дестабилизировать иерархию превосходства и подчиненности — в этом она истинная дерридианка. Как и другие адепты дерридианской мысли, она подчеркивает и использует усматриваемые ею нестыковки, вытекающие из сосуществования двух будто бы противоречащих друг другу подходов. В сексуальности, согласно Сэджвик, эти подходы — «миноритизирующий» и «универсализирующий».

Согласно *миноритизирующему подходу*, гомосексуалами считается меньшинство людей, в то время как гетеросексуалами — большинство. В то время как *универсализирующий подход* рассматривает сексуальность как спектр, в котором есть место всему. То есть каждый — немного (или много) гей. Эти две идеи выглядят противоречащими друг другу, однако Сэджвик полагает, что само по себе это противоречие продуктивно. Как она отмечает,

> опять же, в книге не предлагается (и я не считаю, что она в принципе существует) никакой позиции осмысления, с которой соперничающие утверждения универсализирующего или миноритизирующего подходов к определению сексуальности могут быть обоснованно отнесены к «истине». Скорее, наоборот, именно перформативные эффекты, образованные внутренними противоречиями этих позиций и их пересечениями в дискурсивном силовом поле, являются предметом моего осмысления[41].

Для Сэджвик продуктивная политическая деятельность может заключаться в принудительном поддержании явной противоречивости, поскольку она подрывает стабильное понимание обсуждаемых понятий. Несуразность сосуществования двух противоречащих моделей сексуальности способна помочь принять сложность и текучесть сексуальности. Таким образом, мы снова свидетельствуем приверженность отрицанию объективной истины и конкретных категорий, а также убежденность в освободительном потенциале и политической необходимости бессвязной и текучей аргументации. Квир-Теоретикам удается распространять это мышление практически на все что угодно — они называют это «оквириванием» темы. Например, Теоретики уже оквирили категории времени и истории[42], а также жизни и смерти[43].

Постмодернистские принципы и сюжеты в квир-Теории

На сегодняшний день квир-Теория — одна из наиболее постмодернистских форм Теории среди всех исследований идентичности (identity studies), и своей основополагающей концепцией социального, дискурсивного конструирования сексуальности она во многом обязана Фуко. Постмодернистский принцип знания, отрицающий или попросту игнорирующий объективную реальность, равно как и постмодернистский политический принцип, настаивающий на том, что производство знания контролируют пронизывающие общество системы власти и привилегий, — ядро квир-Теории. Наиболее ярко они проявляются в ее основополагающей концепции, согласно которой наука является формой репрессивного дисциплинирования, навязывающей гендерный конформизм и гетеросексуальность посредством выстраивания категорий и попыток утвердить истины о них при помощи жесткого принуждения и социальной легитимации.

Из четырех основных постмодернистских сюжетов, безусловно, центральными для квир-Теории являются размывание границ и пристальное внимание к языку (дискурсам). Эти два сюжета наиболее враждебны к понятию стабильной реальности, в отношении которой возможны простые и ясные суждения, — и потому наиболее самодеструктивны. Однако квир-Теория избегает саморазрушения, характерного для раннего постмодернизма, превращая размывание границ в свою излюбленную форму политического активизма и называя ее «квирингом». Деструктивность квир-Теории, подчас направленная на нее саму, обусловлена политическими задачами. Она применяется в основном к дискурсам, что выливается в почти патологическую одержимость теми способами говорить о биологическом поле, гендере и сексуальности, которые вырабатывают термины, демаркирующие тончайшие различия в гендерной идентичности и сексуальности. Эти термины существуют в текучем и неустойчивом пространстве и вместе с тем требуют невозможной, чрезвычайной чувствительности языка.

Оставшиеся два сюжета тоже присутствуют в квир-Теории, но в менее очевидной форме. Сюжет культурного релятивизма неявно выражен в понимании гендера и сексуальности исключительно как культурных конструктов. Эта черта роднит квир-Теорию с постколониализмом, поэтому квир-Теоретики часто обращаются к нему, а постколониалисты — к квир-Теории. Несмотря на существенные различия между двумя группами и их целями, две Теории опираются друг на друга, поскольку обе испытали сильное влияние Фуко и Деррида, и потому их методы полностью совместимы. В такой же неявной форме представлен сюжет утраты индивидуального и универсального: гендерные и сексуальные «я» индивидов рассматриваются как конструкты, созданные дискурсами власти, которые просто невозможно не усвоить и можно лишь незначительно дестабилизировать. Невозможна и универсальность, поскольку квир-Теория полностью отвергает общую человеческую природу.

С ее акцентом на деконструктивистские методы и пониманием знания как конструкта власти квир-Теория, возможно, самая аутентичная форма прикладного постмодернизма. Она во многом определила язык транс-активизма и появляется во многих исследованиях социальной справедливости. Элементом основополагающих текстов квир-Теории стала концепция *интерсекциональности*, и, хотя термин «интерсекциональность» больше ассоциируется с исследовательницей в области критической расовой Теории Кимберли Креншоу, о «пересечениях» различных форм маргинализованной идентичности одновременно с Креншоу — и, судя по всему, независимо от нее — говорила и Батлер. По ее мнению, «гендер пересекается с расовыми, классовыми, этническими, сексуальными и региональными модальностями дискурсивно конституированных идентичностей»[44]. Таким образом, батлеровская квир-Теория легко становится ключевым элементом интерсекциональной мысли. Следовательно, интерсекциональные феминистки частенько обращаются к квир-Теории в своих работах.

Пожалуй, особенно важно, что квир-Теория фундаментально отличается от предшествующих ей либерального феминизма и ЛГБТ-активизма. Утверждения о том, что квир-Теория — единственный способ освободить от дискриминации негетеросексуальных или не гендерно-конформных индивидов, опровергаются успешностью универсального либерального подхода как в прошлом, так и в настоящем. Предшествующие Теории либеральный активизм и мысль пытались изменить предвзятое отношение к людям определенного пола, гендера или сексуальности, апеллируя к нашим многочисленным сходствам и человечности, а также к универсальным либеральным принципам. Возможно, на этом мог бы сосредоточиться и транс-активизм, учитывая развитие науки о трансгендерных людях, — если бы квир-Теория не пыталась активно разрушить все универсальное или нормативное.

Вместо этого квир-Теория стремится — и это совсем не помогает делу — модифицировать или отменить сами понятия пола, гендера и сексуальности, вследствие чего становится непонятной и бесполезной, если не совершенно чуждой, для большинства членов общества, которое она желает изменить. С поразительной претенциозностью и агрессией — отталкивающими большинство — квир-активисты высмеивают нормативные формы сексуальности и гендера и выставляют тех, кто их признаёт, неотесанными ретроградами. Люди вообще не любят, когда им заявляют, что их пол, гендер и сексуальность — ненастоящие, неправильные или плохие; подобное, кажется, может понравиться только квир-Теоретикам.

Более того, представление, что гетеросексуальность — это социальный конструкт, полностью игнорирует тот факт, что люди размножаются половым путем. А представление, что гомосексуальность — это социальный конструкт, игнорирует многочисленные доказательства и ее биологической реальности. Несмотря на потенциальное «освобождение» от дискриминации, все это угрожает свести на нет значительный прогресс, достигнутый гей- и лесбийскими активистами в борьбе с убеждением, что их романтические и сексуальные влечения — всего лишь «жизненный выбор», который, если по-разному повернуть один и тот же принцип Теории, можно выставить как реальным, так и ложным. Хотя гомосексуальность была бы совершенно приемлемым жизненным выбором, множество фактов, а также огромное число свидетельств самих геев и лесбиянок указывают на то, что это нечто гораздо большее[45].

Активизму, стоящему на пренебрежительных, ироничных, антинаучных и трудных для понимания основах, сложно быть продуктивным. Людям, которые хотят, чтобы их пол, гендер или сексуальность были приняты в качестве нормы, не помогают и постоянные упоминания о том, что считать что-либо нормальным — уже проблематично. Поэтому, несмотря на то что квир-Теория делает вид, что защищает интересы лесбиянок, геев, бисексуалов и трансгендеров, большинство представителей ЛГБТ не посвящены в ее тонкости и не поддерживают ее. А поскольку она продолжает заявлять о себе как о единственном законном способе изучения и обсуждения тем гендера, пола и сексуальности, она продолжает причинять вред прежде всего тем, кому стремится помочь.

5. Критическая расовая Теория и интерсекциональность

Покончить с расизмом, видя его повсюду

Критическая расовая Теория — американский феномен. До такой степени, что, хотя ее идеи уже успели получить распространение и за пределами Соединенных Штатов, они по-прежнему пропитаны расовой историей этой страны. Согласно ей, раса — это социальный конструкт, придуманный для сохранения привилегий и превосходства белых людей*. Подобное представление возникло задолго до постмодернизма благодаря У. Э. Б. Дюбуа**, утверждавшему, что понятие расы используется для продвижения биологических объяснений различий, которые на самом деле являются социальными и культурными, с целью

* В русском языке «привилегии» (*англ.* white privilege) и «превосходство» (white supremacy) звучат избыточно синонимично, но в американском расовом дискурсе последнее носит отчетливо политический характер. — *Прим. ред.*

** У. Э. Б. Дюбуа (1868–1963) — социолог, историк, писатель и общественный деятель. Состоял в Социалистической партии Америки, а позже — в американской Коммунистической партии.

закрепить несправедливое обращение с расовыми меньшинствами, особенно с афроамериканцами.

Есть веские причины согласиться с этим утверждением. Хотя некоторые усредненные различия между человеческими популяциями — цвет кожи, структура волос, разрез глаз и относительная восприимчивость к определенным заболеваниям — наблюдаемы и реальны, а географическое наследие человека можно определить при помощи тестов ДНК, неясно, почему все перечисленное считалось настолько значимым, что привело к разделению людей на группы, называемые расами. Начнем с того, что биологи вовсе не считают это значимым. Они говорят о популяциях, определяемых с помощью генетических маркеров в контексте незначительных отличий в эволюционном наследии, однако сведение этих отличий к тому, что мы обычно называем «расой», зачастую настолько ошибочно, что почти бесполезно с практической точки зрения. Например, «раса» не приносит особой пользы медицине, поскольку социально сконструированные расовые категории не слишком надежно проецируются на более осмысленную с биологической точки зрения генетическую родословную. Кроме того, современная идея «расы» не выдерживает исторической критики. Существуют убедительные основания полагать, что в ранние периоды человеческой истории раса не играла большой роли. К примеру, Библия, написанная более двух тысяч лет назад в Средиземноморском регионе, где можно было встретить черных, коричневых и белых людей, напичкана морализаторским трайбализмом, но в ней почти не упомянут цвет кожи. В позднесредневековой Англии упоминания о «черных» людях зачастую просто относились к темноволосым европейцам, которые сегодня считаются «белыми».

Даже учитывая другие факторы, раса и расизм в их современном понимании, вероятно, возникли как социальные конструкты, созданные европейцами для морального оправдания европейского колониализма и атлантической работорговли. Европейские историки выяснили, что предрассудки по поводу цвета кожи появились в раннее Новое время, в период примерно с 1500 по 1800 год. Они утверждают, что в ходе XVII века предрассудки на основе религиозных различий уступили место расизму — вере в превосходство одних рас над другими[1]. Чтобы оправдать злодеяния колониализма, а также похищение людей, эксплуатацию их как рабов и жестокое обращение с ними, их следовало считать менее развитыми или вовсе не вполне людьми (даже если они приняли христианство). С этим часто возникает путаница, поскольку другие народы в другие времена тоже практиковали рабство, колониализм и даже империалистический геноцид и аналогичным образом оправдывали эти зверства, характеризуя порабощенных или завоеванных людей как низших и часто выделяя такие их особенности, как цвет кожи, волос и глаз, которые сегодня мы можем отождествить с расой. Подобная дискриминация, если не дегуманизация, была широко распространена уже давно, но в случае с Европой и ее колониями есть несколько ключевых различий и пространство для особого рода анализа.

Во-первых, до XVI века в Европе понятие расы не было устойчиво связано с *наследственностью*. До этого обычно считалось, что признаки вроде цвета кожи в основном зависят от окружающей среды, а не от генетики, хотя родственные понятия в древнегреческом (*genos*) и латинском (*genus*) языках, а также исторические данные из Китая и других стран указывают, что в полной мере происхождение не игнорировалось[2]. Во-вторых, сконструированное понятие расы определенно использовалось для оправдания злодеяний европейского колониализма и атлантической работорговли. В-третьих — что особенно важно, — ключевую роль в этом оправдании сыграли исследования в областях, которые сейчас называются социальными и естественными науками, хотя тогда они еще не подразделялись на современные антропологию, социологию и биологию, равно как и не выработали то, что мы сегодня считаем строгими научными методами.

Вышеописанное важно, поскольку натурализм и наука стремительно превращались в методологию производства знаний, а значит, и легитимации убеждений, подобной которой мир еще не видывал. Именно против легитимирующей власти науки постмодернизм в конечном счете выступает наиболее решительно. Подъем науки, а также интеллектуальной и политической культуры, всерьез воспринявшей научные знания, совместно с ужасами колониализма и трансатлантической работорговли привел к созданию нового социального конструкта — расы. В этом и заключается, по словам современных Теоретиков, «научное происхождение» расизма, которое можно понять как неправильное применение дискурсами весьма предварительных научных результатов, вследствие чего появились первые *расисты — социальные конструктивисты*. Другими словами, подобная упрощенная, ничем не сдерживаемая и корыстная научная классификация породила крайне примитивные категории «черного» (blackness) и «белого» (whiteness), вокруг которых незамедлительно выросли оценочные суждения. Появился расизм в его современном понимании.

Первыми, кто в XIX веке попытался бросить вызов предпосылкам, лежащим в основе расизма, стали бывшие американские рабы, такие как Соджорнер Трут[3, *] и Фредерик Дуглас[4, **]. Позднее, в XX веке, историю американского расизма описали его влиятельные критики, такие как У. Э. Б. Дюбуа[5] и Уинтроп

---

* Соджорнер Трут (1797–1883) — аболиционистка и феминистка, родившаяся в рабстве. Первая чернокожая женщина, выигравшая в суде дело против белого мужчины.

** Фредерик Дуглас (1818–1895) — реформатор, аболиционист и писатель. На русский язык переведена автобиография: *Дуглас Ф.* Я был рабом. М.: Зебра Е, 2009.

Джордан[6], *. Работ этих исследователей и реформаторов должно было хватить для разоблачения бесспорной уродливости и несостоятельности расистской идеологии — однако вера в превосходство белой расы устояла. Особенно обостренной и долгоиграющей такая вера была на юге Америки, где рабство оставалось важным элементом экономики вплоть до освобождения рабов Авраамом Линкольном в 1863 году. Законы Джима Кроу**, расовые ограничения и юридическая сегрегация продержались дольше всего, вплоть до середины 1960-х, — а в определенном смысле не исчезли до сих пор. Даже после успехов движения за гражданские права под руководством Мартина Лютера Кинга — младшего, когда дискриминация по расовому признаку стала незаконной, а отношение к вопросу расы изменилось удивительно быстро с точки зрения темпов истории, эти давние нарративы никуда не делись. Критическая расовая Теория стремится к их обнаружению, подчеркиванию и устранению.

Критический подход

Формально критическая расовая Теория возникла в 1970-х в контексте критических правовых исследований, обратившихся к вопросам расы. Слово «критическая» означает, что ее намерение и методы заточены непосредственно на выявление и огласку проблем, с помощью чего можно добиться революционных изменений. Ее возникновение было весьма актуально, поскольку, несмотря на ряд значительных, хотя и недостаточных изменений законодательства, направленных на предотвращение расовой дискриминации, многие активисты ощущали потребность

---

* Уинтроп Джордан (1931–2007) — историк, автор работ об истории и происхождении рабства в США.

** Комплекс локальных законов, с помощью которых (в основном) южные штаты США поддерживали режим институционализированной расовой сегрегации вплоть до середины XX века. — *Прим. ред.*

продолжать работу над сохранявшейся, пусть и в менее наглядной форме, проблемой расизма. С этой целью они воспользовались популярными в то время инструментами культурной критики, в один прекрасный момент прибегнув и к Теории.

В результате критический расовый подход, как и другие методы культурной критики, в каком-то смысле всегда двигался как минимум в двух направлениях — «материалистическом» и «постмодернистском», — в равной степени удаляясь от универсального либерального начала. Расовые критики-материалисты размышляют о влиянии материальных систем — экономических, правовых, политических — на расовые меньшинства. Постмодернистские Теоретики, напротив, в большей степени озабочены лингвистическими и социальными системами и поэтому стремятся деконструировать дискурсы, выявлять скрытые предрассудки и противостоять лежащим в их основе расовым предпосылкам и установкам. По причине этого фундаментального расхождения в приоритетах некоторые материалисты критиковали оторванный от реальности и субъективный дискурсивный анализ постмодернистов (обычно процветающий в сытом уюте академических кабинетов), который игнорирует важные, повсеместные материальные проблемы, в частности бедность. Признавая практическую значимость материальной реальности, постмодернисты возражали, что добиться серьезных улучшений не получится, пока дискурсы продолжают приоритизировать людей белого цвета кожи.

В обоих воплощениях критическая расовая Теория отвергла либерализм в пользу более радикального пути. По словам критических расовых Теоретиков Ричарда Дельгадо* и Джин Стефанчич**,

* Ричард Дельгадо (р. 1939) — правовед, специалист в области гражданских прав и критической расовой теории. Профессор юридической школы Алабамского университета.

** Джин Стефанчич (р. 1940) — правовед. Профессор юридической школы Алабамского университета.

> в отличие от традиционного дискурса о гражданских правах с его акцентом на инкрементализме* и постепенном прогрессе, критическая расовая Теория ставит под сомнение сами основы либерального порядка, включая теорию равенства, построение юридических рассуждений, рационализм эпохи Просвещения и нейтральные принципы конституционного права[7].

Как отмечают Дельгадо и Стефанчич далее,

> исследователи в области критической расовой Теории недовольны либерализмом как основой для решения расовых проблем Америки. Многие либералы верят в цветовую слепоту (color blindness)** и нейтральные принципы конституционного права. Они верят в равенство, особенно в равное отношение ко всем людям, независимо от различий в их истории или текущем положении[8].

Это правда. Стоит отметить, что нелиберальная природа критической расовой Теории — один из весомейших и наиболее стойких поводов для критики в ее адрес.

Покойного Деррика Белла, первого афроамериканского пожизненного профессора Гарвардской юридической

---

* Инкрементализм — модель процесса принятия политических решений, характеризующаяся отказом от радикальных изменений и всестороннего анализа в пользу корректировки и постепенных малых реформ. Авторство концепции приписывается профессору Йельского университета Чарльзу Линдблому.

** Цветовая слепота (*англ.* color-blindness) — юридический принцип игнорирования фактора расовой принадлежности при принятии судебных/политических решений. Если в середине XX века термин ассоциировался с борьбой против расизма и сегрегации, то к концу столетия перекочевал в консервативный словарь: игнорировать расовые различия зачастую предлагают критики программ социальной поддержки темнокожего населения США. — *Прим. ред.*

школы, многие считают родоначальником направления, которое мы обычно называем критической расовой Теорией. Белл изобрел этот термин, встроив расу в свою область специализации — критическую правовую теорию. Он придерживался материалистического подхода и, возможно, наиболее известен применением критических методов к пониманию гражданских прав и окружающих их дискурсов. Белл был открытым сторонником исторического ревизионизма, и большую известность ему принес тезис о «совпадении интересов» (interest convergence), выдвинутый им в книге 1970 года «Раса, расизм и американское право»[9]. Этот тезис заключается в том, что белые предоставляли права чернокожим только тогда, когда это было выгодно им самим, — неутешительный взгляд, отрицающий возможность любого морального прогресса со времен Джима Кроу. Здесь нет преувеличения — Белл подчеркнуто высказывает подобную позицию в книге 1987 года «Мы не спасены: бесплодный поиск расовой справедливости»[10]: «Прогресс в американских расовых отношениях по большому счету мираж, скрывающий тот факт, что белые продолжают, сознательно или бессознательно, делать все возможное для обеспечения своего господства и сохранения своего контроля»[11]. Подобный циничный пессимизм пронизывает весь анализ Белла. Например, он также полагал, что белые отменили сегрегацию не для того, чтобы решить проблемы темнокожих, а чтобы продолжить преследовать собственные интересы и вместе с тем подавить черный радикализм в разгар холодной войны (да и в другие времена)[12]. Будучи убежденным, что в американском обществе существует всеобъемлющая и неустранимая система доминирования белых[13], он утверждал, что подобные изменения приведут к целому ряду новых способов укрепления превосходства белых и пренебрежения интересами черных — например, к белому возмездию (white retaliation) или бегству белых* (white flight)[14]. Это вполне характерный настрой для критической расовой теории того времени. Современник Белла, Алан Фриман**, был столь же циничен и пессимистичен и выпустил ряд юридических работ, в которых доказывал, что антирасистское законодательство на самом деле поддерживает расизм[15].

Разумеется, простого юридического равенства между расами недостаточно для решения всех проблем социального неравенства. Плодотворная работа по устранению измеримого неравенства в политической, правовой и экономической сферах ведется путем изучения финансирования школ в районах с преобладанием белого и черного населения; приговоров, вынесенных черным и белым преступникам; жилищных вопросов и вопросов кредитования в черных и белых сообществах; представительства черных и белых людей на престижных рабочих местах — с целью выяснения причин расхождений во всех перечисленных аспектах. Однако либералы (и не они одни) осуждают материалистических критических расовых Теоретиков не только за пессимизм. Например, те часто выступают за черный национализм и сегрегацию[16], а не за универсальные права человека и сотрудничество. Кроме того, их якобы эмпирический анализ материальной реальности, обычно демонстрирующий, что расизм и дискриминация вовсе не уменьшаются, порой страдает от тенденциозности и генерализации на основе худших примеров.

Пессимизм материалистов сохранился и в дальнейшем, а вот их методы канули в лету. С 1970-х по 1980-е годы материалисты

---

* Термином «бегство белых» (*англ.* white flight) принято называть демографическую тенденцию, при которой представители белого населения переезжают из зон с высокой долей небелого населения. — *Прим. ред.*

** Алан Фриман (1944–1995) — правовед, эксперт в области конституционного права. Занимал должность профессора юридической школы Университета штата Нью-Йорк в Буффало.

преобладали в критическом расовом движении, но, начиная с 1990-х, на первый план все больше стали выходить постмодернисты. Со временем постмодернисты сосредоточили свое внимание на микроагрессии, языке вражды, безопасных пространствах, культурной апроприации, имплицитных ассоциативных тестах*, освещении в СМИ, «белости» (whiteness) и всех знакомых сегодня атрибутах современного расового дискурса[17]. Во многом эти перемены стали результатом влияния группы женщин-Теоретиков, получивших известность в конце 1980-х — начале 1990-х годах и продвигавших радикальную черную феминистскую мысль: белл хукс, Одри Лорд** и Патриции Хилл Коллинз***. Эти исследовательницы с энтузиазмом размывали границы академических дисциплин, зажигательно дискутируя о патриархате и идеях белого превосходства, смешивая юридическое с социологическим, литературным и автобиографическим (в специфически гендерной форме). Немаловажно отметить, что они беспрестанно жаловались на «белость» феминизма. Тем самым они подготовили почву для другой волны влиятельных Теоретиков: Патриции Уильямс****, Анджелы Харрис***** и Кимберли Креншоу — ученицы вышеупомянутого Деррика Белла, которая помогла ему придумать термин «критическая

* Имплицитный ассоциативный тест — психодиагностическая методика, нацеленная на выявление подсознательных ассоциативных связей и стереотипов.

** Одри Лорд (1934–1992) — писательница, поэтесса и активистка борьбы за гражданские права.

*** Патриция Хилл Коллинз (р. 1948) — социолог, специалистка в области расы, гендера, класса и социального неравенства. Профессор Университета Мэриленда, экс-президент Американской социологической ассоциации.

**** Патриция Дж. Уильямс (р. 1951) — правовед, специалистка в области критической расовой теории. Профессор Северо-Восточного университета в Бостоне.

***** Анджела П. Харрис (р. 1961) — правовед и исследователь, специалистка в области критической расовой теории, феминистских правовых исследований и уголовного права. Профессор Юридической школы Калифорнийского университета в Дэвисе.

расовая Теория». Эти исследовательницы обращались как к критической расовой Теории, включавшей в себя классовый анализ, так и к феминизму с его понятиями гендера и сексуальности. В результате возник многослойный, «изощренный» анализ идентичности и опыта, вместивший в себя социальные, правовые и экономические факторы. Изучая многочисленные системы власти и привилегий и рассматривая опыт как источник знания внутри них, исследовательницы сдвинулись от материалистического анализа к постмодернистскому.

Эта перемена ознаменовалась и новыми целями. Сошло на нет повышенное внимание к материальным реалиям (в первую очередь бедности), важным для системного и структурного понимания расизма. На смену пришел анализ дискурса и власти. В то же время критическая расовая Теория глубоко прониклась политикой идентичности и ее предполагаемым интеллектуальным обоснованием, позиционной теорией — грубо говоря, представлением, что идентичность и положение индивида в обществе влияют на то, как он достигает знания. Описанные модификации, наряду с размыванием границ и растворением индивидуального в пользу групповой идентичности, отражают доминирование постмодернистской мысли в критической расовой Теории начала 1990-х годов.

Этот сдвиг наблюдается во всех работах того периода. Например, Патриция Уильямс, профессор торгового права, наиболее известна своим автобиографическим эссе длиной в целую книгу — «Алхимия расы и прав»[18] (1991). Как отмечается в описании выпустившего его издательства Гарвардского университета, Уильямс действует на «пересечении расы, пола и класса» и проводит размывание границ, столь характерное для постмодернистских методов: «Уильямс изображает закон как мифологический текст, в котором силы коммерции и Конституции, богатства и бедности, здравомыслия и безумия ведут войну на запутанных и пересекающихся границах дискурса.

Намеренно нарушая эти границы, она ищет новаторский путь к расовой справедливости»[19]. В новоявленной критической расовой Теории мы наблюдаем все то же внимание к языку, дискурсам и необходимости их подрыва. Разумеется, стоит признать обоснованность аргумента прикладного постмодернизма о том, что гораздо труднее исправить общественный дисбаланс, предварительно не устранив предвзятое отношение и предпосылки, которые, по справедливому замечанию Теоретиков, часто проявляются в способах высказывания о вещах — дискурсах.

Наибольшую практическую пользу это утверждение принесло бы в виде строго научного (а не чисто теоретического и интерпретационного) исследования социальных установок, связанных с расой. Однако для прикладных постмодернистов акцент на дискурсах прежде всего связан с *позиционностью* — представлением о том, что положение индивида в обществе, определяемое групповой идентичностью, диктует то, как он понимает мир и будет понят в нем. Это ключевое убеждение для критической расовой Теории, что становится ясно из первых же строк «Алхимии»: «Позиция субъекта — это всё и вся в моем анализе закона», — пишет Уильямс. Затем она говорит о важности языка и дискурсов, а также о необходимости разрушить их, размыв границы между смыслами, юридическим языком и всем остальным:

> Меня интересует то, как юридический язык сглаживает и заключает в абсолюты всю смысловую сложность, присущую любому рассматриваемому вопросу; я пытаюсь бросить вызов привычным границам коммерческого дискурса, умышленно используя двухголосый и реляционный язык, а не традиционно чеканный юридический вокабуляр[20].

В этом пассаже очевидно присутствует постмодернистское понятие «позиционного» «себя» — социально сконструированной идентичности, занимающей определенное место в ландшафте привилегий/угнетения. Правовед Анджела Харрис развивает эту идею, продвигая теорию множественного сознания (позиционную теорию): «Предпосылкой этой статьи является то, что мы не рождаемся с „собой“, а скорее состоим из множества неполноценных, подчас противоречивых или даже несовместимых версий „себя“»[21]. Подобная концепция множественного сознания, основанная на идентичности и позициональности, неоднократно возникает в постмодернистских исследованиях о смешении различных слоев маргинализированной идентичности. Она оказала огромное влияние на изучение и понимание знания в феминистских исследованиях и критической расовой Теории.

Несмотря на очевидные сложности, вызванные необходимостью постоянно учитывать влияние социальной позиции говорящего и знающего индивида, а также соотносить его с социальными позициями окружающих, критическая расовая Теория обычно предельно ясна в своем изложении. И действительно, как можно заметить, ей не свойствен мучительно запутанный и двусмысленный постмодернистский язык постколониальной и квир-Теорий, что, возможно, связано с тем, что она ведет свое происхождение от правовых исследований. Критическая расовая Теория сохраняет внимание к роли дискурса в конструировании социальной реальности, но, обращаясь к вопросам, казалось бы, запредельной сложности, не теряет надежды передать смысл с помощью ясного и понятного языка. У нее есть политическое назначение, не ограничивающееся деконструкцией или подрывом метанарративов. Таким образом, очень легко понять, в чем заключаются постулаты критической расовой Теории (по сравнению с другими Теориями), — не в последнюю очередь потому, что исследователи в этой области склонны их перечислять.

Например, в крайне авторитетной работе «Критическая расовая теория: введение» Ричарда Дельгадо и Джин Стефанчич ключевые постулаты описаны следующим образом:

«Расизм — обыденность, а не отклонение». То есть это повседневный опыт небелого населения Соединенных Штатов.

«Система главенства белых над людьми другого цвета кожи служит важным целям доминирующей группы, как психическим, так и материальным». То есть превосходство белых носит системный характер и выгодно белым людям. Поэтому с помощью «цветовой слепоты» можно справиться лишь с самыми вопиющими и очевидными формами дискриминации.

«Тезис о „социальном конструировании“ заключается в том, что раса и расы — это продукты общественной мысли и отношений». Для решения этой проблемы необходимы интерсекциональность и антиэссенциализм, противопоставленные убеждению, что расовые различия являются врожденными.

«Уникальный голос цвета» существует, и «статус меньшинства... подразумевает компетентность в вопросах расы и расизма». Под этим понимается не эссенциализм, а результат общего опыта угнетения. Другими словами, это позиционная теория[22].

Перечисленные постулаты недвусмысленно подчеркивают суть критической расовой Теории: вездесущий расизм целенаправленно работает против людей небелого цвета кожи, которые осознают это, а также на благо белых людей, склонных этого не осознавать, поскольку это их привилегия[23]. Другие Теоретики и просветители добавляют к этому принципиальное недоверие к либерализму, отказ от меритократии[24] и ориентацию на достижение социальной справедливости[25].

Распространение критической расовой Теории

Критическая расовая Теория выросла из правовых исследований и распространилась на многие дисциплины, связанные с социальной справедливостью. Особенно сильно она повлияла на теорию образования (педагогику). Как отмечают Дельгадо и Стефанчич,

> хотя КРТ [критическая расовая теория] возникла как движение в юриспруденции, она быстро вышла за пределы этой дисциплины. Сегодня многие исследователи в области образования считают себя критическими расовыми Теоретиками и прибегают к идеям КРТ для понимания вопросов школьной дисциплины и иерархии, деления учеников на классы по признаку успеваемости, позитивной дискриминации, итоговых тестирований, споров по поводу учебных программ и истории, двуязычного и мультикультурного обучения, а также альтернативных и чартерных* школ[26].

Они перечисляют наиболее надежные точки опоры критической расовой Теории, подчеркивая, насколько эффективно та способна встраиваться в другие дисциплины:

> Политологи обдумывают предвыборные стратегии, придуманные критическими расовыми Теоретиками, а преподаватели феминологии рассказывают студентам

---

* Чартерные школы — учебные заведения, полностью или частично финансируемые государством, но при этом имеющие полуавтономный статус и находящиеся под контролем и управлением частных организаций. Распространены преимущественно в США.

об интерсекциональности — затруднительном положении небелых женщин и других индивидов, находящихся на пересечении двух или более категорий. Академические часы по критической расовой Теории часто включаются в курсы этнических исследований, а на факультетах американских исследований изучается материал по критическим исследованиям белых, разработанный авторами КРТ. Социологи, теологи и специалисты в области здравоохранения обращаются к критической Теории и ее идеям. Философы прибегают к идеям критической расовой Теории, анализируя такие вопросы, как дискриминация по представлениям* (viewpoint discrimination), или размышляя о том, насколько западная философия является, по сути, философией белого человека с его ценностями и методами рассуждения[27].

И действительно. Как мы обсудим в главе 8, согласно критическому расовому и феминистскому Теоретическим подходам, рациональное мышление — это западная философская традиция, которая несправедливо ущемляет женщин и расовые меньшинства. Исходя из этого, критическая расовая Теория занимает подчеркнуто активистскую позицию:

> В отличие от некоторых академических дисциплин, критическая расовая Теория включает в себя активистское направление. Она пытается не только разобраться в нашей социальной ситуации, но и изменить ее, ставя перед собой задачу не только выяснить, как общество организовывается в соответствии с «цветным барьером» и расовыми иерархиями, но и преобразовать его к лучшему[28].

---

* Дискриминация по представлениям — американское юридическое понятие, обозначающее дискриминацию определенного мнения или оценки того или иного события. Квалифицируется как нарушение Первой поправки Конституции США (о свободе слова).

В результате лозунги критической расовой Теории звучат из уст активистов всех мастей, и можно легко простить тех — если критическая расовая Теория не посчитает это расизмом, — кому покажется расистской сама критическая расовая Теория, приписывающая белым людям глубокие моральные недостатки и изъяны характера (как следствие их доминирующей позиции). Нам говорят, что расизм встроен в культуру и его не избежать. Мы слышим, что белые люди — неизбежно расисты. Нам говорят, что расизм — это «предрассудки плюс власть», поэтому только белые люди могут быть расистами. Нас информируют, что только люди небелого цвета кожи могут говорить о расизме, а белым полагается просто слушать, поскольку им недостает «расовой выдержки» (racial stamina) для участия в таких разговорах. Мы слышим, что не смотреть на людей с точки зрения их расы (быть слепым к цвету) — значит быть расистом, а кроме того, пытаться игнорировать повсеместный расизм, доминирующий в обществе и закрепляющий привилегии белых. Подобные мантры можно услышать почти повсюду, но особенно громко они звучат в университетских кампусах. Дельгадо и Стефанчич считают это позитивным явлением:

> Когда эта книга готовилась к печати, в нескольких десятках кампусов студенты проводили демонстрации за «безопасные пространства» и защиту от расово враждебной атмосферы: постоянных оскорбительных выпадов, эпитетов, реплик, а также демонстрации символов и флагов Конфедерации. Проблемы «атмосферы в кампусе» вынуждают администрацию университетов серьезно задуматься, и на то есть веские причины. В условиях, когда позитивная дискриминация подвергается резким нападкам, университеты должны удостовериться, что их кампусы максимально гостеприимны. В то же время новое поколение

миллениалов, судя по всему, вновь демонстрирует готовность противостоять нелегитимной власти[29].

Критическая расовая Теория стала неотъемлемой частью культуры кампусов во многих университетах, и, что интересно, ее последователей больше всего в самых элитных учебных заведениях. Интерсекциональность заняла центральное место в этой культуре, но также зажила и самостоятельной жизнью за ее пределами.

Критическая расовая Теория как прикладной постмодернизм

Несмотря на яркий постмодернистский акцент на дискурсах, установках и предрассудках, некоторые исследователи сомневаются, стоит ли считать эту ветвь критической расовой Теории по-настоящему постмодернистской. Одно из распространенных возражений заключается в том, что постмодернизм, как правило, отвергает общий смысл и стабильную идентичность (или субъективность). Поэтому с ортодоксальной постмодернистской точки зрения в политике идентичности нет особого смысла.

Критики, выдвигающие этот обоснованный аргумент, имеют право настаивать на признании «настоящими» только первых постмодернистов. Тем не менее верно и то, что в конце 1980-х — начале 1990-х критические расовые Теоретики впитали ряд основных идей радикально деконструктивистской первой фазы постмодернизма и умышленно адаптировали их к новому, откровенно политическому проекту. Новые критические расовые Теоретики подчеркнуто отвергали бесконечную и бесцельную деконструкцию первоначального постмодернизма, часто рассматривая ее как продукт привилегированного статуса белых мужчин-философов, не сумевших учесть свое привилегированное положение, таких как Фуко и Деррида. Например, черная феминистка и активистка белл хукс в 1980-х писала, что люди, которые хотели избавиться от субъективности и внятных высказываний (первоначальные постмодернисты), были обеспеченными белыми мужчинами, чьи голоса были услышаны и чья идентичность доминировала в обществе[30]. Кроме того, в своем влиятельном эссе 1990 года «Раса и эссенциализм в феминистской теории права» Анджела Харрис утверждает, что феминизм не оправдал доверия черных женщин, расценив их опыт просто как разновидность опыта белых женщин. Эти идеи определили основное направление мысли критической расовой Теории, сыгравшей важную роль в развитии *интерсекциональности*.

Интерсекциональность

Кимберли Креншоу, основательница критической расовой Теории и родоначальница концепции *интерсекциональности*, более других полагалась на постмодернизм в своих работах и наиболее последовательно выступала за его политизацию и практическое применение. Интерсекциональность зародилась как эвристика — инструмент, позволяющий каждому отдельному индивиду открывать для себя что-то новое, — но длительное время рассматривалась как теория, пока Креншоу не описала ее как «практику». Впервые Креншоу представила понятие интерсекциональности в полемической правоведческой статье 1989 года «Демаргинализируя пересечения расы и пола: черная феминистская критика антидискриминационной доктрины, феминистской теории и антирасистской политики»[31]. В ней она рассматривает три судебных дела о дискриминации и использует метафору дорожного перекрестка, анализируя, как индивид с двумя или более маргинализированными идентичностями может «попасть» под различные предрассудки. Она утверждает, что, подобно человеку, который стоит на пересечении двух дорог и рискует быть сбитым машиной, которая может примчаться с любой стороны, или даже попасть под несколько машин сразу, маргинализированный индивид может быть не в состоянии определить, какая из его идентичностей подвергается дискриминации в каждом отдельно взятом случае. Креншоу убедительно доказывает, что законодательство, запрещающее дискриминацию по расовому *или* гендерному признаку, неспособно справиться с этой проблемой, а также с тем фактом, что, к примеру, чернокожая женщина может столкнуться с особыми формами дискриминации, с которыми не сталкиваются ни белые женщины, ни чернокожие мужчины.

Этой проникновенной и, в общем-то, относительно непротиворечивой идее предстояло изменить мир. Подробнее Креншоу сформулировала ее два года спустя, в 1991-м, в своем крайне влиятельном эссе «Нанесение границ: интерсекциональность, политика идентичности и насилие в отношении женщин небелого цвета кожи», в котором она определяет интерсекциональность как «переходное понятие, связывающее современную политику с постмодернистской теорией»[32]. По мнению Креншоу, постмодернистский подход к интерсекциональности позволил критической расовой Теории и феминизму вместить в себя политический активизм, при этом сохранив понимание расы и гендера как культурных конструктов. Более того, этот подход позволил включить в интерсекциональный анализ еще больше категорий маргинализированной идентичности, слой за слоем нарастив видимую изощренность и усложненность концепции, а также исследований и активизма, использующих ее. Эта перенятая у постмодернистской Теории усложненность, которую в своей книге 1990 года «Черная феминистская мысль»[33] Патриция Хилл Коллинз окрестила «матрицей доминирования», подстегивала деятельность исследователей и активистов в ходе двух следующих десятилетий. «Нанесение границ» дало им такую возможность, открыто пропагандируя политику идентичности вместо либерального универсализма, который стремился к устранению социальной значимости категорий идентичности и равному отношению ко всем людям независимо от их идентичности. Политика идентичности восстанавливает социальную значимость категорий идентичности, стремясь повысить их ценность как источника общности и расширения прав и возможностей. Креншоу пишет:

> Нам всем понятно различие между утверждениями «Я — чернокожий человек» и «Я — человек, родившийся чернокожим». «Я — чернокожий» берет навязанную обществом идентичность и придает ей силу как якорю субъективности. «Я — чернокожий» становится не просто декларацией о сопротивлении, но и позитивным дискурсом самоидентификации, тесно связанным с торжественными признаниями, такими как черно-националистическое «Чернокожий — это красиво». С другой стороны, «Я — человек, родившийся чернокожим» ведет к самоидентификации путем стремления к определенной универсальности (по сути, «Я — прежде всего человек») и сопутствующего отречения от навязанной категории («чернокожий») как условной, побочной, недетерминированной[34].

Вернувшись к социальной значимости расы и гендера и расширив возможности политики идентичности в отношении чернокожих людей и женщин, «Нанесение границ» стало основополагающим текстом о социальной справедливости в том виде, в котором она практикуется и изучается сегодня. Кроме того, эссе Креншоу восстановило условия, в которых расцветает социально-конструктивистский расизм — овеществление социально конструируемых расовых категорий, — с ним либеральный подход боролся на протяжении десятилетий. Тем самым была заложена основа для «стратегического расизма» (strategic racism), который в последние годы характеризует расовый аспект исследований социальной справедливости, о чем будет рассказано в главе 8. Поскольку интерсекциональность стала столь важной концепцией в рамках исследований социальной справедливости и актуального явно выраженного отказа от либерального универсализма в пользу политики, основанной на идентичности, имеет смысл подробнее рассмотреть ее основополагающие постулаты. Опираясь на постмодернистский культурный конструктивизм, но при этом считая угнетение объективно реальным и ратуя за прикладное политическое целеполагание, интерсекциональность также ярчайшим образом отражает возникновение, императив, метод и моральную цель прикладного постмодернизма, а кроме того, представляет собой хрестоматийный пример влияния прикладного постмодернистского поворота конца 1980-х — начала 1990-х.

Интерсекциональность и прикладной постмодернистский поворот

В «Нанесении границ» Креншоу критикует два способа понимания общества: (универсальный) либерализм и (деконструктивистский) постмодернизм. По мнению Креншоу, мейнстримный либеральный дискурс о дискриминации оказался неспособен обеспечить понимание того, как структуры власти закрепляют дискриминацию индивидов с более чем одной категорией маргинализированной идентичности. Поскольку либерализм стремился избавиться от социальных ожиданий, связанных с категориями идентичности (чернокожие должны выполнять работу прислуги, женщины — заниматься хозяйством и воспитанием детей и т. д.), и обеспечить людям *независимо* от их идентичности равный доступ ко всем правам, свободам и возможностям, он ставил в центр внимания индивидуальное и универсальное, а также деприоритизацию категорий идентичности. Креншоу находит это неприемлемым. Она пишет:

> Для афроамериканцев, других людей небелого цвета кожи, геев и лесбиянок в числе прочих... политика, основанная на идентичности, стала источником силы, общности и интеллектуального развития. Однако принятие политики идентичности вступило в противоречие с доминирующими концепциями социальной справедливости. Раса, гендер и другие категории идентичности чаще всего рассматриваются в либеральном дискурсе как пережитки предвзятости или господства, то есть как по своей сути негативные категории, с помощью которых социальная власть исключает или маргинализирует отличающихся индивидов. Согласно этому пониманию, наша освободительная миссия должна заключаться в лишении подобных категорий всякого социального значения. Однако в некоторых направлениях феминистского и расового освободительного движений бытует мнение, что, очерчивая различия, социальная власть вовсе не обязана быть властью господствующей; вместо этого она может быть источником расширения социальных возможностей и реконструкции[35].

В этом фрагменте Креншоу предлагает серьезную инновацию. На пике своей деконструктивистской фазы постмодернизм способствовал анализу структур власти и (что, с точки зрения Креншоу, было весьма полезно) определял расу и гендер как социальные конструкты. Однако в силу своего радикального скептицизма он не признавал реальности социальных структур и категорий, что было необходимо для борьбы со связанной с ними дискриминацией. Поэтому Креншоу подвергает этот аспект радикально деконструктивистского постмодернизма критике, при этом настаивая, что в остальном постмодернистский политический принцип вполне убедителен:

> Хотя дескриптивный проект постмодернизма, заключающийся в критической оценке способов социального конструирования смысла, по большей части убедителен, эта критика подчас неверно понимает значение социального конструирования и искажает его политическую значимость. <...> Утверждать, что такие категории, как раса или гендер, являются социальными конструктами, не означает, что эти категории не имеют никакого значения в нашем мире. Напротив, масштабный и непрекращающийся проект подчинения индивидов — один из проектов, осмыслить которые действительно помогли постмодернистские теории, — это тот способ, которым власть концентрируется вокруг определенных категорий и направляется против других[36].

Таким образом, в начале 1990-х годов Креншоу выдвинула предположение о необходимости совершенно нового способа мышления, признающего объективное существование многосоставных слоев дискриминации, а также категорий людей и систем власти — даже если те были социально сконструированы. Это и есть интерсекциональность. Она в полной мере полагается на постмодернистский политический принцип, а также на вариацию постмодернистского принципа знания, рассматривая знание как позиционное. Интерсекциональный подход Креншоу подчеркнуто отвергает универсальность в пользу групповой идентичности, по крайней мере в том политическом контексте, в котором она писала, что стало стандартом для большинства интерсекциональных феминисток и критических расовых Теоретиков[37].

В этих рамках, в отличие от либерализма, гендерная и расовая проблематика не утратила своей значимости, а, напротив, стала новым объектом политического активизма, но политика идентичности приобретает все большее влияние. Интерсекциональность — это ось, на которой раскрутился прикладной постмодернистский поворот, а также семя, из которого примерно через двадцать лет вырастут исследования социальной справедливости. Поэтому важно разобраться в интерсекциональности и в том, как она сохранила постмодернистские принципы и сюжеты, одновременно сделав их применимыми на практике.

Сложно и все же крайне просто

С момента ее появления значение и цели интерсекциональности значительно расширились. Для социологов-интерсекционалистов Патриции Хилл Коллинз и Сирмы Билге*

> интерсекциональность — это способ понимания и исследования сложности мира и человеческого опыта. События и условия социальной и политической жизни, а также внутреннее «я» редко понимаются как следствие какого-то одного фактора. Как правило, они формируются под влиянием множества факторов, причем разнообразных и воздействующих друг на друга. Если речь идет о социальном неравенстве, жизнь людей и организацию власти в отдельно взятом обществе лучше понимать как формируемые не одной осью социального разделения, будь то раса, гендер или класс, а многими, работающими вместе и влияющими друг на друга. Интерсекциональность как аналитический инструмент позволяет людям лучше понять сложность мира и самих себя[38].

Интерсекциональность допускает существование почти бесконечного числа осей социального разделения, однако их недопустимо сводить к *индивидуальному*. (Часто шутят, что

---

* Сирма Билге — канадская исследовательница, профессор социологии Монреальского университета.

индивид — это закономерный конечный результат интерсекционального подхода, подразделяющего людей на все более малочисленные группы, но это противоречит ключевому упору на *групповую идентичность*. Даже если индивид представляет собой уникальную смесь маргинализированных идентичностей и, таким образом, уникален, с точки зрения интерсекциональности его следует рассматривать исходя из каждой в отдельности и всех в совокупности групповых идентичностей, а не как индивида. А как именно это делать — подскажет Теория.) Следовательно, категорий, которые волнуют интерсекциональность, великое множество. Помимо расы, пола, класса, сексуальности, гендера, религии, иммиграционного статуса, физических способностей, психического здоровья и размера тела, существуют и подкатегории, такие как точный оттенок кожи, телосложение, мудреные гендерные и сексуальные идентичности, число которых достигает нескольких сотен. Каждую из них необходимо осмыслить по отношению ко всем остальным, чтобы можно было определить и задействовать позиционность, создаваемую каждым их пересечением. Более того, это не просто усложняет внутреннюю структуру интерсекциональности. Путаница создается еще и потому, что интерсекциональность в высшей степени открыта различным интерпретациям и одновременно оперирует слишком большим числом элементов идентичности — каждый из них по-разному соотносится с относительной степенью маргинализированности, но не все напрямую сравнимы.

Однако на самом деле во всеохватывающей идее интерсекциональности нет ничего сложного, равно как и в Теориях, на которых она выстроена. Проще не бывает. Интерсекциональность постоянно занимается одним и тем же: отыскивает дисбаланс власти, нетерпимость и предрассудки, которые, по ее предположению, обязаны существовать в обществе, и цепляется к ним. Она сводит *все* к одной-единственной переменной, одной-единственной теме для обсуждения, одному-единственному ориентиру и интерпретации — предрассудкам, понимаемым в соответствии с описанной Теорией расстановкой сил. У разрозненных результатов может быть одно и только одно объяснение — нетерпимость, построенная на предрассудках. Нужно лишь определить, как именно это проявляется в каждой конкретной ситуации. Таким образом, интерсекциональность всегда предполагает, что в каждой ситуации существует некая форма предусмотренных Теорией предрассудков и необходимо найти этому доказательства. Таким образом, это инструмент — «практика», — призванный сгладить все сложности и нюансы, чтобы продвинуть политику идентичности в соответствии со своим видением.

Кастовая система Социальной Справедливости

По причине своей внутренней сложности и зацикленности на угнетении интерсекциональность изрешечена разделами и подкатегориями, конкурирующими или даже напрямую противоречащими друг другу. В США некоторые утверждают, что белые геи[39] и нечерные цветные люди — обычно рассматриваемые как маргинализированные группы — должны признать свою привилегированность и античерность (anti-blackness)[40]. Это может привести к требованию, чтобы чернокожие люди с более светлым оттенком кожи признали свои привилегии относительно чернокожих с более темным оттенком кожи[41]. Чернокожих гетеросексуальных мужчин описывают как «белых среди черных»[42]. Также нередко можно услышать аргументы, что транс-мужчины хоть и по-прежнему испытывают угнетение по причине своего транс-статуса, должны признать привилегии, которые принес им статус мужчины[43], а кроме того, способствовать усилению голосов транс-женщин, которые считаются угнетенными в двойной мере, поскольку являются и транс-людьми, и женщинами. Геи и лесбиянки запросто могут обнаружить, что их вообще не считают угнетенными, особенно если они не испытывают сексуального влечения к транс-мужчинам или транс-женщинам соответственно, что рассматривается как форма трансфобии и мисгендеринга[44]. Азиаты и евреи могут лишаться своего маргинализованного статуса из-за сравнительного экономического успеха их демографических групп, причастности к «белости» или иных факторов[45]. Квирность необходимо деколонизировать — то есть сделать более расово разнообразной — и подвергнуть ревизии ее концептуальные истоки в работах белых мыслителей вроде Джудит Батлер[46].

На деле попытка «уважить» все маргинализированные идентичности разом как уникальные голоса с присущей их культурным группам непререкаемой мудростью может приводить к разногласиям и противоречиям. Мы видели пример этого, когда Питера Тэтчелла*, известного борца за права человека, обвинили в расизме за критику черных рэперов, записавших трек об убийстве геев[47]. Еще один пример путаницы по поводу того, кого нужно поддерживать в противоречивой ситуации, — мисгендеринг человека, называющего себя транс-женщиной, со стороны сотрудниц салона красоты, принадлежащих к этническому меньшинству, которые отказались провести депиляцию яичек на том основании, что их религия и обычаи запрещают контакты с мужскими гениталиями[48].

Вся эта «изощренность» не только подбрасывает интерсекционалистам работы, внутренних разногласий и противоречий, но служит делу объединения различных угнетаемых групп

* Питер Тэтчелл (р. 1952) — британский активист по борьбе за права человека. Известен своей поддержкой ЛГБТ-движения. Принимал участие в московских гей-прайдах 2006, 2007 и 2009 годов.

в одну метагруппу «угнетенных» или «иных» под сенью всеобъемлющего метанарратива *социальной справедливости*, стремящегося установить кастовую систему, основанную на описанных Теорией состояниях угнетения. Таким образом, социальная справедливость в современном понимании заметно отличается от борьбы за универсальные права человека, характерной для движения за гражданские права[49]. Либеральный, эгалитарный подход стремился и стремится уравнять возможности путем запрета дискриминации, устранения бесправия и победы над нетерпимостью, сделав предрассудки, основанные на незыблемых характеристиках, социально неприемлемыми. Таким образом, он ставит перед добропорядочным либеральным индивидом достижимую цель — относиться ко всем людям одинаково независимо от их идентичности. Подход социальной справедливости считает это в лучшем случае наивностью в отношении глубоко предвзятого общества, а в худшем — умышленным отрицанием того, что именно в таком обществе мы и живем. Единственный путь к добродетели в рамках Социальной Справедливости — признать, что этот дисбаланс власти и предрассудки существуют всегда и везде, облаченные в эгалитарные лживые обещания либерализма, и усердно отыскивать их, пользуясь правильными аналитическими инструментами Теории. Для Коллинз и Билге

> социальная справедливость, может быть, самая дикуссионная из ключевых идей интерсекциональности, но именно она расширяет ее охват, распространяя на людей, использующих интерсекциональность как аналитический инструмент для достижения социальной справедливости. Работа на благо социальной справедливости не является обязательным условием интерсекциональности. Однако люди, использующие интерсекциональность в качестве аналитического инструмента, и люди, считающие социальную

справедливость центральной, а не периферийной частью своей жизни, часто одни и те же люди. Эти люди, как правило, критикуют статус-кво, а не принимают его[50].

С этим согласна и Ребекка Линд*, которая определяет интерсекциональность как «многогранную концепцию, признающую богатство многочисленных социально сконструированных идентичностей, которые в совокупности делают каждого из нас уникальным индивидом»[51]. Однако на самом деле в рамках такого подхода под «уникальным индивидом» не понимается индивид. Как уже отмечалось, число осей социального разделения в рамках интерсекциональности может быть практически бесконечным, однако их недопустимо сводить к *индивидуальному*. Теория настаивает, что для того, чтобы по-настоящему понять общество, людей и их опыт, необходимо понять различные группы и социальные конструкты, окружающие их. Этот концептуальный сдвиг содействует групповой идентичности и, следовательно, политике идентичности, которая часто бывает радикальной.

По причине своей высокой универсальности инструмент интерсекциональности привлекает специалистов из различных областей, от правового активизма и академического анализа до позитивной дискриминации и теории образования[52]. С охотой взял интерсекциональность на вооружение и мейнстримный активизм — особенно ее концепцию *привилегированности*, которая зачастую продвигается с агрессивной и пугающей настойчивостью.

---

* Ребекка Линд (р. 1955) — исследовательница коммуникации, специалистка в области расы, гендера, новых медиа и медиаэтики. Профессор Иллинойского университета в Чикаго.

Мем Социальной Справедливости

Возможно, значительное расширение сферы влияния интерсекциональности было неизбежным процессом. Анж-Мари Хэнкок в своей книге, посвященной интеллектуальной истории интерсекциональности, фиксирует ее растущую популярность в качестве как предмета академических исследований, так и своеобразного мема, отмечая, что в интернете доступно множество различных определений и концептуализаций интерсекциональности[53]. Хэнкок пишет: «В результате интерсекциональность как аналитическая схема находится в процессе достижения максимальной актуальности в академической среде, некоммерческом секторе (включая глобальную филантропию) и политике»[54]. В популярной культуре, отмечает Хэнкок, к интерсекциональности часто апеллируют для *отмены* людей; самые разнообразные общественные деятели, начиная с Мишель Обамы и заканчивая феминистской организацией Code Pink, подвергаются критике за неспособность «понимать существующий многогранный механизм власти и действовать с позиции его глубокого осознания»[55]. Обращаясь к критической расовой Теории, Хэнкок утверждает, что в процессе популяризации интерсекциональность «отбеливается» и «меметизируется», становясь проблематичной сама по себе. Для Хэнкок опасность «отбеливания» интерсекциональности и отдаление ее от опыта черных женщин[56] присутствует на всех уровнях, будь то прослеживание истоков концепции в трудах Фуко (белого мужчины) или включение в нее бесчисленного множества форм упрощенной культурной критики, которое она неодобрительно называет меметизацией[57].

Как отмечает Хэнкок, интерсекциональность стала хитом и моментально получила новые и неожиданные применения — особенно в активизме, — многие из которых обосновываются соответствующей академической литературой. В 2017 году сама Креншоу отмечала, что интерсекциональность вышла за намеченные ею границы и из деятельности, направленной на борьбу с угнетением, превратилась в способ обсуждения замысловатых пересечений маргинализированных идентичностей[58]. Таким образом, помимо путаницы, возникающей по причине их крайне интерпретативного подхода, укорененного в Теории с ее постмодернистскими принципами и сюжетами (неоднократно описанными нами), критическая расовая Теория и интерсекциональность характеризуются существенными внутренними расхождениями, пессимизмом и цинизмом. Убеждения, что снижение расистских настроений в значительной степени иллюзорно, а белые люди предоставляют небелым права и возможности только тогда, когда это соответствует их интересам, могут приводить к вспышкам сильной паранойи и агрессии, особенно среди активистов, в университетских кампусах и в конкурентной рабочей среде. Периодически такие вспышки разрушают институты изнутри, особенно когда добропорядочные люди, не желающие постоянно защищаться от обвинений в расизме и сочувствии идеям белого превосходства, сдаются на милость своих соперников, отступают или избегают подобных ситуаций[59].

Фирменный параноидальный тип мышления критической расовой Теории, предполагающий, что расизм есть везде и всегда и только и ждет, чтобы его обнаружили, вряд ли можно назвать здравым или полезным. Непоколебимая вера в то, что кто-то подвергнется или подвергается дискриминации, и попытки выяснить, как именно это происходит, едва ли помогут в чем-либо, а порой и вовсе усугубят ситуацию. Адвокат Грег Лукианофф и социальный психолог Джонатан Хайдт в книге «Изнеженность американского разума» описывают этот процесс как разновидность обратной когнитивно-поведенческой терапии (КПТ), *ухудшающей* психическое и эмоциональное здоровье людей[60]. Основная цель КПТ — научиться *не* видеть во всем катастрофу и *не* интерпретировать каждую ситуацию в максимально негативном ключе, а выработать более позитивное и жизнерадостное отношение к миру, чтобы жить как можно более полной жизнью. Если мы приучим молодое поколение видеть оскорбления, враждебность и предрассудки в каждом взаимодействии, мир все чаще будет казаться ему враждебным, и оно не сможет в нем преуспеть.

Благородные цели, ужасные средства

Критическая расовая Теория и интерсекциональность стремятся покончить с расизмом, сделав так, чтобы каждый человек в любое время и в любом месте больше задумывался о вопросе расы, — но используют для этого весьма сомнительные средства. Они исходят из того, что расизм — привычное и постоянное явление, а проблема заключается в том, что люди, особенно люди белого цвета кожи, не видят, не признают и не решают ее. Как заявили академические активисты Хизер Брюс, Робин Дианджело, Гида Суони и Эми Турбер на престижной Национальной конференции по вопросам расы и педагогики в Университете Пьюджет-Саунда в 2015 году[61],

> вопрос не в том, «Имел ли место расизм?», поскольку это предполагается по умолчанию, «а скорее „Как расизм проявился в конкретной ситуации?“». То есть мы должны предполагать, что расизм есть всегда и наша работа — следить за ситуацией, чтобы находить тому подтверждения. Это напрямую следует из убежденности, что «все члены общества встроены в систему расизма социализацией, пусть и в разных социальных пространствах», и что «от расизма получают выгоду все белые люди, независимо от их намерений»[62]. Эти заявления — квинтэссенция критической

расовой Теории — вызывают в памяти знакомые императивы: «Расизм необходимо беспрестанно выявлять, анализировать и оспаривать. Останавливаться нельзя» и «Расовый статус-кво устраивает большинство белых. Поэтому все, что сохраняет комфорт белых, попадет под подозрение». Более того, «сопротивление — предсказуемая реакция на антирасистское образование, и поэтому необходимо продумать стратегию и открыто разобраться с этим»[63].

Основные проблемы критической расовой Теории заключаются в том, что она возвращает социальную значимость расовым категориям и разжигает расизм, носит чисто теоретический характер, полагается на постмодернистские принцип знания и политический принцип, крайне агрессивна, отстаивает свою значимость для всех аспектов социальной справедливости и (не в последнюю очередь) руководствуется тем, что расизм — привычное и постоянное явление, которое есть везде и всегда. Следовательно, каждое взаимодействие между человеком с доминирующей расовой идентичностью и человеком с маргинализированной идентичностью должно характеризоваться дисбалансом власти (политический принцип). Задача Теоретика или активиста — привлечь внимание к этому дисбалансу, который часто называют расизмом или белым превосходством, чтобы можно было приступить к его ликвидации. Кроме того, понимание расизма как вездесущего и беспрестанного явления придает ему мифологический статус, подобно греху или пороку[64]. Поскольку предполагается, что член маргинализированной расовой группы обладает уникальным голосом и создает контрнарратив, который считается достоверным в той мере, в какой он, в рамках все той же Теории, «аутентичен» (принцип знания), оспорить его прочтение ситуации нет никакой возможности. По этой причине все, что маргинализированный индивид интерпретирует как расизм, по умолчанию считается расизмом — эпистема, поощряющая недобросовестность и предвзятость подтверждения (confirmation bias)*. В результате исследования наполняются теориями, выстроенными на других теориях (и Теории), к которым неприменимы никакие критерии фальсифицируемости. Между тем адепты критической расовой Теории активно занимаются поиском скрытых и явных случаев расизма и не успокаиваются, пока не отыщут их. Они не обращают внимания ни на какие альтернативные объяснения или смягчающие обстоятельства: расизм не только вездесущ и встроен в системы, он также абсолютно непростителен. Это может приводить к публичной порке и групповой травле и приковывает все наше внимание к расовой политике, которая неизбежно становится все более чувствительной и напряженной материей.

Кроме того, постоянная громогласная интерпретация всего вокруг как расизма вряд ли может помочь как белым людям, так и меньшинствам. Она может даже помешать активистам-антирасистам, спровоцировав скептицизм и негодование и тем самым нежелание содействовать достойным инициативам по борьбе с расизмом. Некоторые исследования уже показали, что специальные курсы, на которых рассказывается про разнообразие (diversity courses) и представителям доминирующих групп внушается, что расизм повсеместен и они лично его укрепляют, приводят лишь к росту враждебности по отношению к маргинализированным группам[65]. С точки зрения психологии это не очень хорошая идея — твердить людям, которые не думают, что они расисты, и даже, возможно, всячески презирают расизм, что не быть расистами попросту не в их силах, а затем просить их о помощи. Еще менее продуктивно указывать, что даже их собственные благие намерения являются

* Предвзятость подтверждения, или склонность к подтверждению своей точки зрения (*англ.* confirmation bias) — так называемое когнитивное искажение, склонность человека отдавать предпочтение информации, подтверждающей его собственную точку зрения, или интерпретировать ее соответствующим образом.

доказательством скрытого расизма. Но хуже всего противоречивые послания: например, говорить людям, что если они замечают расизм, то это потому, что они расисты, а если не замечают, то это потому, что их привилегированное положение позволяет им не замечать расизм, что тоже является расизмом. Наконец, уделяя столь пристальное внимание расе и возражая против «цветовой слепоты» — отказа присваивать расе социальное значение, — критическая расовая Теория угрожает снять социальное табу на оценку людей по их расовому происхождению. Подобное навязчивое внимание к расе в сочетании с критикой либерального универсализма и индивидуальности (по большей части рассматриваемых Теорией как миф, выгодный белым людям и закрепляющий статус-кво) вряд ли выльется во что-нибудь хорошее как для меньшинств, так и для сплоченности общества в целом. Такие взгляды разрывают ткань, удерживающую от распада современные общества.

6. Феминизмы и гендерные исследования

Упрощение как усложнение

Феминизм, сражающийся за улучшение жизни более чем половины населения Земли, — одно из самых значительных общественных движений в истории человечества, по крайней мере за последние сто лет. Он всегда вызывал споры и был нелюбим многими — возможно, по причине своих успехов. Однако на рубеже тысячелетий что-то изменилось. Появление «более изощренного»* подхода под названием интерсекциональность, который объединил многие Теории, связанные с идентичностью, и привлек впечатляющее число активистов, двинуло львиную долю феминистских исследований и активизма в новом направлении. Либеральный, материалистический и радикальный подходы, характерные для феминизма на протяжении большей части предыдущего столетия, были почти полностью вытеснены новым интерсекциональным подходом. Многочисленные оси маргинализированной идентичности были прочерчены Теорией

* Здесь и далее будет использовано определение «изощренный» (*англ.* sophisticated), что соответствует иронической оценке авторов. Однако следует оговориться, что в нейтральном контексте sophisticated указывает скорее на «сложность» (дословно — «утонченность») анализа. — *Прим. ред.*

прямо под носом у прошлого поколения феминисток, а вместе с ними возникла и ранее не существовавшая потребность рассматривать через увеличительное стекло потенциальное угнетение, нетерпимость, несправедливость и притеснение — а также причастность самого человека к системам власти и привилегий. Эти изменения были настолько стремительными и основательными, что к началу 2000-х появилась вереница работ — своего рода академический предсмертный хрип, — в которых доказывалось, что материалистический и радикальный подходы к феминистской Теории все еще необходимы[1]. Немного спустя эти труды уступили место новым — объясняющим произошедший резкий сдвиг и доказывающим, что новое направление развития высокой культуры феминистской мысли в академии является верным.

Со стороны интерсекциональный подход выглядит раздражающим, вздорным и малопонятным. Он похож на вставшую кружком расстрельную команду — настолько часто он наносит вред самому себе из-за мелких внутренних разногласий и обид. К этому приводят призывы к разным угнетенным «племенам» поддерживать друг друга — под знаменем сначала «союзничества», а затем «солидарности»; в дальнейшем оба эти понятия проблематизируются Теорией, поскольку «центрируют» потребности более привилегированных союзников в ущерб все более и более специфическим группам угнетенных меньшинств. Трудно отделаться от впечатления (и вполне верного), что этот подход просто не может добиться ничего полезного — и, возможно, так и задумывалось.

Феминизмы тогда и сейчас

Справедливости ради, феминизм никогда не представлял собой единого фронта. Возможно, это связано с тем, что *феминизм*, согласно своему самому базовому определению, означает «веру в гендерное равенство», и в этом смысле большинство людей сегодня — феминисты[2]. Однако феминистские исследования и активизм всегда были в основном идеологическими и теоретическими, а доминирующие идеологии и теории со временем претерпевали значительные изменения, что сопровождалось междоусобными распрями. Поэтому в политическом и философском смысле феминизм включает в себя головокружительное количество лагерей: радикальные культурные феминистки, радикальные лесбиянки, радикальные либертарианские феминистки, сепаратистки, французские психоаналитические феминистки, вуманистки*, либеральные феминистки, неолиберальные феминистки, марксистские феминистки, социалистические/материалистические феминистки, исламские феминистки, христианские феминистки, еврейские феминистки, феминистки выбора**, феминистки равенства, постфеминистки*** и интерсекциональные феминистки[3]. Все эти группы сосредотачивают свое внимание на правах, ролях и опыте женщин в обществе, но сильно различаются в своем понимании всего перечисленного.

Очевидно, ответвлений феминизма слишком много, чтобы исследовать их все по отдельности хоть сколько-нибудь подробно, поэтому мы ограничимся четырьмя (в сильно упрощенной

---

* Вуманизм (*англ.* womanism) — зонтичный термин для ряда феминистских теорий, акцентирующих культурную (а не просто гендерную и/или классовую) принадлежность женщин и возникших как реакция на исключение повестки темнокожих женщин из традиционного феминизма первой и второй волны. — *Прим. ред.*

** Феминизм выбора (*англ.* choice feminism) — подвид либерального феминизма, сторонницы которого утверждают абсолютную ценность свободного выбора в том, что касается поведения, самопрезентации, жизненных ориентиров или политического участия женщины. Зачастую подвергается критике за индивидуализм и аполитичность. — *Прим. ред.*

*** Постфеминизм (*англ.* postfeminism) — традиция, выросшая из критики классического феминизма второй и третьей волны, в рамках которой идеалом эмансипации выступает уже не равенство гендеров, но отказ от них. — *Прим. ред.*

форме) разновидностями феминистской мысли: либеральным, радикальным, материалистическим и интерсекциональным феминизмом. Либеральный феминизм был наиболее широко распространенной активистской формой феминизма второй волны, с конца 1960-х до середины 1980-х годов. Радикальный и материалистический виды феминизма — отчасти пересекающиеся, отчасти конкурирующие академические направления, доминировавшие в тот же период. Интерсекциональный феминизм — новая вариация, воцарившаяся в академических и активистских кругах с середины 1990-х. Интерсекциональный подход к феминизму однозначно доминирует в новом тысячелетии — и именно он стал источником глубоких изменений, описанных выше.

С самого начала активизма второй волны в 1960-х годах тремя основными направлениями феминизма были либеральный, материалистический и радикальный. Либеральный феминизм поступательно работал над предоставлением женщинам всех прав и свобод либерального общества. Он снискал популярность «на земле», в либерально настроенном обществе, и успешно изменил социальный ландшафт, в особенности рабочие отношения. Две другие формы феминизма также влияли на активизм, а кроме того, доминировали в феминистских исследованиях. Материалистические феминистки были озабочены тем, как патриархат и капитализм совместными усилиями ограничивают женщин, особенно на работе и дома. Их теории в большей или меньшей степени обращались к марксизму и, в более широком смысле, к социализму. Радикальные феминистки выдвигали на первый план проблему патриархата, а женщин и мужчин рассматривали как классы угнетенных и угнетателей. Они были революционерками, стремящимися перекроить общество, ликвидировать понятие гендера (но *не* пола), свергнуть патриархат и капитализм. Эти три основные ветви феминизма (которые включали в себя множество более мелких веточек, слишком многочисленных, чтобы подробно описывать их здесь) развивались по-разному и в разных местах. Важнее всего то, что либеральный феминистский подход пользовался наибольшей поддержкой общества, а радикальная и материалистическая (де-факто социалистическая) формы феминизма доминировали в академии, особенно начиная с 1970-х.

Ситуация начала меняться в конце 1980-х и начале 1990-х, когда новая поросль Теоретиков завернула постмодернистскую Теорию в более «изощренную» упаковку и с успехом представила ее новому поколению активистов. Этим новым подходом стал прикладной постмодернизм, провозглашавший угнетение идентичности «реальностью» и тем самым делавший постмодернизм релевантным для феминистского активизма. Через концепцию интерсекциональности он впитал в себя аспекты квир-, постколониальной Теорий и в особенности критической расовой Теории. Новые модификации принципиально изменили характер феминизма как в массовом сознании, так и в академии. Возникший в результате подход третьей волны имел тенденцию пренебрегать классовыми вопросами и фокусироваться на идентичности в виде расы, пола и сексуальности[4]. Вместо того чтобы сплотиться вокруг общей женской идентичности, понимаемой как «сестринство», интерсекциональный и квир-феминизм отрицали наличие у женщин общего опыта и осложняли понимание того, что значит быть женщиной. В то время как либеральные феминистки жаждали свободы, чтобы отвергнуть гендерные роли и получить доступ к тем же возможностям, что и мужчины, а радикальные феминистки хотели полностью ликвидировать репрессивную социальную конструкцию гендера, интерсекциональные феминистки считали гендер одновременно культурным конструктом и чем-то, что люди могут воспринимать как реальное и ожидать признания этой реальности от других.

«Более изощренная» Теория

К началу 2000-х интерсекциональный сдвиг в феминизме уже невозможно было отрицать. Ранее феминистские исследования и активизм рассматривали женщин как класс и стремились к позитивным изменениям на благо этого класса. Однако по мере того, как в феминизм проникало влияние прикладного постмодернизма, его внимание переключалось с материальных недостатков социальных структур, таких как закон, экономика и политика, на репрессивную природу дискурсов. В 2006 году Джудит Лорбер*, профессор (ныне на пенсии) социологии и гендерных исследований, сформулировала четыре основные тенденции этого «сдвига парадигмы».

1. Центральное значение придается гендеру, а не биологическому полу.

2. Гендер и сексуальность рассматриваются как социальные конструкты.

3. Власть — в фукианском понимании, подобная всепронизывающей сетке — вчитывается в эти конструкты.

4. Акцент на *позиции*, то есть идентичности человека[5].

Эти изменения Лорбер назвала «более изощренной» моделью феминистской мысли. На самом деле они — прямой результат влияния прикладной постмодернистской Теории. Каждая

---

* Джудит Лорбер (р. 1931) — социолог, один из ключевых авторов теории социального конструирования гендера. Почетный профессор социологии и феминологии Городского университета Нью-Йорка.

из четырех характеристик воплощает постмодернистские принцип знания и политический принцип в том виде, в котором они нашли выражение в квир- (отсюда фокус на гендере и его статусе социального конструкта), критической расовой (интерсекциональность) и постколониальной (включение в интерсекциональность соответствующих сюжетов) Теориях. В рамках этой новой феминистской парадигмы знание «ситуационно», то есть зависит от «позиции» индивида в обществе, под которой подразумевается его принадлежность к пересекающимся групповым идентичностям. В свою очередь, это делает объективную истину недостижимой и связывает знание с властью, а знание и власть — с дискурсами, которые, как предполагается, создают, сохраняют и легитимируют господство и угнетение в обществе.

Эти прикладные производные Теории обладают рядом особенностей, благодаря которым, вероятно, они и получили распространение. Главным образом интерсекциональность подарила активистам новое чувство цели, позволив исследовать новые проблемы и выдвигать новые обвинения — особенно в адрес друг друга. Например, черный феминизм и критическая расовая Теория, во многом определившие обсуждаемый сдвиг, обвиняли феминизм в «белости» и игнорировании проблем расы из-за разлагающего влияния белых привилегий. Тем временем в связи с меняющимся пониманием нормативности и связанных с ней привилегий квир-феминизм обвинял традиционный феминизм в исключении сначала лесбиянок, затем ЛГБ-, затем ЛГБТ- и, наконец, ЛГБТК-сообщества. Все это привело к тому, что исследователи, беспокоясь о том, как бы кого не обидеть, настолько «пробудились», что стали уделять внимание не только угнетению других, но и тому, как, в рамках Теории, сам феминизм может соучаствовать этому угнетению. В конечном счете эта озабоченность была унаследована *гендерными исследованиями*, опирающимися на феминистское мышление, но технически отличающимися от него.

Все это следует понимать в контексте развития гендерных исследований, у которых есть своя история. Академическое изучение гендера началось в 1950–1960-х, прежде всего на основе теории литературы. Сначала это просто называлось «женскими исследованиями» (women's studies) — из-за внимания к проблемам женщин и необходимости расширять их политические права. Среди ключевых текстов этого направления — «Второй пол» (1949)[6] Симоны де Бовуар*, поворотная книга, в которой утверждается, что женщины конструируются культурными представлениями об их неполноценности в сравнении с мужчинами, а также «Загадка женственности» (1963)[7] Бетти Фридан**, где критикуется убеждение, что путь к самореализации женщин — домашнее хозяйство и материнство. В книге Кейт Миллет*** «Политика пола» (1970)[8] приводится подробный анализ негативных представлений о женщинах в написанных мужчинами литературных текстах, а в «Женщине-евнухе» (1970)[9] Жермен Грир**** доказывается, что женщины сексуально угнетены, отчуждены от собственного тела и не осознают, насколько сильно мужчины их ненавидят. Эти тексты, попадающие в канон радикального феминизма, утверждают, что женственность (womanhood) — это навязанный мужчинами культурный конструкт (посредством вертикального механизма власти), и выступают за революционное свержение патриархата.

---

* Симона де Бовуар (1908–1986) — французская писательница и философ, одна из ведущих фигур феминизма первой волны.

** Бетти Фридан (1921–2006) — американская писательница и активистка, ключевой автор второй волны феминизма.

*** Кейт Миллет (1934–2017) — американская писательница и художница, чья концептуализация «патриархата» сыграла важную роль в феминистской теории второй волны.

**** Жермен Грир (р. 1939) — австралийская писательница и активистка, которую принято относить к традиции радикального феминизма.

В 1970-х и большей части 1980-х годов академические феминистки уделяли пристальное внимание роли женщин в семье и трудовом коллективе, а также социальным ожиданиям, согласно которым женщине полагается быть женственной, покорной и красивой, а в иных случаях сексуально доступной и порнографичной. В ходу было марксистское представление о женщинах как о подчиненном классе, существующем для того, чтобы поддерживать мужчин (которые, в свою очередь, поддерживают капитализм), и феминистки проводили сеансы «роста самосознания». На них они предпринимали попытки осознать всю полноту своего угнетения, а также его культурно сконструированную природу и прибегали к марксистской концепции «ложного сознания», обозначающей образ мышления, не позволяющий человеку осознать свое истинное положение. Концепция схожа с понятием «усвоенной мизогинии» (internalized misogyny), описывающим женщин, которые считают нормальной и естественной навязанную обществом подчиненную позицию. Однако в конце 1980-х — начале 1990-х годов описанная картина начала меняться под влиянием прикладного постмодернизма — а именно квир- и постколониальной Теорий, а также интерсекциональности.

В эссе «Смена парадигм и оспаривание категорий» (2006) Джудит Лорбер описывает, как марксистский феминизм воспринимал женщин в качестве *класса*[10]. Она утверждает, что, совладав с неравенством в рабочей среде в 1970-х и начале 1980-х годов, «марксистские феминистки углубили свои исследования с целью показать, что эксплуатация домохозяек была неотъемлемой частью капиталистической экономики»[11]. Материалистический феминистский взгляд предлагает метанарратив о мужчинах, женщинах и обществе, основанный на незамысловатой бинарной структуре «угнетающее мужское / угнетаемое женское». Такая бинарность была неприемлема для постмодернистских Теоретиков, воспринимавших ее через призму

Деррида, согласно которому аналогичный механизм господства и подчинения присутствует в любой подобной «языковой игре». В ответ на это новоявленные Теоретики, которые в конце 1980-х начали оказывать значительное влияние на феминистскую мысль, бросили вызов лингвистическим основам категорий «женщины» и «мужчины», обратившись к квир-Теории.

Упомянутый концептуальный сдвиг был обобщен в работе Джейн Пилчер и Имельды Уэлхан, посвященной развитию гендерных исследований[12]. Эти изменения важны, отмечают они, потому что, с постмодернистской точки зрения, «индивидуальный статус и положение тех, кого мы объединяем в группы и называем „женщинами“ и „мужчинами“, настолько сильно различаются в зависимости от времени, пространства и культуры, что использование таких собирательных существительных едва ли оправданно»[13]. К началу 2000-х тезис о несостоятельности терминов «женщины» и «мужчины» — ввиду того что гендер конструируется доминирующими дискурсами по-разному, в разное время и в разных местах — уже преобладал среди феминисток. Пилчер и Уэлхан утверждают, что в рамках Теории «„женщины“ и „мужчины“ понимаются как конструкты или репрезентации, достигаемые посредством дискурса, перформанса и повторения, а не как „реальные сущности“»[14]. Эти новые вводные выставили биологический пол весьма неустойчивым объектом для изучения, а также обнажили риск пренебречь опытом людей, работающих в других культурных рамках. В результате возникла потребность перейти от феминизма к более обширному и свободному изучению гендера и гендерной идентичности. Пытаться изучать «женщин» или «мужчин» в рамках Теории — значит упускать суть. Предмет интереса прикладных постмодернистов — «гендер», определяемый ими как поведение и ожидания, которые обучаются «исполнять» люди, считающиеся мужчинами и женщинами, и которые — хотя полностью избавиться от них нельзя — могут быть подорваны, запутаны и усложнены.

Теория не только до неузнаваемости преобразила феминизм, превратив социальный конструкт гендера из незамысловатой репрессивной бинарности в текучий и нестабильный феномен, обладающий освободительным потенциалом, она также сосредоточила внимание феминизма на интерсекциональности[15]. В этом, заявляют Пилчер и Уэлхан, состоит концептуальный переход от феминизма к гендерным исследованиям: «По мере развития понимания гендера как сложной, многогранной и мультидисциплинарной области, включающей в себя изучение как внутренней динамики, так и взаимоотношений между гендерами, термин „гендерные исследования“ стал набирать популярность, пусть и не был безальтернативен»[16]. Другими словами, в ходе прикладной фазы постмодернизма объединение различных групп меньшинств под общим знаменем *угнетения* (oppression) стало единственно «правильным» способом заниматься феминистской деятельностью. Вместе с тем феминизм уступил свое место гендерным исследованиям (под эгидой квир-Теории) и приобщился к интерсекциональности как к своего рода Большой Объединительной Теории Социальной власти и Социетальной* несправедливости.

Вот как Лорбер описывает эту новообретенную множественность и неопределимость, по причине которой акцент на классовом угнетении женщин мужчинами становится попросту несущественным:

---

* Социетальный (*англ.* societal) — синоним определения «социальный», отражающий более узкое, аналитическое понимание слова. Если в английском языке слово «социальный» используется в том числе для описания повседневных взаимодействий, то «социетальный» уместен только в социологическом анализе общества как такового и отношений внутри него. — *Прим. ред.*

Феминистские исследования теперь изучают мужчин и женщин из разных социальных групп, а не только белых женщин. Они исходят из культурного многообразия и стараются не навязывать западные аналогии при сравнении данных. Они изучают замысловатое взаимодействие гендера, пола и сексуальности. Признавая множественность гендера, пола и сексуальности, феминистские исследования способны выйти за рамки общепринятой бинарности. Вопрос, к ответу на который они приступили: как производить категории для сравнения, при этом критически деконструируя их[17].

К этому моменту гендерные исследования занимались привычными постмодернистскими делами. Они начали рассматривать знание как культурный конструкт (постмодернистский принцип знания), учитывать в своей работе множественные векторы власти и привилегий (постмодернистский политический принцип), деконструировать категории, размывать границы, уделять внимание дискурсам, практиковать культурный релятивизм и чтить мудрость групповых идентичностей (четыре постмодернистских сюжета).

Лорбер выделяет в происходящих переменах четыре аспекта. Во-первых, это центральная роль гендера как всеобъемлющего организующего принципа всего общества:

Смена парадигмы в феминистской социальной науке начинается с концепции гендера как организующего принципа всеобщего социального порядка в современных обществах и всех социальных институтах, включая экономику, политику, религию, армию, образование и медицину, а не только семью. В такой концептуализации гендер — не просто часть личностной структуры и идентичности, но и официальный, бюрократический статус, а также статус в многомерных стратификационных системах, политической экономии и системах иерархии власти[18].

К 2006 году, когда Лорбер зафиксировала этот сдвиг, феминизм солидаризировался вокруг убеждения, что гендер занимает ключевое место в системах власти и привилегий. Более того, он принял постмодернистскую концепцию мира — то есть реорганизовался в соответствии с постулатами Теории. Феминистская мысль больше не понимала «патриархат» в буквальном смысле как «власть отцов» (и мужей). Вместо этого она рассматривала его в фукианских терминах как расплывчатые представления о мужском господстве, пронизывающем каждый дискурс. В рамках новой парадигмы власть и привилегии стали «организующим принципом», наделяющим индивида «статусом в многомерных стратификационных системах» — иными словами, распределяющим людей по иерархическим категориям, от которых зависит то, как они думают и говорят.

Лорбер продолжает:

> Второй аспект смены парадигмы заключается в признании гендера и сексуальности социальными конструктами. Этот принцип содержательно определяет гендер как организационный процесс, схему личного общения и поведенческий аспект личностной идентичности[19].

В новом, прикладном постмодернистском понимании гендер делается кем-то и по отношению к кому-то, а заодно и всеми нами по отношению к каждому из нас. Подобно глаголу «квирить», возникшему в рамках квир-Теории из-за очевидной важности «речевых актов» — создания реальности посредством речи, — появился и глагол «гендеризировать» (to gender). В результате Теоретики переключили свое внимание на «гендеризированность» общественных структур. Например, если раньше реклама, в которой появлялась женщина, использующая средство для мытья посуды, рассматривалась как укрепление патриархальных ожиданий и материальная эксплуатация женщин, то после постмодернистского поворота — как способ «гендеризации» домашнего хозяйства: использование дискурсов для легитимации убеждения, что мытье посуды — часть женской идентичности. «Гендеризация» происходит, когда реклама выставляет это убеждение элементом легитимированных в обществе дискурсов, которые определяют гендерные роли, навязываемые женщинам в процессе социализации. Такой взгляд подразумевает социальный конструктивизм.

Лорбер объясняет роль власти в создании и поддержании этих социальных конструкций:

> Третий акцент — на анализе власти и социального контроля, вплетенных в социальное конструирование гендера и сексуальности, который обнажает гегемонию доминирующих мужчин, их версию маскулинности и гетеросексуальности[20].

Таким образом, несмотря на сдвиг в сторону постмодернизма, случившийся в 1980-х и 1990-х годах, влияние Симоны де Бовуар, считавшей, что женщин воспринимают как людей второго сорта, ощущалось все еще очень сильно. То же относилось и ко многим другим идеям радикального феминизма, особенно касающимся подчиненности фемининных и господства маскулинных ролей. Тем не менее заметно ослабла озабоченность материалистическими аспектами права, политики и экономики, уступив место постмодернистскому дискурсивному анализу (хотя по-прежнему подразумевалось, что конструирование гендера делает мужчин полом по умолчанию, а гетеросексуальность — сексуальностью по умолчанию, в то время как женщины и гомосексуальность конструируются в позиции инаковости по отношению к ним). Эти ранние феминистские идеи были сохранены, однако их акценты и понимание изменились. То, что раньше рассматривалось как предписанные законом роли и ограничения, а также неприкрыто сексистские ожидания, связанные с исполнением навязанных мужчинами гендерных ролей, постмодернистский сдвиг превратил в едва уловимые, воздействующие друг на друга, выучиваемые, исполняемые и усваиваемые ожидания, присущие каждому члену общества. Вполне в духе постмодернистского взгляда Мишеля Фуко на власть.

Обращаясь к вопросу конструирования знания после смены парадигмы, Лорбер подчеркивает важность позиции (то есть к каким группам ты принадлежишь и как они расположены относительно власти) и интерсекциональности:

> В-четвертых, феминистская социальная наука разработала исследовательские схемы и методологии, позволившие вывести на передний план позиции угнетенных и репрессированных женщин во всем мире и способствующие все более изощренному интерсекциональному анализу класса, расовой этнической принадлежности, религии и сексуальности[21].

Лорбер полагает, что позиционная теория и интерсекциональность занимают центральное место в производстве знания в рамках гендерных исследований. Таким образом, к 2006 году «женские исследования» — преимущественно радикальные или материалистические, а также полагающиеся на относительно простую разновидность позиционной теории, сосредоточенную на биологической категории пола и конструировании гендера во благо капитализма, — превратились в «гендерные исследования» — исключительно постмодернистские и использующие «более изощренную», по словам Лорбер, интерсекциональную модель.

Этот якобы наблюдавшийся рост изощренности, по всей вероятности, и стал причиной столь стремительного и широкого распространения постмодернистской Теории и вытекающей из нее интерсекциональной мысли[22]. Активистам (в основном либеральным феминисткам) удалось добиться выдающегося успеха в борьбе за достижение правового, профессионального и социального равенства полов — однако в результате им стало почти нечем заняться. Менее убедительными начали казаться и вертикальные патриархально-капиталистические модели радикальных и материалистических феминисток (особенно популярные в академической сфере). Интерсекциональная мысль предложила совершенно новые направления деятельности в рамках не только общества, но и самого *феминизма*. Интерсекциональный поворот продвигали исследователи и активисты, обращавшиеся к элементам квир-, постколониальной и в особенности критической расовой Теорий, чтобы анализировать общество (которое они изображали как непреодолимо усложненное и репрессивное) и *проблематизировать феминизм и феминисток*. Интерсекциональная Теория предоставила совершенно новый, «более изощренный» способ понимания механизма власти в обществе, позволив феминисткам трансформировать свои провалившиеся теоретические модели в нечто более расплывчатое и менее опровержимое[23].

Мы часто наблюдаем подобный переход к более «изощренным» и туманным моделям, когда люди в высшей степени привержены — личностно и идеологически — теоретическому подходу, который явно терпит неудачу. Впервые этот феномен был описан Леоном Фестингером* в его исследовании культов НЛО и привел к возникновению концепции *когнитивного диссонанса*[24]. Фестингер обратил внимание, что в высшей степени

* Леон Фестингер (1919–1989) — американский психолог, специалист в области социальной психологии. Автор теорий когнитивного диссонанса и социального сравнения.

преданные своим убеждениям культисты не отказались от них, когда их предсказания не сбылись: НЛО так и не прилетел. Они разрешали это неоспоримое противоречие, заявляя, что ожидаемое событие произошло — но так, что опровергнуть это заявление не представлялось возможным (а именно что благодаря их истовой вере Бог решил пощадить нашу планету).

До постмодернистского поворота марксистские, социалистические и другие радикальные феминистские теории рассматривали власть как продуманную, вертикальную стратегию могущественных мужчин в патриархальных и капиталистических обществах, но достижения второй волны феминизма оставили этот взгляд не у дел. Хотя неотесанные представители мужского пола с патриархальными взглядами по-прежнему существуют, становится все более необоснованным искренне считать западное общество патриархальным или полагать, что большинство мужчин состоят в заговоре, активно пытаясь помешать успеху женщин. Постмодернистская Теория предоставила возможность сохранить представления о том, что мужское господство существует и процветает за счет женщин, переформулировав их в настолько расплывчатых терминах (социальные конструкты, дискурсы, социализация), что те стали вопросом веры, а не доказательств. Фукианская идея о размашистой сетке механизма власти, под чье неумолимое воздействие невольно попадает каждый, кто только прибегает к языку, прекрасно для этого подошла[25].

Изучая гендер

Что же тогда изучают гендерные исследования при помощи своей изощренной модели, включающей в себя расу, класс, пол и сексуальность? Всё. Гендерные исследования настолько междисциплинарны, что специалисты в этой области считают своим долгом уделять время всему, к чему только имеет отношение человек. Единственное, в чем они последовательны, так это в методе своей работы. Они используют инструменты гендерного анализа, опирающегося на интерсекциональность, квир-Теорию, постколониальную Теорию, а значит, по существу, на постмодернистские концепции знания, власти и дискурсов.

Возьмем понятие «гендеризации» как угнетающего действия. Как правило, «гендеризация» происходит не по причине осознанного поведения наделенных властью индивидов. Вместо этого она — результат социальных взаимодействий на всех уровнях, которые все более усложняются по мере добавления новых слоев идентичности в аналитическую мешанину. В чрезвычайно влиятельной статье 1987 года «Делать гендер»[26] — самой цитируемой работе в гендерных исследованиях, которая с момента своей первой публикации была упомянута в более чем тринадцати тысячах других академических работ, статей и книг, — Кэндес Уэст и Дон Циммерман стремились «продвинуть новое понимание гендера как рутинного перформанса, встроенного в повседневное взаимодействие». Они пишут:

> Мы утверждаем что гендер «создается» мужчинами и женщинами, чья компетентность как членов общества является залогом их деятельности по созданию гендера. Создание гендера включает в себя комплекс социально контролируемых действий (по восприятию, микрополитике и взаимодействию), целью которых является выражение мужской и женской «природы»[27].

В соответствии со смещением акцента с пола на гендер, понимаемый как социальный конструкт, Уэст и Циммерман подчеркнуто отвергают биологию как источник различий в мужском и женском поведении, предпочтениях или чертах характера, отмечая:

> Делать гендер означает создавать различия между мальчиками и девочками, мужчинами и женщинами; различия, которые не являются естественными, сущностными или биологическими. Будучи созданными, эти различия используются для усиления «сущностного» характера гендера[28].

Этот процесс, по их мнению, встроен в социализацию и идет полным ходом уже к пяти годам:

> Быть мальчиком или девочкой, таким образом, значит не только быть более компетентным, чем «ребенок», но также — быть компетентным в качестве существ женского или мужского пола, то есть научиться продуцировать поведенческие дисплеи «сущностной» мужской или женской идентичности[29].

В культовой работе Джудит Батлер «Гендерное беспокойство», появившейся примерно в то же время, что и «Делать гендер», и во многом опиравшейся на идеи Фуко о конструировании сексуальности, гендер делается реальным, будучи выученным и воспроизводимым, подобно языку. Уэст и Циммерман понимают гендер примерно так же[30].

В 1995 году Кэндес Уэст и Сара Фенстермейкер придали концепции гендера, который «делается», более интерсекциональный уклон. В «Делать различие» — продолжении эссе «Делать гендер» — Уэст и Фенстермейкер рассматривают пересечения гендера с расой и классом. Это стало частью растущего акцента на позиционности, на которое десятилетие спустя укажет Лорбер. С тех пор гендерные исследования пытались принимать в расчет все больше различных идентичностей, за счет чего лишь сильнее усложнялись, особенно с ростом актуальности трансисследований. В 2010 году Кэтрин Коннелл проблематизировала и расширила это направление, включив в него концепцию «переделывания гендера», которая, по ее мнению, не была должным образом рассмотрена в «Делать гендер», при этом поддержав убеждение, что «рутинные взаимодействия» людей являются центральным элементом продуцирования гендерных репрезентаций[31]. Очевидно, что гендерные исследования больше не ограничивались гендерными ожиданиями насчет женщин, определяемыми их репродуктивной функцией, а превратились в обширную область анализа, занятого гораздо более сложным и неуправляемым набором идентичностей, — но, в сущности, использовали тот же самый метод: выискивание «проблематики», на которую можно будет жаловаться.

Смерть либерального феминизма

Радикальный и материалистический феминизм были не единственными направлениями, которые вытеснила постмодернистская интерсекциональность. Пострадал также либеральный феминизм, всегда игравший более заметную роль в повседневном активизме, нежели в академии. Поскольку он основывался на *модернистских* идеалах светской, либеральной демократии, индивидуальной агентности в контексте универсальных прав человека, а также просвещенческом акценте на рациональном мышлении и науке, он стал главной и очевидной мишенью для постмодернистов. Вот как в 2004 году Пилчер и Уэлхан объяснили это в своей работе, посвященной зарождению гендерных исследований:

> Либеральный феминизм опирается на разнообразие либеральной мысли, доминирующей в западном обществе со времен Просвещения, которая утверждает, что проблема подчиненного общественного положения женщин может

быть решена с помощью существующих политических процессов в рамках демократии. Главное сражение для либералов — за доступ к образованию; вслед за Мэри Уолстонкрафт* они утверждают, что, получив равное образование, мужчины и женщины получат и равные условия доступа в общество. Либеральные феминистки не желают прибегать к языку «революции» или «освобождения», излюбленному радикалами и социалистами, считая, что демократия сама по себе естественным образом приспособлена к равенству обоих полов. Эта либеральная позиция в широком смысле понимается как доминирующий, «здравомыслящий» феминизм, разделяется большинством женщин, идентифицирующих себя как «феминистки», и остается весьма заметной силой в популярном дискурсе[32].

Как правило, либеральные феминистки полагают, что общество и без того предоставляет женщинам почти все необходимые возможности для того, чтобы преуспеть в жизни. Они просто хотят иметь такой же доступ к этим возможностям, как и мужчины, и выступают за меры, которые обеспечивают и защищают этот равный доступ: возможности получения образования, доступный уход за детьми, гибкий рабочий график и т. д. Либеральный феминизм не исходит из того, что разница в результатах** автоматически означает дискриминацию, и поэтому

---

* Мэри Уолстонкрафт (1759–1797) — британская писательница, одна из первых философов-феминисток. Автор «Эссе в защиту прав женщин» (1792).

** Разница в результатах (*англ.* difference in outcomes) — понятие, отсылающее к спору о равенстве возможностей (*англ.* equality of opportunity) и равенстве результатов (*англ.* equality of outcomes). Первое означает защищаемый либеральной традицией идеал равного доступа к правам и возможностям, имея которые индивиды соревнуются за ресурсы и общественное положение. Второе отражает стремление сократить имущественное неравенство или гендерный/расовый дисбаланс на рынке труда. Аналогом является противопоставление терминов «равноправие» (*англ.* equality) и «равенство» (*англ.* equity), к которому прибегают авторы. — *Прим. ред.*

избегает основанных на равенстве результатов подходов интерсекционального феминизма. Либеральный фокус на устранении социальной значимости категорий идентичности — то есть юридических и социальных требований соответствовать гендерным, классовым или расовым ожиданиям — направлен на модернизацию наследия проекта Просвещения и движения за гражданские права, а не на его ниспровержение в социалистических или постмодернистских целях. Следовательно, многие либеральные феминистки полагали, что по большому счету их работа будет завершена, когда женщины добьются равенства в правах с мужчинами и права на репродуктивный выбор и социальные ожидания изменятся настолько, что присутствие женщин в любых сферах деятельности не будет больше никого удивлять.

Такой либеральный подход к феминизму яростно опровергается и проблематизируется прикладными постмодернистами. Они отчаянно жаждут вернуть значимость определенным категориям, чтобы заняться политикой идентичности и обеспечить смыслообразующую структуру для меньшинств (особенно расовых). По этой причине Кимберли Креншоу акцентирует внимание на приоритете утверждения «Я — чернокожий человек» над «Я — человек, родившийся чернокожим»[33], а квир-Теоретики продвигают проект, призванный привлечь внимание к ЛГБТК-идентичностям. Несогласие с либерализмом — центральный мотив каждого из ответвлений прикладной постмодернистской Теории. Вспомним, например, утверждение критической расовой Теории, что либерализм в первую очередь выгоден доминирующим группам, взгляд постколониальной Теории на либерализм как на форму империалистической универсализации, а также возражения квир-Теории против либеральной (и просвещенческой) науки, стремящейся разобраться в вариациях сексуальности и гендерных черт и не считающей, что признавать их существование — грех или преступление. Вдохновленная Просвещением либеральная уверенность в существовании объективных истин, которые могут быть установлены при помощи науки и рационального мышления, рассматривается постмодернистами как способ навязать всем людям белые, западные, мужские, гетеросексуальные дискурсы знания. Точка зрения Теории заключается в том, что возможности, равного доступа к которым пытались добиться либеральные феминистки, принципиально не могут быть доступны всем, а обещание равенства в рамках либерализма — очередная ложь сильных мира сего, скрывающая присущую системе неисправимую несправедливость. Теория постулирует, что у одних (белых, цисгендерных, гетеросексуальных и т. д.) женщин возможностей больше, нежели у других, а значит, сами женщины *причастны к* несправедливым системам, которые она критикует.

Следовательно, в то время как радикальные феминистки стремятся обрушить капиталистические и патриархальные системы, которые, по их мнению, угнетают женщин, а постмодернистские феминистки пытаются проблематизировать существующие структуры, а также анализировать и деконструировать поддерживающие их категории, либеральные феминистки (да и в целом либералы) хотят сохранить структуры и институты светской, либеральной демократии и усовершенствовать их. Пилчер и Уэлхан выделяют три разные цели внутри феминистского движения: равенство, различие и разнообразие (или равенство результатов). Подходу, основанному на равенстве, благоволят либеральные (и в некоторой степени радикальные) феминистки. Этот подход стремится «распространить на женщин те же права и привилегии, что есть у мужчин, выявляя области неравного обращения и устраняя их посредством правовых реформ»[34]. Интерсекциональные феминистки часто критикуют этот подход, поскольку усматривают в нем ожидание, что маргинализированные группы должны следовать белым маскулинным способам познания и существования в мире.

Беды и горести Теоретиков разнообразия

Теоретики разнообразия (diversity) — интерсекционалисты — ратуют за принципиально иной подход. Они хотят перейти к «взаимному уважению» и «утверждению различий» (affirmation of difference), иными словами, к чувству солидарности и союзничества между маргинализированными группами[35]. Обратите внимание, что речь идет об уважении к различиям между социальными и культурными группами, а не между отдельными людьми с разными точками зрения. Они не защищают право высказывать разные идеи, а присваивают этим идеям ценность на основании принадлежности к определенным группам. Для обоснования убеждения, что принадлежность к маргинализированной группе обеспечивает особый доступ к истине, поскольку ее члены понимают суть как господства, так и собственного угнетения, требуются культурный релятивизм и позиционная теория. По этой причине Теоретики разнообразия обычно не допускают индивидуалистических подходов к феминизму, равно как и тех, что ставят во главу угла личный выбор женщин («феминизм выбора»), — некоторые Теоретики даже называют такие подходы формой предательства[36]. В результате интерсекциональный подход противоречив и запутан. Он использовался для того, чтобы выставлять конкретные ценности и убеждения авторитетными или проблематичными, приписывать их определенным группам, а также игнорировать идеологическое и интеллектуальное внутригрупповое разнообразие. Эта Теоретическая конструкция служит достижению не равенства, а *социального равенства результатов* — перераспределения социальных и экономических благ с целью «уравнивания» граждан (или групп граждан).

Понимание того, что разные группы обладают разным опытом, убеждениями и ценностями, оказало сильное влияние на некоторых черных феминисток, критиковавших феминизм второй волны за непризнание различий в предубеждениях и стереотипах, с которыми сталкиваются черные и белые женщины. Особенный авторитет завоевала книга белл хукс «Разве я не женщина?» 1982 года, чье название призвано поставить ее автора в один ряд с Соджорнер Трут:

> В конце 1960-х, когда началось женское движение, было очевидно, что преобладавшие в нем белые женщины считали, что это «их» движение, что это средство, с помощью которого белая женщина могла бы высказать свои претензии к обществу. Белые женщины не просто вели себя так, будто феминистская идеология существовала исключительно для того, чтобы служить их интересам, поскольку они были способны привлечь внимание общества к проблемам феминисток. Они также не желали признавать, что небелые женщины являются частью коллективной группы женщин в американском обществе[37].

Схожим образом, в «Черной феминистской мысли»[38] Патриция Хилл Коллинз описывает уникальные стереотипы, связанные с афроамериканскими женщинами. Она прослеживает несколько стереотипов, исключенных, по ее мнению, из (белого) феминизма — в частности, «мамочку»*, асексуальную прислугу; «матриарха», властную (и потому нефемининную) главу семьи; «добропорядочную мать», пассивную машину по производству детей; «Иезавель», сексуально агрессивную и доступную чернокожую женщину, — вплоть до тропов, использовавшихся для оправдания рабства. Однако попытки (белого) феминизма

---

* Мамочка (*англ.* mammy) — термин носит расовую коннотацию, используется как обращение к темнокожей женщине-прислуге, ухаживающей за детьми в белом семействе. — *Прим. ред.*

охватить эти расиализированные сексистские тропы не нашли у Коллинз поддержки. В эссе 1993 года она пишет:

> Давние попытки «раскрасить» феминистскую теорию, включив в нее опыт цветных женщин, в лучшем случае представляют собой искренние усилия снизить предвзятость в женских исследованиях. Но в худшем случае колоризация содержит элементы как вуайеризма, так и академического колониализма[39].

Новая, «более изощренная» Теория на самом деле крайне незамысловата: *так или иначе* проблематично *все* — из-за механизма власти, основанного на идентичности. Кроме того, она также недееспособна с функциональной точки зрения, что ошибочно интерпретируется как чрезвычайная сложность. Коллинз ожидает от (белых) феминисток невозможного: включить — но не апроприировать — опыт небелых женщин, предоставить им возможность быть услышанными, усилить их голоса, при этом не эксплуатируя их и не превращаясь в вуайеристов, подглядывающих за их угнетением. Подобные неосуществимые, несовместимые, противоречивые послания — устойчивая характеристика прикладной постмодернистской Теории, непрерывно разъедающая гендерные исследования и другие виды исследований социальной справедливости. И это только вопрос расы. Схожие проблемы возникают при применении на практике квир-Теории, в результате чего попытки включить больше голосов лесбиянок, геев, бисексуалов и трансгендеров в гендерные исследования часто оканчиваются неудачей.

Бесклассовая Теория

Одной из жертв этой «более изощренной» интерсекциональной модели, сосредоточенной в основном на власти дискурсов, стал экономический класс — наиболее значимая в материальном смысле переменная, актуальная для многих проблем, с которыми сталкиваются женщины (а также многие расовые и сексуальные меньшинства). Неприкрытое пренебрежение классом вызывает серьезную озабоченность у симпатизирующих левым либеральных феминисток, социалистических феминисток и социалистов в целом[40].

По иронии судьбы, осью, заменившей класс в социальной теории, стала *привилегия*. Как мы уже отмечали, понятие привилегии наиболее тесно связано с Теоретиком Пегги Макинтош*, обеспеченной белой женщиной, автором эссе 1989 года «Привилегия белых: распаковка невидимого рюкзака»[41]. Под влиянием критической расовой Теории Макинтош делает упор на привилегию *белых*, однако вскоре концепция социальной привилегии, не связанная с экономическим классом, распространилась и на другие категории идентичности: мужчин, натуралов, цисгендеров, людей без лишнего веса, трудоспособных и т. д. Она описывает относительное статистическое отсутствие дискриминации и бесправия в отношении таких групп по сравнению с тем, что испытывают различные маргинализированные категории идентичности. С тех пор сознание привилегий почти полностью заменило классовое сознание в качестве основной заботы левых членов академии, активистов и политиков, причем статус привилегированности индивида оценивается интерсекционально, при помощи соответствующих прикладных постмодернистских Теорий. Такая попытка перевернуть все с ног на голову, в стратегических целях переосмыслив *отсутствие* дискриминации и бесправия как несправедливость и проблему, стала катастрофой для политики левого толка во всем развитом мире.

---

* Пегги Макинтош (р. 1934) — писательница и активистка. Работала исследователем в Колледже Уэллсли. Основала Национальный проект инклюзивных учебных планов (SEED).

Этот сдвиг от класса к гендерной идентичности, расе и сексуальности беспокоит традиционных приверженцев левых экономических взглядов, опасающихся, что академическая буржуазия отнимает у рабочего класса левые убеждения. Что еще тревожнее — теперь голоса рабочего класса могут попасть в руки правых популистов[42]. Если рабочий класс, традиционно поддерживающий левых, сочтет, что левые политики бросили их на произвол судьбы, то последние рискуют потерять множество избирателей, необходимых для достижения политической власти. Дальнейший отказ левых от универсализма, скорее всего, приведет к росту недовольства. Историк из Нью-Йоркского университета Линда Гордон* подытожила недовольство рабочего класса интерсекциональностью:

> Определенная критика опрометчива, но тем не менее понятна. Малообеспеченный белый мужчина ассоциирует интерсекциональность с тем, что ему говорят про наличие у него привилегий: «Когда эта феминистка сказала мне, что у меня есть „белые привилегии“, я ответил ей, что моя белая кожа ни в чем не виновата». Он объясняет: «Вы когда-нибудь торчали лютой зимой в северном Иллинойсе без тепла и воды? Мне приходилось. Когда вам было двенадцать лет, заваривали лапшу быстрого приготовления в кофеварке, набрав воду в общественном туалете? А я заваривал»[43].

По мере того как интерсекциональность разрасталась и выходила на лидирующие позиции как в мейнстримном политическом активизме, так и в исследованиях, все чаще приходилось слышать, что проблема заключается в «гетеросексуальных, белых, цисгендерных мужчинах». Например, Сюзанна Данута

* Линда Гордон (р. 1940) — писательница, историк и феминистка. Профессор Нью-Йоркского университета.

Уолтерс, главный редактор престижного феминистского журнала *Signs: Journal of Women in Culture and Society*, в 2018 году написала статью для *The Washington Post,* в которой с ошеломляющей откровенностью вопросила: «Почему бы нам не ненавидеть мужчин?»[44] Вряд ли такой вопрос вызовет у гетеросексуальных белых мужчин симпатию к интерсекционалистам — особенно у тех, что сами сталкивались с бедностью, бездомностью или другими серьезными трудностями.

О маскулинности и мужчинах

Возникновение в рамках гендерных (критических) «исследований» «мужчин и маскулинности» вряд ли способно улучшить ситуацию. Хотя исследователи мужчин и маскулинности в основном мужчины, они используют феминистские методы. Научный журнал «Мужчины и маскулинность», основанный Майклом Киммелом, автором книги «Мужская политика: ответ мужчины-профеминиста мифопоэтическому мужскому движению», служит прекрасным тому доказательством[45]. Попросту невозможно представить, чтобы в рамках гендерных исследований мужчины или маскулинность изучались через какую-либо другую призму, кроме феминизма. Это не особенно удивляет, поскольку полностью согласуется с Теорией. Мужчины, говорящие от своего имени, говорили бы с позиции власти, производя дискурс власти, равно как и женщины, говорящие от имени мужчин, производили бы дискурс, уже наделенный властью. И то и другое — недопустимо.

Исследования мужчин и маскулинности часто обращаются к концепции «гегемонной маскулинности», разработанной австралийским Теоретиком гендера Рэйвин Коннелл (также публиковавшейся под именами Роберт и Боб)[46]. Гегемонная маскулинность означает преобладающие формы маскулинности, которые, как считается, поддерживают превосходство мужчин над женщинами и закрепляют агрессивные и соревновательные проявления маскулинности, социально навязываемые гегемонными — господствующими и властными — дискурсами, описывающими, что значит быть «настоящим мужчиной». Гегемонная маскулинность связана с концепцией «токсичной маскулинности», разработанной Терри Куперсом в рамках его исследования дискурсов о маскулинности, возникающей в тюремной обстановке и определяемой им как «совокупность социально регрессивных мужских черт, способствующих доминированию, обесцениванию женщин, гомофобии и беспричинному насилию»[47]. Эта противоречивая концепция оказалась весьма полезной для применения Теории к якобы насущным вопросам: почему американское общество избрало президентом хамоватого Дональда Трампа[48] и почему «традиционная маскулинность» должна рассматриваться Американской психологической ассоциацией как психологическое заболевание, как это предлагается в ее «Руководстве по практической психологии при работе с мужчинами и мальчиками»[49] от 2018 года. Есть подозрение, что Мишель Фуко переворачивается в гробу из-за всего происходящего.

Хотя некоторые исследователи — например, Нэнси Дауд в «Мужском вопросе» (2010)[50] — пытались показать неоднозначность связи маскулинности с мизогинией, доминированием и насилием, интерсекционализм, как правило, прощает грехи только тем мужчинам, у которых тоже есть какая-нибудь форма маргинализированной идентичности. Например, понятие «инклюзивной маскулинности», разработанное Эриком Андерсоном в середине 2000-х, пользовалось огромной популярностью благодаря своему акценту на гомосексуальности и феминизме (пока не выяснилось, что Андерсон не согласен с методами Теории и предпочитает более строгий эмпирический подход, в результате чего его работа тут же была проблематизирована)[51]. Следовательно, проблемы, с которыми сталкиваются мужчины, изучались крайне мало просто потому, что это проблемы мужчин и они не входят в список санкционированных Теорией вопросов феминизма, расы и сексуальности.

Итоги сдвига

Итак, доминирующая форма феминизма в рамках гендерных исследований — интерсекциональный феминизм, опирающийся на критическую расовую, квир- и постколониальную Теории. По мере развития Теории и вследствие прикладного постмодернистского поворота гендерные исследования быстро отошли от своих истоков в «женских исследованиях» и в материалистическом анализе. В результате этого сдвига к 2006 году в рамках гендерных исследований феминизм начал опираться на четыре основных постулата.

1. Гендер играет важную роль в конструировании власти в обществе.

2. Гендер — социальный конструкт.

3. Гендерные структуры власти обеспечивают мужчинам привилегированное положение.

4. Гендер объединен с другими формами идентичности, и это должно быть признано; а знание относительно и привязано к идентичности.

К началу 2000-х феминизм был почти полностью поглощен гендерными исследованиями, впитавшими в себя как постмодернистский принцип знания — объективное знание недостижимо, так и постмодернистский политический принцип — общество структурируется системами власти и привилегий. Кроме того, гендерные исследования по большей части отреклись от своих радикальных и материалистических академических корней, а также либерального активизма, заменив их постмодернистским размыванием категорий и культурным релятивизмом — неизбежное следствие ставки на интерсекциональность и квир-Теорию. Поскольку гендерные исследования преимущественно анализируют дискурс, пристальное внимание уделяется языку. Фокус на групповой идентичности и интерсекциональной позиционной теории, составляющих сегодня основу мышления социальной справедливости, не оставляет места для универсальности и индивидуальности. Девизом гендерных исследований могла бы стать фраза *«Не бывает просто женщины»*[52].

Эта аналитическая схема принесла определенные плоды. Она усложнила незамысловатые метанарративы радикальных и материалистических феминисток, согласно которым женщины выступали в качестве угнетенного класса, а мужчины — угнетающего, осознав, что власть не работает настолько простым и сознательно бинарным образом. Это открыло дорогу более детальному анализу. Особенную пользу отсюда удалось извлечь афроамериканским феминисткам, сумевшим показать, что они сталкиваются с совершенно другими стереотипами и препятствиями, нежели белые американские феминистки, и включить эти стереотипы в феминистскую академическую мысль. Кроме того, гендер как объект исследования превратился в нечто более сложное, чем роли, навязанные мужчинам и женщинам патриархатом, и включил в себя предрассудки и дискриминацию, с которыми сталкиваются трансгендерные мужчины и женщины. Тем не менее поворот в сторону интерсекциональности также повлек за собой существенные проблемы. Допущение, что гендерный дисбаланс лежит в основе всех взаимодействий между людьми, которые воспринимаются как представители доминирующего и маргинализированного гендеров, — причем этот дисбаланс всегда в пользу маскулинности, — сильно ограничивает возможность проведения строгих научных исследований пола и гендера. Существующая аналитическая схема не допускает возможности ситуации, в которой дисбаланса гендерной власти *не* существует или он не в пользу мужчин. Хотя часто доказывается, что «патриархат вредит и мужчинам», просто невозможно утверждать, что мужское доминирование не является фактором *любой* отдельно взятой формы неравенства. Равно как невозможно утверждать, что мужчины как пол могут быть подвержены систематическому ущемлению по причине чего-либо, кроме как непреднамеренных последствий собственного доминирования — социального престижа интерсекционального феминизма, к примеру, или отсутствия сравнимого по популярности движения, которое занималось бы проблемами мужчин.

Серьезные вопросы вызывает также допущение, что все гендерные различия могут быть объяснены социальным конструктивизмом. По причине централизации социально-конструктивистского понимания гендера, заимствованного из радикального феминизма и квир-Теории, биологические обоснования того, почему мужчины и женщины в среднем принимают разные жизненные решения, проявляют разные черты характера, интересуются разными вещами или демонстрируют разное сексуальное поведение, не могут быть включены в интерсекциональный феминистский анализ. Поскольку есть множество доказательств существования подобных различий[53], равно как и того, что их становится только больше, когда женщины получают возможность принимать решения самостоятельно[54], — удивительно, если бы мы были единственными приматами, у которых нет таких различий, — все это также ограничивает возможность проведения научно строгой и значимой академической работы в рамках гендерных исследований, одновременно подрывая доверие к любой предшествующей аналогичной работе в этой области.

Наконец, попытка всецело подчинить гендерный анализ интерсекциональности, сфокусировать безграничное внимание на незамысловатой концепции социетальной привилегированности, уходящей корнями в идентичность (а не в экономику), а также приспособить для своих нужд элементы квир- и критической расовой Теорий, приводит к крайне сумбурному, Теоретическому и абстрактному анализу, который вряд ли (если вообще) способен вылиться хоть во что-нибудь, кроме чрезмерно упрощенного представления, что гетеросексуальные белые мужчины обладают несправедливыми привилегиями, а потому должны покаяться и убраться с дороги. Из-за упора на то, что позиция индивида определяет доступ к знанию, академические исследователи сильно ограничены в своей возможности заниматься гендерными исследованиями, если они не являются не-белыми транс-женщинами, коих среди исследователей немного. Это приводит к тому, что исследователи посвящают целые разделы показушному разбору собственной позиционности и проблематизации своей же собственной работы, вместо того чтобы заниматься чем-нибудь полезным. Продиктованные Теорией принципы гендерных исследований препятствуют проведению исследований, представляющих ценность для дела социальной справедливости. Это цена, которую они платят за свою повышенную «изощренность».

7. Исследования инвалидности и человеческой полноты

Теория идентичности групп взаимопомощи

По мере своего развития Теория становилась все более одержимой идентичностью и позициональностью. Постмодернистский принцип знания настаивает, что объективное знание недостижимо, и отдает предпочтение специализированным «знаниям» — результатам прожитого опыта индивидов с определенной идентичностью, особым образом позиционированных обществом. Политический принцип постмодернизма, в сущности, призыв к политике идентичности, требующей принять маргинализированную групповую идентичность либо быть отнесенным к сравнительно привилегированной группе. Он поддерживается постмодернистским сюжетом о дроблении универсального и замене индивидуального групповым. Эта тенденция наблюдается в постколониальной Теории, где «иное» должно быть спасено от западного образа жизни. Она наблюдается в квир-Теории, которая наделяет «квирные» сексуальные, гендерные и другие идентичности своеобразным очарованием, а «нормальные» — проблематизирует из-за мнимых импликаций самого их существования. В стороне не остается и критическая расовая Теория, выступающая за отождествление индивида со своим социально сконструированным расовым статусом, а также за принятие, продвижение и защиту определенных культур. Тенденция присутствует в интерсекциональном феминизме, который безустанно исследует пересечения различных идентичностей, образующие еще более диковинные идентичности. Есть она и в постмодернистских исследованиях инвалидности и полноты, до такой степени сфокусированных на социальных конструктах, что материальные проявления ограниченных возможностей или лишнего веса остаются Теорией почти незамеченными. Это своего рода театр кабуки, в котором Теория используется для того, чтобы превращать инициативы групп взаимопомощи в академические исследования и некомпетентный невежественный активизм.

Как и в случае гендерных исследований, начало критическому подходу к изучению инвалидности и полноты как форм идентичности положил прикладной постмодернистский поворот конца 1980-х — начала 1990-х годов. Как и гендерные, исследования инвалидности и исследования полноты по большому счету вытеснили другие формы научного анализа и активизма — более практичные, менее склонные усматривать повсюду одни лишь социальные конструкты и формулировать патетические призывы, вовлекаясь в политику идентичности. Хотя эти два поля во многом схожи, история у них разная, поэтому здесь они будут рассмотрены по отдельности.

Исследования инвалидности

Активизм вокруг прав людей с инвалидностью возник в 1960-х, примерно в то же время и с теми же целями, что и движение за гражданские права, феминизм второй волны и гей-прайды. Его первоначальной целью было сделать общество более приспособленным для людей с ограниченными возможностями здоровья и доброжелательным по отношению к ним, тем самым улучшив их качество жизни. В основном этого предполагалось достичь за счет расширения доступа людей с инвалидностью к возможностям, которыми обладают все остальные — и движение в этом немало преуспело. В общем и целом прогресс был ошеломляющим.

В 1980-х эта совершенно разумная цель начала меняться. После прикладного постмодернистского поворота и освоения идей интерсекционального феминизма, а также квир- и критической расовой Теорий исследования инвалидности начали рассматривать человеческие возможности как социальный конструкт и с тех пор стали куда более радикальными, что отразилось на их контакте с реальностью. Различные формы инвалидности считаются культурными конструктами, равно как и состояние трудоспособности* (отсутствие инвалидности). Инвалидность (включая некоторые поддающиеся лечению психические заболевания) стала оцениваться как совокупность связанных между собой маргинализированных групповых идентичностей, противопоставленных «нормальным» трудоспособным идентичностям. В результате исследования инвалидности стали сильнее полагаться на подходы интерсекционализма и квир-Теории, что неуклонно делало их все более туманными, абстрактными и неспособными обеспечить людям с инвалидностью доступ к равным возможностям и улучшение качества жизни.

Перемены в активизме и академических исследованиях «не/трудоспособности» («dis/ability»)[1,] ** в 1980-х следует рассматривать как сдвиг в понимании инвалидности: от чего-то присущего

---

* Здесь и далее антоним определения «человек с инвалидностью» (*англ.* disabled) будет переводиться как «трудоспособный» (*англ.* able-bodied). — *Прим. ред.*

** «Не/трудоспособность» (*англ.* dis/ability) — термином описывается изучение в рамках одной дисциплины как трудоспособности, так и инвалидности.

самому индивиду к чему-то навязанному обществом, которое не обеспечивает ему необходимых условий. До этого сдвига людьми с инвалидностью считались те, чьи возможности тем или иным способом ограничены; после — инвалидность стала пониматься как статус, навязанный недоброжелательным и равнодушным обществом. Например, человек с глухотой ранее понимался как человек, лишенный слуха, что в той или иной степени ограничивает его возможности. После сдвига он стал пониматься как Неслышащий человек — человек с нарушениями слуха, чьи возможности «ограничивает» общество, неспособное обеспечить ему те же условия, что и людям без подобных нарушений. Иными словами, человек становится *инвалидом* только по причине социальных ожиданий, согласно которым все люди должны быть трудоспособными и извлекать из этого пользу. Это статус, навязанный людям с нарушениями.

Описанный переход к социально-конструктивистскому взгляду на инвалидность, судя по всему, происходил в два этапа. На первом этапе то, что обычно называют «социальной моделью инвалидности», заменило «медицинскую модель инвалидности», иногда также называемую «индивидуальной моделью». Это случилось в 1980-х и в широком сознании связано с именем британского социолога и исследователя социальной работы Майкла Оливера*. В рамках медицинской или индивидуальной модели (некоторые люди их объединяют, а другие различают) инвалидность — это нечто затрагивающее человека. Решение проблемы инвалидности заключается в смягчении инвалидизирующего состояния или его коррекции, чтобы человек мог взаимодействовать с миром подобно тому, как это делают трудоспособные люди[2]. В рамках социальной модели инвалидности

---

* Майкл Оливер (1945–2019) — британский социолог, борец за права людей с ограниченными возможностями. Стал первым в мире профессором со специализацией в области исследований инвалидности.

ответственность по обеспечению необходимых условий для индивида с нарушениями возложена на общество. Оливер пишет:

> Социальная модель инвалидности признаёт нарушение функций причиной индивидуальных ограничений, но инвалидность навязывается сверх этого. Это можно резюмировать следующим образом: инвалидность — помеха или ограничение жизнедеятельности, вызванное политическими, экономическими и культурными нормами общества, которые частично или полностью не принимают в расчет людей с нарушениями функций и тем самым исключают их из повседневных взаимодействий. (Поэтому инвалидность, как расизм или сексизм, — это дискриминация и форма социального угнетения.) Социальная модель инвалидности, как и все парадигмы, фундаментально влияет на мировоззрение общества и на видение конкретных проблем внутри него[3].

Оливер стремился к концептуальному сдвигу: от бинарной противопоставленности *людей* (люди с инвалидностью / трудоспособные) к представлению о спектре возможностей, смысл которых понимается по-разному в разные времена и в разных культурах. Понимание инвалидности, существовавшее в 1980-х годах, в частности в Великобритании, сменилось на новое, согласно которому ответственность за предоставление/ограничение возможностей людей возлагается на общество. Этот концептуальный сдвиг требует, чтобы общество подстраивалось под человека, а не наоборот.

Нет никаких признаков того, что Оливер с самого начала взял за основу выраженный постмодернистский подход; его позиция о социальной сконструированности инвалидности не радикальна. Однако с тех пор ситуация изменилась. Его книга «Социальная работа: люди с ограниченными возможностями», впервые опубликованная в 1983-м, на сегодняшний день выдержала три переиздания и содержит значительное число отсылок к более современным работам в области исследований идентичности. Например, в формулировках последнего издания явно ощущается влияние интерсекциональности:

> Несомненно, опыт будет культурно обусловлен и будет отражать классовые, расовые, гендерные и прочие различия, поэтому и дискурс вполне может быть культурно предвзятым. При использовании социальной модели понять ситуацию помогает также осознание, что исторически опыт инвалидности культурно проявлялся в реакциях на нарушение. Социальная модель может быть использована представителями различных культур и в рамках этнических, квир- или гендерных исследований для иллюстрации инвалидности в этих ситуациях. В равной степени этим дисциплинам следует принимать во внимание дизэйблизм в своих сообществах[4].

На сегодняшний день исследования инвалидности прочно опираются на два постмодернистских принципа: знание — это социальный конструкт, а общество состоит из систем власти и привилегий. По своей направленности они часто совпадают с критической расовой Теорией. В целом исследования инвалидности активно обращаются к Мишелю Фуко и Джудит Батлер, и, следовательно, наиболее важные постмодернистские сюжеты для них — размывание границ и значимость дискурса, сопровождаемые радикальным недоверием к науке. Они пренебрегают концепцией индивидуального, полагая, что индивидуализм позволяет адаптировать ограничения индивида к «неолиберальным ожиданиям» и сделать его продуктивным элементом капиталистического общества.

Эйблизм

В рамках исследований инвалидности под эйблизмом понимается допущение (проблемное с точки зрения Теории), что для человека в целом лучше быть трудоспособным, нежели иметь ограничения, и что трудоспособность — это «норма». В свою очередь, термин «дизэйблизм» описывает предубеждения против людей с инвалидностью, в число которых входят представления, что статус «инвалида» находится вне пределов обычного понимания «нормы» и что трудоспособный человек в чем-то превосходит человека с инвалидностью. Подобное притеснение — часть целой плеяды различных форм нетерпимости. Активистка Лидия Браун, определяющая себя как асексуалка, гендерквир, аутистка и человек с инвалидностью, пишет:

> Эйблизм может подразумевать систему ценностей эйблнормативности (ablenormativity), привилегирующую людей, которые считаются нейротипичными и трудоспособными, в то время как дизэйблизм может подразумевать насильственное угнетение людей, чье тело-разум (body mind) рассматривается как девиантное и, следовательно, инвалидизированное. Другими словами, эйблизм похож на гетеросексизм, а дизэйблизм — на квир-антагонизм[5].

Соответственно квир-Теория с ее акцентом на деконструкции нормальности оказалась в высшей степени совместима с исследованиями инвалидности. Вслед за квир-Теоретиком Джудит Батлер к концепции «принудительной гетеросексуальности» Адриенны Рич — социального принуждения к гетеросексуальности как к норме, к сексуальности по умолчанию — обращается и исследователь инвалидности Роберт Макруэр. В книге 2006 года «Крип-теория: культурные признаки квирности и инвалидности»[6], в которой рассматривается обоюдное влияние квир-Теории и исследований инвалидности, он утверждает:

> Как и принудительная гетеросексуальность, принудительная трудоспособность функционирует, прикрывая видимостью выбора систему, в которой на самом деле никакого выбора нет. Так же как сегодня от большинства людей скрыты истоки гетеросексуальной/гомосексуальной идентичности, в результате чего принудительная гетеросексуальность функционирует как дисциплинарное формирование, исходящее, казалось бы, отовсюду и из ниоткуда, так и истоки трудоспособности/инвалидности скрыты, чтобы быть связанными в систему принудительной трудоспособности, которая также исходит отовсюду и из ниоткуда[7].

Влияние Фуко здесь очевидно. Во фрагменте звучит эхо его представлений о власти, которая действует сразу на всех уровнях, контролируя людей и принуждая их соответствовать ожиданиям[8]. Размыть границы между категориями вплоть до стирания последних — вот решение проблемы. Фуко и последовавшие за ним квир-Теоретики утверждали, что сексуальность и безумие — всего лишь конструкты медицинских дискурсов, которые несправедливо стремятся разделить людей на категории «нормальных» и «ненормальных», при этом исключив последних из участия в доминирующих социальных дискурсах. Таким образом, понимание статуса человеческих возможностей как несправедливо сконструированной «нормы» (трудоспособные) или «ненормальности» (люди с инвалидностью) преобладало в исследованиях инвалидности и вносило в них путаницу с тех самых пор, как они приобщились к методам квир-Теории. Этот новый, постмодернистский подход исключительно удачно вписался в социальную модель инвалидности и стал основой второго этапа ее перехода к прикладному постмодернизму. Ярким примером является книга Дэна Гудли 2014 года «Исследования не/трудоспособности: теории дизэйблизма и эйблизма». Прямолинейно заимствуя у Фуко, Гудли пишет: «Инвалидность нормативно понимается через призму медикализации — процесса, в ходе которого жизнь подвергается переработке посредством редуктивного использования медицинского дискурса»[9]. Он обращается к концепции «биовласти» Фуко, согласно которой научные дискурсы обладают исключительно высоким престижем, принимаются в качестве истины и закрепляются в обществе, где создают категории, хотя кажется, что просто описывают их[10]. Принятие Гудли постмодернистских принципа знания и политического принципа — он считает научные дискурсы репрессивными и ничуть не более точными, чем другие способы познания, — становится очевидным, когда он уподобляет науку колониализму:

> Мы знаем, что колониальное знание конструируется как нейтральное и универсальное благодаря мобилизации ассоциирующихся с ним дискурсов, таких как гуманитарные, филантропические и связанные с искоренением бедности. Мы также можем задать вопрос: как происходит натурализация, нейтрализация и универсализация эйблистского знания?[11]

Пугает, что Гудли считает диагностику, корректировку и устранение ограничений циничной практикой, зиждущейся на порочных предпосылках «неолиберальной системы», в которой индивидов принуждают быть полностью автономными и высокофункциональными, чтобы добиться от них трудового вклада в рамках капиталистического рынка. Еще больше тревожит, что, по его словам, «автономия, независимость и рациональность — это добродетели, к которым стремится неолиберальный эйблизм»[12].

Постмодернистский политический принцип, согласно которому мир сконструирован системами власти, — ключевой в работе Гудли. Он описывает общество языком интерсекциональности, называя его «слиянием пересекающихся дискурсов и привилегий»:

> Я утверждаю, что способы эйблистского культурного воспроизводства и инвалидизирующие материальные условия невозможно отделить от гетеро/сексизма, расизма, гомофобии, колониализма, империализма, патриархата и капитализма[13].

По мнению Гудли, социальная модель Оливера недостаточно интерсекциональна. Он утверждает, что она не включает в себя анализ расы и гендера и не рассматривает инвалидность в терминах квир-Теории — как «идентичность, которой можно гордиться, поскольку она расшатывает нормы и подрывает ценности общества»[14].

Идея того, что люди с инвалидностью должны использовать свои ограничения для расшатывания социальных норм и постмодернистского разрушения категорий, вплоть до отказа от корректировки или устранения этих ограничений, — еще один настораживающий аспект исследований инвалидности, который встречается не только у Гудли. Он наблюдается и в разошедшейся на цитаты работе Фионы Кэмпбелл «Контуры эйблизма: производство недееспособности и полноспособности»[15]. Как и Гудли, Кэмпбелл считает проблематичным взгляд на инвалидность как на что-то по возможности подлежащее лечению:

> Главной особенностью эйблистской позиции является вера, что нарушение функций или инвалидность (независимо от «типа») по своей сути негативны и должны, представься

такая возможность, быть скорректированы, излечены или устранены[16].

В академии и активистских кругах ясно выраженное желание предотвратить или излечить инвалидность с шокирующей частотой выставляется желанием избавиться от *людей с инвалидностью* (а не от их ограничений) — циничная уловка, построенная на злоупотреблении игрой слов. Но Кэмпбелл идет даже дальше. Опираясь на квир-Теорию Джудит Батлер, она характеризует трудоспособность и инвалидность как перформансы, которым люди обучаются в обществе. Они «сосновывают» друг друга, образуя бинарность, которую надлежит разрушить:

> Будь то «типичный представитель биологического вида» (в науке), «нормальный гражданин» (в политической теории), «разумный человек»* (в праве), все эти обозначения указывают на производство, которое проникает в самую душу, что наделяет нас жизнью, и как таковое представляет собой результат и инструмент политических образований. Создание таких режимов онтологического разделения только кажется отделенным от власти. <...> Идентичность *нетрудоспособных* и *трудоспособных* перформируется раз за разом каждый день[17] (курсив в оригинале. — *Прим.* авт.).

Дело не просто в безумности автора или фетишизации обездоленных — это прикладной постмодернизм. Этот предвзятый аргумент несет на себе очевидные следы влияния Жака

---

* «Разумный человек» (*англ.* The Reasonable Man) — абстрактный персонаж, воплощающий традиционный для англо-саксонского права принцип разумности. Служит шаблоном, задающим стандарты поведения среднестатистического гражданина, в соответствии с которыми суд оценивает действия ответчика или обвиняемого. Впервые упомянут в судебных делах в XIX веке.

Деррида и Джудит Батлер. Согласно дерридианскому взгляду наше понимание инвалидности и трудоспособности создает друг друга посредством иерархической дихотомии — то есть каждое из понятий понимается исключительно как противоположность другого, и они не равнозначны. Интерпретировать это помогает понятие *перформативности*, которое Батлер разработала в процессе собственной интерпретации одноименного понятия философа языка Джона Остина*, объединив его с идеями Деррида и Фуко.

Кэмпбелл обращается еще и к критической расовой Теории, особенно к ее постулату о том, что расизм — настолько привычная, обыденная и естественная часть западной жизни, что никто его не замечает и не критикует[18]. Она приспосабливает этот аргумент к исследованиям инвалидности, утверждая, что эйблизм — настолько обыденная форма предрассудков, что мы не задаемся вопросом, почему считается, что лучше быть трудоспособным, нежели иметь инвалидность. Кэмпбелл критикует даже самих людей с инвалидностью, если они выражают желание избавиться от своих ограничений, обвиняя их в «усвоенном эйблизме» — ложном сознании, вынуждающем их принимать эйблизм, несмотря на их собственную инвалидность. Она пишет: «Неосознанно перформируя эйблизм, люди с инвалидностью становятся виновниками своей участи, укрепляя понимание инвалидности как нежелательного состояния»[19].

Все это вполне типично для исследований инвалидности. Лидия Браун, например, аналогичным образом определяет инвалидность как перформанс, а наличие инвалидности — как идентичность, которой можно гордиться. Это бросается в глаза в следующем примере, описании ее диалога

---

* Джон Остин (1911–1960) — британский философ языка, один из основателей философии обыденного языка. Наиболее известен разработкой теории речевых актов.

с подругой-мусульманкой, которая объясняет, почему носит хиджаб, хотя и не верит в понятие скромности в основе этой традиции:

> Ношение хиджаба — это внешний признак того, что она мусульманка. Она исполняет «роль мусульманки», и хочет, чтобы ее ассоциировали с исламом, и предпочитает носить хиджаб, чтобы другие люди — мусульмане или нет — могли идентифицировать ее, подобно тому как я, человек с аутизмом, который хлопает в ладоши не потому, что это инстинктивное или врожденное поведение — и не выработанный самостоятельно стимул, — часто и умышленно предпочитаю хлопать в ладоши, особенно на публике, чтобы привлечь к себе внимание, чтобы другие люди — аутисты или нет — могли идентифицировать меня как аутиста. Я использую это как внешний знак [подобно тому, как некоторые мусульманские женщины предпочитают носить хиджаб, даже не разделяя религиозных убеждений, связанных с покрытием головы][20].

Маловероятно, что этот перформанс, подчеркнуто служащий для привлечения внимания, встретит всеобщее одобрение среди аутистов (как и мусульманский перформанс — среди мусульман). Тем не менее некоторые активисты настаивают на том, что их инвалидность, включая поддающиеся лечению психические расстройства вроде депрессии, тревожности и даже суицидальных мыслей[21], — это положительный фактор, а также уподобляют ее другим аспектам идентичности, которые могут быть использованы для усиления форм политики идентичности.

Такой политизированный подход следует отличать от принятия своих ограничений и психологически позитивного подхода к восприятию реальности жизни с ними. Это различие сравнимо с дистинкцией «чернокожий человек» / «человек, родившийся чернокожим», проводимой критическими расовыми Теоретиками (см. главу 5). Например, в своей книге «Не надо жалости: люди с ограниченными возможностями формируют новое движение за права человека» Джозеф Шапиро возражает против того, чтобы считать комплиментом, когда трудоспособный человек игнорирует чью-либо инвалидность. Он пишет:

> Это как если бы кто-то попытался сделать комплимент темнокожему человеку, сказав: «Ты наименее темнокожий человек из всех, кого я встречал»; так же лживо, как сказать еврею: «Я никогда не думал о тебе как о еврее»; так же неловко, как попытаться польстить женщине словами: «Ты не ведешь себя как женщина»[22].

Шапиро сравнивает «прайды людей с инвалидностью» с гей-прайдами. Инвалидность, по его мнению, заслуживает чествования:

> Как и гомосексуалы в начале 1970-х, многие люди с инвалидностью отвергают «стигму», что в их состоянии есть что-то печальное или постыдное. Они гордятся своей идентичностью людей с инвалидностью, выставляя ее напоказ, вместо того чтобы скрывать[23].

Хотя никто не должен стыдиться своей сексуальности, расы, религии, пола или состояния здоровья, многие люди с инвалидностью, вероятно, не согласятся с мнением, что наличие инвалидности нужно превозносить, — и вряд ли это поможет им найти эффективное лечение или лекарственное средство, если они этого хотят. А этого желания — несмотря на тезисы исследований инвалидности — им не нужно стыдиться.

Дополнительная проблема возникает, когда активисты стремятся принять инвалидность в качестве своей идентичности, чтобы гордиться ею или добиваться расширения политических прав и возможностей, однако при этом не желают, чтобы медицинские работники навешивали на них ярлыки. Зачастую это продиктовано постмодернистским принципом знания, отрицающим, что врачи обладают большей квалификацией в вопросах диагностики инвалидности, нежели кто-либо другой. Это приводит к попыткам самодиагностики с целью соотнесения с какой-нибудь групповой идентичностью. Примером этого служит запись разговора между Лидией Браун и Дженнифер Скуро (ЛБ и ДС соответственно):

> ЛБ: Люди говорят мне: «Я думаю, что я человек с аутизмом, но на самом деле я не хочу этого говорить, потому что мне никогда не ставили диагноз», то есть имеется в виду диагноз, поставленный кем-то, у кого есть буковки ученой степени. Я отвечаю: «Ну, не мне говорить, как ты должен или не должен себя идентифицировать», — но я не верю, что нужно предоставлять эту власть медико-промышленному комплексу, и не доверяю его монополии на определение и установление того, кто считается, а кто не считается аутистом...
>
> ДС: Да, как только я начала интересоваться областью диагностики, как только начала заигрывать с проблемой диагностического мышления, оставленного на откуп исключительно дипломированным диагностам, я бросила вызов навязанному нам запрету мыслить диагностически[24].

По-видимому, этот диалог поощряет самоидентификацию людей через инвалидность в целях обретения групповой идентичности (постмодернистский сюжет) и подрыва возможности медицинской науки производить знание (постмодернистский принцип знания), а также в качестве политически мотивированного способа пошатнуть господствующее убеждение, что инвалидности следует избегать и что ее следует лечить (постмодернистский политический принцип). Как все это может помочь самим людям с инвалидностью, неясно.

Полезное дело идет под откос

Исследования, активизм и социальная модель инвалидности стартовали с правильных позиций. Несмотря на некоторые тревожные концептуальные сдвиги, их первоначальная задача заключалась в том, чтобы, насколько это возможно, переложить бремя социальной адаптации людей с инвалидностью с самих инвалидов на общество. Такая смена акцентов, закрепленная в различных правовых нормах, вероятно, должна была повысить доступ людей с инвалидностью к занятости и социальным возможностям, от которых они были отстранены в прошлом. Это напоминало цели второй волны феминизма, движения за гражданские права и гей-прайдов, и было вполне резонно ожидать, что академия продолжит изучать отношение общества к инвалидности, стремясь изменить его к лучшему.

К сожалению, внедрение прикладной постмодернистской Теории в академические исследования инвалидности, по всей видимости, пустило их под откос. Прикладной постмодернизм, одержимый идеей идентичности, вынуждает людей с инвалидностью отождествлять себя со своими ограничениями, а также восхвалять и политизировать их. Хотя чрезмерная перегруженность медицинскими ярлыками действительно *может* быть в тягость людям с инвалидностью, само по себе глубокое подозрение к медицинской науке вряд ли пойдет им или кому-либо еще на пользу. Интерсекциональность приводит к совершенно ненужному усложнению проблемы предрассудков относительно людей с инвалидностью, топя ее в потоке «пересекающихся дискурсов привилегированности». Использование модели критической расовой Теории с целью доказать социальную сконструированность инвалидности особенно бесполезно, учитывая, что, в отличие от социальных категорий расы, физические и психические нарушения объективно реальны и людям не нравится их наличие из-за того, как они влияют на их жизнь в практическом плане (а не потому, что нелюбовь к ним была навязана в процессе социализации).

Особенно безнравственно требовать от людей с инвалидностью принимать свои ограничения в качестве идентичности и восхвалять их, чтобы подорвать эйблистские культурные нормы во имя постмодернистского политического принципа. Зацикленное на идентичности политиканство может помочь некоторым людям с инвалидностью найти утешение и воспрянуть духом, но далеко не всем. Многие люди с инвалидностью предпочли бы ее не иметь — что абсолютно понятно — и ищут способы улучшить или скорректировать свое состояние, чтобы помочь себе и другим. Это их право. Обвинения в «усвоенном эйблизме» бесцеремонны и оскорбительны. Люди с инвалидностью могут хотеть, чтобы их отождествляли прежде всего не с ограничениями, а с другими аспектами их личности, которые, как им кажется, лучше ее отражают. Осмысленный активизм применительно к правам людей с инвалидностью поддерживал бы такую позицию, а не проблематизировал ее.

Одна из проблем с принятием физической или психической инвалидности в качестве идентичности заключается в том, что это препятствует любой ее возможной корректировке. Например, это может привести к тому, что люди будут проблематизировать использование технологий, позволяющих корректировать нарушения слуха, или отказываться от них, чтобы сохранить возможность идентифицировать себя как неслышащих. Хотя каждый волен делать, что его душе угодно, налицо серьезная путаница в приоритетах. Большинство неслышащих людей, чьи нарушения слуха можно легко устранить с помощью слухового аппарата, не станут отказываться от этого вмешательства[25], а вот люди, которые за это назовут их предателями идентичности, вряд ли могут им в чем-то помочь. Таким образом, исследования инвалидности и связанный с ними активизм оказываются неспособны говорить от имени людей, которых они вроде как поддерживают, а кроме того, мешают им получить желаемую диагностику и лечение. Более того, зацикленность на инвалидности как идентичности может обесценить для индивида другие аспекты его личности, с помощью которых он смог бы лучше реализовать себя и повысить качество жизни. Актуальная ныне культура виктимности, которая присваивает маргинализированным идентичностям[26] статус превосходства, может лишь усилить желание скорее быть инвалидом, нежели не быть им, и всецело сосредоточиться на своих ограничениях. Это особенно тревожно, если люди могут самоидентифицироваться через инвалидность без профессионального диагноза или медицинского обслуживания. В этом отношении исследования инвалидности — это вымощенная благими намерениями дорога в пропасть.

Исследования человеческой полноты

Идентичные проблемы проявляются в смежной для исследований инвалидности области — исследованиях полноты (fat studies). Как и исследования инвалидности, они зародились в 1960-х в США под видом фэт-активизма и с тех пор проявлялись в разнообразных формах, лишь недавно утвердившись в качестве самостоятельного раздела исследований идентичности. Исследования полноты также прочно опираются на квир-Теорию и феминизм — особенно в Великобритании — и решительно сфокусированы на интерсекциональности. Они пытаются выставить негативное восприятие полноты аналогом расизма, сексизма и гомофобии, а кроме того, открыто отвергают науку.

В типичной для постмодернизма манере они сосредотачиваются на социальном конструировании полноты и стремятся воодушевить полных людей отвергнуть медицинские рекомендации и проникнуться участливым «знанием» сообщества, воспринимающего полноту позитивно. Исследования полноты во многом полагаются на постмодернистский принцип, рассматривающий знание как конструкт власти, закрепленной в дискурсах — в данном случае уходящих корнями в «ненависть» к полным людям (фэтфобию) в сочетании с мизогинией и расизмом. Таким образом, исследования полноты склонны к выстраиванию крайне сложных структур угнетения (прибегая к помощи Теории), демонстрации радикально-скептического отношения к науке и продвижению «иных способов познания», включающих в себя личный опыт, Теорию, феминизм и даже поэзию.

Хотя фэт-активизм пользуется наибольшей популярностью в Великобритании, появился он, вероятно, в Соединенных Штатах в связи с основанием Национальной ассоциации по продвижению принятия полноты[27] в 1969 году и возникновением фэт-андеграунда[28] в 1970-х. Фэт-активизм зародился в рамках социальных, культурных и политических изменений 1970-х — выхода на передний план исследования культуры и идентичности и постмодернизма. Однако, по-видимому, фэт-активизм приобрел постмодернистские черты гораздо позже других форм исследований идентичности, опирающихся на прикладную постмодернистскую Теорию. Возможно, это обусловлено тем, что до недавнего времени исследования полноты не были самостоятельным академическим направлением, хотя феминистские академики уже давно выстраивали Теории насчет давления, оказываемого на женщин представлениями о стройности фигуры. Исследователи полноты настаивают, что широко распространенная и принятая в обществе «фэтфобия» мешает воспринимать их всерьез, а также считают ее проявлением любое исследование ожирения (obesity) как опасного и (обычно) поддающегося лечению медицинского диагноза.

Исследования полноты выросли из фэт-феминизма. Он был тесно связан с радикальной и радикально-лесбийской ветвями феминизма и, следовательно, не пользовался популярностью у широкой аудитории. Ситуация не менялась вплоть до 1990-х, покуда либеральные общественные течения не пробудили к жизни движение бодипозитивизма, сосредоточенное на принятии и чествовании «полных тел». Связанное с ним движение «Здоровье любого размера» (Health at Every Size), в различных формах существовавшее, видимо, еще с 1960-х, начало играть заметную роль в 2003 году, когда Ассоциация за разнообразие размеров тела и здоровья (Association for Size Diversity and Health) зарегистрировала это название под видом торговой марки[29]. В 2010 году Линда Бэкон, исследователь в области физиологии и психотерапии, стала автором популярной книги под названием «Здоровье любого размера: удивительная правда о вашем весе»[30], в которой она утверждает, что тело любого размера может быть здоровым[31]. Медики это убеждение не разделяют[32].

Исследования полноты стремительно развивались, взяв за основу прикладной постмодернистский подход, и вскоре всецело пропитались идеями интерсекциональности, что привело к появлению лишенных логики утверждений вроде того, что «невозможно устранить угнетение на основе веса/размера тела, не обратившись к интерсекциональности всех угнетений»[33]. Претензии исследований полноты на статус независимой дисциплины усилились в 2012 году, когда был основан научный журнал *Fat Studies*. Журнал напрямую уподобляет негативные мнения о полноте — включая опасения по поводу возможных последствий лишнего веса или ожирения для здоровья — предрассудкам, основанным на незыблемых характеристиках, заявляя: «Исследования полноты схожи с академическими дисциплинами, изучающими расу, этническую принадлежность, гендер или возраст»[34].

Развитие исследований полноты всесторонне описала британка Шарлотта Купер — пожалуй, ведущий исследователь в этой области и автор книги «Фэт-активизм: радикальное общественное движение» (2016). Купер отмечает фактический отказ от фэт-активизма со стороны радикального феминизма и его возрождение в рамках постмодернистского феминизма:

> Истоки фэт-феминизма лежат в проблематичном, опороченном, раскритикованном и малопонятном виде феминизма, а именно — радикальном лесбийском феминизме и в какой-то степени лесбийском сепаратизме. Критика этого феминизма по причине, к примеру, его эссенциализма и фундаментализма возникла в квир-, постмодернистском и феминизме третьей волны[35].

В рамках исследований полноты негативное отношение к лишнему весу принято ставить в один ряд с расизмом, сексизмом, гомофобией, трансфобией, дизэйблизмом и империализмом, несмотря на существование убедительных доказательств того, что полнота или ожирение — это результат стабильного потребления избыточного количества калорий, представляющего существенную опасность для здоровья. На сегодняшний день фэт-активизм и исследования полноты глубоко пропитаны интерсекциональностью и феминизмом и во многом опираются на квир-Теорию и батлерианскую политику пародии[36]. В своей книге Шарлотта Купер описывает акцию фэт-активизма, ставшую ответом на летние Олимпийские игры 2012 года в Лондоне (Олимпийские игры вообще считаются экстремальным воплощением фэтфобии), под названием «Жиропиада» (Fattylympics) — нарочито нелепые квазиатлетические соревнования, проведенные в одном из лондонских парков в качестве акта стратегического сопротивления и протеста.

Особое влияние на развитие исследований полноты оказали квир-Теория и Джудит Батлер. Например, в самом начале своей книги Шарлотта Купер заявляет, что она — «открыто квирная», а кроме того, призывает фэт-активистов «по возможности сопротивляться соблазнам принятия и ассимиляции и использовать квирные стратегии для того, чтобы оживить движение»[37]. Вновь задействована — причем в довольно параноидальной манере — и концепция «биовласти» Фуко, согласно которой научные дискурсы обладают неподобающей властью как производители знания, закрепляемого на всех уровнях общества посредством дискурсов. Как пишет Купер,

> в «Истории сексуальности» и в других работах власть не закреплена за руководящими органами, а отсылает к низшему субъекту, — это динамическое поле, в которое вовлечен каждый[38].

Она также утверждает:

> Работы Мишеля Фуко о правительности обычно используются в контексте теорий о взаимоотношении тела и власти теми, кто исследует, как полных людей социально контролируют, стратифицируют, держат под надзором, регламентируют, патрулируют и как те управляют собой[39].

Это не просто персональные заскоки Шарлотты Купер. Кэтлин Лебеско, заместитель декана по академическим вопросам колледжа Мэримаунт Манхэттен, озвучивает аналогичную позицию в «Хрестоматии исследований полноты»[40]. Такая вера в скрытые дискурсы, посредством которых передается власть и поддерживается дисциплина, встречается в текстах фэт-активизма на каждом шагу: это обращение не только к Фуко, а еще и к Джудит Батлер[41]. По мнению Купер, «дискурс полноты — тоталитарен», то есть «он выставляет себя единственным авторитетом в отношении лишнего веса, заявляя, что ничто другое не имеет значения»[42]. С точки зрения исследователя полноты Мэрилин Ванн,

> каждый человек, живущий в жироненавистнической культуре, неизбежно пропитывается негативными убеждениями, допущениями и стереотипами по отношению к полноте, а также неизбежно занимает какую-либо позицию в соответствии со структурами власти, основанными на весе. Никто из нас никогда не сможет надеяться полностью избавиться от такой выучки или выпутаться из сети власти[43].

Давайте взглянем на ситуацию шире. Представьте себе сетку власти. Так, согласно постмодернистскому взгляду на мир, устроено общество. Мы рождаемся и позиционируемся в обществе в соответствии с аспектами нашей идентичности и поэтому находимся на разных уровнях доступа к власти — привилегия подобна включению в сеть, — и мы обучаемся перформить свою позицию и таким образом «проводить» власть через себя как часть системы, зачастую даже не подозревая о существовании этой сети. В основном мы обучаемся этому в ходе социализации, встраиваясь в «гегемоннные» роли идентичности, созданные и принятые обществом. Этот процесс редко бывает осознанным. Исполняя свои роли, мы соглашаемся с социальными и культурными допущениями, которые предоставляют доступ к власти или отказывают в нем. Более того, доступ к власти развращает, вынуждая исполнять роли, укореняясь в которых мы (и все остальные) принимаем несправедливость системы, оправдываем свой доступ к власти и находим объяснения исключению других. Все это происходит посредством дискурсов — способов, в том числе и невербальных, высказывания о вещах. Со временем эта концепция общества, порождение малопонятного и усложненного языка первоначального постмодернизма, превратилась в систему убеждений. Поэтому Теоретики зачастую воспринимают ее словно объективное суждение — с уверенностью, невозможной для постмодернистов первого поколения.

Теория – параноидальная фантазия

Для того чтобы ориентироваться в этой запутанной сети пропитанных властью дискурсов, необходимо сначала научиться их обнаруживать. Именно для этого была придумана критическая Теория. Такой круговой логикой Теория оправдывает собственное существование. Некоторые исследователи полноты убеждены в первостепенной значимости гендера — то есть интерсекционального феминизма и квир-Теории:

> Сексизм превратился в глубоко зашифрованный набор линий поведения, который трудно разомкнуть, если не знать, как их обнаружить. Для разоблачения сексистского поведения может потребоваться доступ к особому образованию и языку. Часто этот критический язык считается подозрительным или чрезмерно интеллектуальным продуктом параноидального воображения[44].

Другие, признавая продуктивность и уместность подхода интерсекциональности и квир-Теории к анализу и подрывной деятельности, в конечном итоге все же сосредотачиваются на капитализме. Шарлотта Купер, например, выдвигает аргумент, очень похожий на тот, что приводит Гудли в «Исследованиях инвалидности». С ее точки зрения, силы «неолиберализма» (следует понимать: капиталистическое общество) вынуждают людей подстраиваться под общество, вместо того чтобы требовать от общества обеспечить им все необходимые условия. Поэтому Купер резко критикует движение бодипозитивизма, которое она считает формой «джентрификации»* по причине его «акцента на индивидуализме, а не на коллективности»[45]. Ее претензия заключается в том, что бодипозитивизм возлагает ответственность за любовь к собственному телу на индивида, которому полагается быть довольным тем, какой он есть, а не требует от общества изжить негативное отношение к полноте — проблематичный подход, который можно назвать *перекладыванием ответственности*. Как утверждает одна из членов так называемого «сообщества полных людей» по имени Лиз, у которой Купер взяла интервью для «Фэт-активизма», «ненависть к полным людям подпитывается капитализмом, потому что компании производят продукт, цель которого — сделать полных людей худыми»[46], а «капиталистическая основа активизма показывает, что главный мотиватор в процессе джентрификации фэт-активизма — доступ в общество, а не социальные преобразования»[47].

Если это звучит как параноидальная фантазия, то не удивительно: это она и есть. Представление об интерсекциональной сетке власти, раскинутой вокруг фэт-активизма, запутано сверх всякой необходимости. Биология и нутрициология ошибочно истолковываются как формы фукианской «биовласти», ограничивающей и дисциплинирующей людей. Медицина, занимающаяся проблемой ожирения, ошибочно понимается как навязывание людям репрессивного, дисциплинирующего нарратива. «Называя полных людей „страдающими ожирением“, мы медикализируем человеческое разнообразие»[48] и «Медикализация

---

* Джентрификация (*англ.* gentrification) — в урбанистике реконструкция депрессивных районов исторической застройки с целью привлечения зажиточных жильцов и инвесторов. — *Прим. ред.*

разнообразия побуждает на неуместные поиски „лекарства“ от естественных различий»[49], — вторя Фуко, заявляет Мэрилин Ванн в предисловии к «Хрестоматии исследований полноты». Кэтлин Лебеско сравнивает полноту с гомосексуальностью и считает, что аналогично ей полнота должна быть признана естественным явлением, не требующим лечения. Несмотря на многочисленные доказательства того, что лишний вес или ожирение повышают риск серьезных заболеваний и преждевременной смерти, чего нельзя сказать о гомосексуальности, Лебеско высказывает предположение, что полные люди, считающие свой вес проблемой, были вынуждены смириться со своим угнетением:

> То, что полные люди и квиры с готовностью принимают науку и медицину как решение своих социально сконструированных проблем, напоминает стокгольмский синдром — ведь наука и медицина долгое время способствовали угнетению полных людей и квиров, один за другим приводя доводы, патологизирующие гомосексуального или «страдающего ожирением» индивида (идет ли речь о его разуме или о теле)[50].

Возможный ответ на это — принять или даже приумножить свою полноту. «Чтобы создать полное тело, требуется время, — пишет исследовательница полноты Эллисон Митчелл, — еще больше времени требуется, чтобы создать полное и политизированное тело»[51]. Лебеско заходит еще дальше, утверждая, что «научное знание не охватывает всего»[52], намекая на то, что фэтфобия движима евгеникой, и выступая за использование социальных и политических инструментов для борьбы с ненавистью к полноте. В противоположность этому подчеркивание ценности здоровья выставляется проблематичной идеологией, зовущейся *хелсизмом* (healthism).

Хелсизм подкрепляется *нутрициологией*, представляющей собой чрезмерное, как полагают Теоретики полноты, внимание к значимости пищевой ценности продуктов в контексте изучения питания и диетологии. Параллельные «критические» исследования диетологии и питания в ответ стремятся перенести эти вопросы в поле Социальной Справедливости. Люси Афрамор и Жаки Гинграс, например, считают предосудительным, что в основе исследований диеты и питания, как правило, лежит наука:

> Диетология признаёт знание, подкрепленное доминирующей научной литературой, созданной на основе строгих научных методов и количественных исследований. Такое рациональное знание имеет свои последствия в том, как преподается и практикуется диетология[53].

А также:

> Но поддержание строгости научной традиции ограничивает участие в смыслообразовании: язык здесь — не нейтральный инструмент, а скорее мощно заряженный политический вектор. Слова, используемые нами, отражаются на нашей способности генерировать возможности[54].

Вместо того чтобы воспользоваться наукой и с ее помощью разобраться в вопросах диеты и питания, а также в их последствиях для здоровья, эти критические диетологи «решили прибегнуть к поэзии как к способу „создания культуры, ориентированной на праксис“ и возмущающей статус-кво»[55]. Они призывают «переосмыслить роль, которую диетологические установки в отношении полноты и гендера играют в легитимации и конструировании науки»[56]. Вряд ли эта затея поможет продвинуть вперед какую-либо из упомянутых дисциплин или вообще поможет кому-нибудь хоть в чем-нибудь, кроме того, что на время позволит почувствовать себя особенным. В этой связи учебник «Критическая диетология и критические исследования питания», предназначенный для студентов университетов, вызывает серьезное беспокойство. Движение «Здоровье любого размера» все же не дошло до отрицания медицины, хотя и использовало сомнительные медицинские исследования в поддержку своего убеждения, что человек с любым весом может быть здоров, однако «Критическая диетология» утверждает, что наука ничем не отличается от любого другого подхода к пониманию пищи, питания, диеты и полноты:

> Хотя мы не отвергаем научный метод как средство создания знания о мире целиком, критическое направление отрицает представление, что создать объективное, свободное от оценочных суждений и не затронутое людскими предрассудками знание в принципе возможно. Критическое направление также отвергает убеждение, что какой-либо из способов создания знаний о мире превосходит другой или сам по себе является полноценным. Как таковая [критическая диетология] опирается на постструктурализм и феминистскую науку (два других направления), которые утверждают, что не существует одной-единственной истины о любой отдельно взятой вещи, что возможны множественные истины в зависимости от того, кто и с какой целью спрашивает, и что знание не может быть аполитичным, даже если оно считается позитивистским (то есть ценностно нейтральным или беспристрастным)[57].

Это настолько ярко выраженное отрицание объективной реальности, насколько вообще возможно. Авторы прибегают к «постструктурализму и феминистской науке» с целью отвергнуть неоспоримые доказательства того, что питание играет важную роль в здоровье человека, а лишний вес и ожирение повышают риск сердечных заболеваний, возникновения нескольких видов онкологии и диабета — не говоря уже о синдроме поликистозных яичников, а также проблемах с суставами, передвижением и дыханием, — а кроме того, сильно коррелируют с риском преждевременной смерти. Аналогичного «фэтфобного» отказничества в отношении здоровья придерживается и Купер. Она выступает за «исследовательскую справедливость», согласно которой эмпирические исследования полноты при желании допустимо заменить на «телесное знание сообщества»[58] с целью «получить доступ к знанию, уже созданному полными людьми»[59].

Наука групп взаимопомощи

Исследования полноты и фэт-активизм, по всей видимости, зародились в разных местах и в разное время и затем обросли множеством ответвлений. Помимо своих радикально-лесбийских феминистских основ, фэт-активизм включает в себя горделивое бодипозитивистское движение, сомнительную, но популярную модель «Здоровье любого размера» и (с недавних пор) интерсекциональное квир-феминистское подразделение, подкрепленное соответствующими академическими исследованиями — то есть Теорией. Размножение всех этих подходов убедительно свидетельствует, что полные люди испытывают нужду в защите прав и общественной поддержке. Фэт-активизм мог бы играть важную роль в обществе, если бы сумел противостоять дискриминации и предрассудкам в отношении полных людей и обеспечить систему поддержки, при этом не скатываясь к радикальному социальному конструктивизму, паранойе и отрицанию науки.

К сожалению, в настоящее время исследования полноты представляют собой одну из самых иррациональных и оторванных от жизни форм академического активизма в рамках исследования идентичности. Опоздав к началу вечеринки и не имея устойчивой внутренней структуры, они были вынуждены вместить в себя множество форм уже существующих Теорий идентичности — от критической расовой до феминистской и квир-Теорий, с вплетениями антикапиталистической риторики и идей исследований инвалидности, — в результате чего стали в высшей степени запутанными и невнятными.

Исследователи полноты все время пытаются отождествить себя с теми активистами и исследователями, которые борются с предрассудками, основанными на незыблемых характеристиках вроде расы, пола и сексуальности, что зачастую выглядит неубедительно из-за наличия доказательств того, что лишний вес вызван перееданием. Опять же, продуктивный активизм мог бы направить свои усилия на борьбу со стереотипом о том, что переедание — это просто результат недисциплинированности и ненасытности, и привлечь внимание к психологическим и физиологическим нюансам, которые делают эту проблему столь труднопреодолимой для множества людей, — однако исследования полноты не пошли по этому пути. Взамен они обратились к постмодернистским политическому принципу и принципу знания, а также к четырем постмодернистским сюжетам, интегрировав их в свой подход. Все это похоже на группу взаимопомощи, решившую объявить свою методику наукой.

Фэт-активизм также критикуют на том основании, что он подрывает другие формы активизма, пытаясь обозначить чересчур близкое родство с ними. Например, идея о том, что полнота равнозначна гомосексуальности, может поставить под угрозу с таким трудом и лишь недавно достигнутое единодушие по поводу того, что гомосексуальность не зависит от ценностей, не является врожденной и не представляет никакой опасности для здоровья. К тому же обвинять полных людей, недовольных своим состоянием, в стокгольмском синдроме или усвоенной фэтфобии очевидно безнравственно. Однако, поскольку стирание индивидуальности на благо групповой идентичности и фокусировка на власти языка — первоочередные задачи исследований полноты, этот ход считается необходимым и похвальным.

Но хуже всего то, что такая форма фэт-активизма потенциально опасна. Люди, страдающие от низкой самооценки по причине того, что им трудно контролировать свой вес, могут получить мотивацию отвергнуть медицинский консенсус, рассматривающий ожирение как опасное заболевание, распространенное в эпидемических масштабах. Если фэт-активизму удастся достичь статуса, которым на сегодняшний день обладают феминистский и антирасистский активизм, то врачи, ученые-медики и медицинские исследователи могут начать опасаться предоставлять полным людям фактическую информацию относительно их здоровья, что ограничит способность последних принимать осознанные решения.

В целом исследования полноты вряд ли можно назвать строгим подходом к изучению хоть чего-либо, и все же они нашли свое место внутри различных дисциплин, которые в совокупности можно назвать *академическими исследованиями Социальной Справедливости*. Эти дисциплины сильно отличаются друг от друга, хотя у них достаточно общего, чтобы их можно было легко идентифицировать: обычно они называются «критические X» или «исследования X», где «X» — это то, что вызывает их возмущение, и то, что они стремятся разрушить и модифицировать в соответствии с постмодернистскими принципами. Несмотря на внимание к широкому диапазону вопросов, охватывающих чуть ли не все человеческие начинания, у них есть один общий элемент — Теория, которая, будучи применимой на практике, наделяет основополагающие постмодернистские допущения статусом *объективной реальности*. Именно на эту Теорию нам и следует обратить внимание.

8. Академические исследования социальной справедливости

Истина в понимании Социальной Справедливости

Овеществленный означает «превращенный в нечто конкретное»; абстрактное понятие, приравненное к реальному. Начиная примерно с 2010 года и неуклонно набирая обороты, академические исследования, собранные под внушительным знаменем «Социальной Справедливости», — которые мы будем называть *академическими исследованиями Социальной Справедливости,* — принимали окончательные очертания в контексте новой, третьей фазы постмодернистского проекта. На этом этапе исследователи и активисты беспрекословно уверовали в овеществление некогда абстрактных и сомнительных постмодернистских принципа знания и политического принципа.

В первой главе мы объяснили, как эти основополагающие принципы подразумевают, что объективная истина недостижима, знание представляет собой конструкт власти, а общество состоит из систем власти и привилегий, которые подлежат деконструкции. Как мы показали в главах со второй по седьмую, этим убеждениям было найдено практическое применение в ходе прикладной постмодернистской фазы 1980–1990-х, когда постмодернизм разделился на постколониальную Теорию, квир-Теорию, критическую расовую Теорию, интерсекциональный феминизм, исследования инвалидности и исследования человеческой полноты. Впоследствии, особенно после 2010 года, эти постмодернистские дисциплины проникли в интерсекциональные исследования и активизм Социальной Справедливости, а также начали пускать корни в общественном сознании как якобы достоверные способы описания механизмов знания, власти и общественных отношений.

В ходе первой фазы (примерно 1965–1990 годы) постмодернистский принцип знания и постмодернистский политический принцип использовались в основном в целях деконструкции; в ходе второй (примерно 1990–2010 годы) — применялись для реконструкции, воплотившись в прикладном постмодернизме, однако в обоих случаях их действие, по сути, ограничивалось определенными академическими и активистскими кругами. На третьей фазе постмодернистские принципы рассматриваются как фундаментальные истины не только в этих кругах, но и за их пределами. Десятилетиями воспринимаемые академиками и активистами в качестве знания, принципы, сюжеты и постулаты Теории превратились в *известное знание** — утверждения о мире, принимаемые людьми за данность, потому что люди «просто знают», что они истинны. В результате убеждение, что общество структурируется конкретными, но по большей части невидимыми системами власти и привилегий, основанными на идентичности, которые конструируют знание через способы высказывания о вещах, отныне рассматривается академиками и активистами Социальной Справедливости как объективно истинное утверждение применительно к организующему принципу общества. Звучит как метанарратив? Это он и есть.

---

* См. примечание на с. 80. — *Прим. ред.*

Исследователи Социальной Справедливости, а также ее популяризаторы и активисты воспринимают постмодернистские принципы и их следствия как *Истину* и считают, будто они открыли аналог микробной теории болезни, только в отношении нетерпимости и угнетения.

Овеществление двух постмодернистских принципов означает, что радикальный скептицизм раннего постмодернизма в отношении достоверности любого знания постепенно трансформировался в полную убежденность, что знание сконструировано во благо власти, укорененной в идентичности, и это можно изобличить, если пристально изучить, как мы используем язык. Поэтому академические исследования Социальной Справедливости пестрят упоминаниями того, как патриархат, превосходство белой расы, империализм, циснормативность, гетеронормативность, эйблизм и фэтфобия в буквальном смысле структурируют общество, заражая все, к чему прикасаются. Они существуют в состоянии имманентности — присутствуют всегда и везде, завернутые в красивую упаковку, которая, однако, до конца не скрывает их сущности. В этом суть овеществления постмодернистского принципа знания. В существующей «реальности» усматривается множество проблем, которые необходимо постоянно выявлять, подвергать порицанию и устранять, чтобы исправить ситуацию. В появляющихся вслед за этим текстах — своего рода Евангелии Социальной Справедливости — с железобетонной уверенностью утверждается, что все белые люди — расисты, все мужчины — сексисты; расизм и сексизм существуют и угнетают, даже если нет ни одного человека, который имел бы расистские или сексистские намерения или придерживался бы подобных убеждений (в привычном понимании этих терминов); пол не является биологической категорией и крайне многообразен; язык в прямом смысле приравнивается к насилию; непризнание гендерной идентичности буквально убивает людей; желание вылечить инвалидность и ожирение порождает ненависть; все вокруг подлежит деколонизации. В этом суть овеществления постмодернистского политического принципа. Этот подход не признаёт категории и границы и стремится размыть их, а также уделяет пристальнейшее внимание языку как средству формирования и закрепления дисбаланса власти. Он характеризуется глубоким культурным релятивизмом, фокусом на маргинализированных группах и почти полным безразличием к универсальным принципам или интеллектуальному разнообразию индивидов. Четыре сюжета постмодернизма сохранили свое ключевое значение в контексте методов и морали академических исследований Социальной Справедливости, однако зазвучали по-новому. Они, равно как и постмодернистские принципы, стали гораздо проще и прямолинейнее, поскольку адепты Теории укрепились в своей уверенности касательно ее основополагающих постулатов. Академические исследования Социальной Справедливости — это эволюция постмодернизма в его третью, кульминационную форму: *овеществленный постмодернизм*. Добропорядочному человеку, познавшему Истину Социальной Справедливости, надлежит присягнуть ее метанарративу и всячески продвигать точку зрения Теории на то, как устроен этот мир и как его следует изменить.

По причине овеществления своих основополагающих принципов, которое началось, когда постмодернизм стал прикладным, академические исследования Социальной Справедливости нельзя ограничить одной из областей Теории. Они настолько интерсекциональны, что в случае необходимости обращаются к любой из них, беспрестанно проблематизируя общество и даже свои собственные элементы и соблюдая лишь одно золотое правило: Теория — неопровержима; Теория — реальна. Академические исследования Социальной Справедливости стали своего рода Теорией всего и вся, набором неоспоримых Истин (с большой буквы), основные постулаты которых были позаимствованы у первоначального постмодернизма и окончательно сформулированы в контексте производных от него Теорий.

Эволюция постмодернизма

Если первое поколение постмодернистов конца 1960-х характеризовалось радикальным скептицизмом и отчаянием, а второе, появившееся на сцене в конце 1980-х, — уходом от безнадежности и стремлением применить основные постмодернистские идеи в политической практике, то третье, вышедшее на первый план в период с конца 2000-х до начала 2010-х, — убежденностью и активистским задором. Первоначальный постмодернизм в значительной мере воплотил в себе глубокое разочарование от крушения марксистского проекта, давнишней аналитической основы левых академиков. По причине краха их излюбленной теоретической концепции те заняли циничную позицию, заявив, что более ничему доверять нельзя. Метанарративы, на которые они направили свой скептицизм, включали в себя христианство, науку, понятие прогресса и многие другие — однако важно, что с падением марксизма была потеряна и надежда перестроить общество в соответствии с идеалом «справедливости». Поэтому академики стремились лишь к безрадостному, пусть и иронично-игривому, процессу демонтажа, деконструкции и разрушения существующих структур. Таково было состояние культурной мысли в 1970-е.

Когда двадцать лет спустя эта первая волна отчаявшегося скептицизма — *деконструктивистская фаза* постмодернизма — изжила себя, левые академики несколько воспряли духом и приступили к поискам более позитивных и применимых на практике форм Теории, попытавшись соорудить что-нибудь из двух ключевых постмодернистских принципов и четырех сюжетов. Таким образом, постмодернистская Теория превратилась во множественные прикладные постмодернистские Теории. Постколониализм представлял собой попытки реконструировать разнообразные представления Востока о самом себе (хотя Бхабха и Спивак были крайне пессимистичны на этот счет) и спасти «Другого» от Запада, преимущественно разнося в пух и прах последний. Убежденность квир-Теории в том, что все категории являются социальными конструктами и перформативами, породило свой тип активизма. Продолжая деконструировать категории, размывать границы и считать все вокруг текучим и неустойчивым, квир-Теория стремилась «освободить» людей, которые не вписываются в категории пола, гендера и сексуальности, от связанных с ними ожиданий. Поскольку истоки критической расовой Теории лежали в правоведении, она была более конкретной и применимой на практике. Однако, обратившись к черному феминизму, она породила концепцию интерсекциональности, которая в итоге стала доминировать в феминистской среде. Прежде всего интерсекциональный феминизм стремился к расширению прав и возможностей женщин при помощи политики идентичности и коллективных действий, что во многом определяет текущие культурные настроения в обществе. Существенно опираясь на квир-Теорию, исследования инвалидности и новоявленные исследования человеческой полноты произвели на свет несколько насквозь пропитанных Теорией работ, но их подход и предпосылки были довольно прямолинейны — выставлять медицинскую науку социальным конструктом, а также воинственно защищать и восхвалять идентичность инвалидов и полных людей. Таким образом, к 1990-м произошел прикладной постмодернистский поворот, сделавший постмодернистскую Теорию практикой и сместивший фокус внимания на политику идентичности и идентичность в целом.

В ходе своего развития в рамках различных форм исследований идентичности в конце 1990-х и 2000-х годах — таких как гендерные исследования, исследования сексуальности и этнические исследования — эти Теории все больше сближались в своих целях, становясь интерсекциональными. К середине 2000-х, изучая одну из ключевых тем — пол, гендерную идентичность, расу, сексуальность, иммиграционный статус, индигенность, колониальный статус, инвалидность, религию или человеческий вес, — стало необходимо брать в расчет и все остальные. Хотя академики могли — и до сих пор могут — иметь определенные приоритеты, смешений и слияний становилось все больше. В результате возникла общая форма академических исследований, уделяющая внимание «маргинализированным группам» и множественным системам власти и привилегий.

В списке интерсекциональных идентичностей удивительным образом отсутствует всякое значимое упоминание об экономическом классе — эта составляющая игнорируется почти полностью. Традиционных марксистов можно критиковать за чрезмерную увлеченность экономическим классом как ключевым общественным фактором, из-за чего они подчас упускали из виду или недооценивали другие оси угнетения, в частности угнетение женщин и сексуальных меньшинств. Феминистскому движению начала 1970-х и последовавшему вслед за ним движению за права геев удалось успешно разбавить эту зацикленность на классе. Однако в настоящее время экономический класс упоминается разве что в «интерсекциональной» связке с другими формами маргинализированной идентичности. Поэтому неудивительно, что представители рабочего класса и малообеспеченных слоев населения зачастую чувствуют себя отчужденными от современных левых, которые, как справедливо подмечают марксисты, весьма озабочены буржуазными проблемами. Крайне иронично, что движение, претендующее на проблематизацию всех источников привилегий, возглавляют высокообразованные исследователи и активисты, представители верхушки среднего класса, которые не замечают собственного привилегированного статуса в обществе.

По мере того как разнообразные маргинализированные группы объединялись в единое целое, а многочисленные течения мысли образовывали общий пул схожих, пусть и соперничающих друг с другом идей, уверенность академических исследователей и активистов в основополагающих предпосылках Социальной Справедливости все больше укреплялась. К началу 2010-х годов двусмысленность и неопределенность, до того момента характеризовавшие постмодернизм, почти полностью исчезли, равно как и непроницаемый, малопонятный язык, который Алан Сокал* и Жан Брикмон** в середине 1990-х окрестили «модной чепухой»[1]. Сохраняя некоторую специфику, к 2010-м годам этот язык стал гораздо вразумительнее. Слова стали сильнее, убедительнее.

Эта убежденность уходит корнями в предыдущий, прикладной этап постмодернизма, на котором академические активисты дистанцировались от радикального скептицизма, заявив, что для борьбы с систематическим угнетением необходимо принять его как объективную истину. Например, в «Нанесении границ» Кимберли Креншоу, основополагающем тексте интерсекциональности, значительное внимание уделяется важности различия между утверждениями «чернокожий человек» и «человек, родившийся чернокожим». Этому вторили и другие исследователи в области критической расовой Теории, например белл хукс, а квир-Теоретики схожим образом высказывались

---

* Алан Сокал (р. 1955) — британский математик и физик, специалист в области статистической физики и комбинаторики. Профессор Университетского колледжа Лондона и Нью-Йоркского университета. В 1994 году послал в журнал *Social Text* статью о культурных и политических следствиях квантовой гравитации, написанную как пародия на актуальные социальные исследования. Статья была опубликована. — *Прим. ред.*

** Жан Брикмон (р. 1952) — бельгийский физик и общественный деятель. Профессор Левенского католического университета. Критик постмодернизма.

об идентичности геев, лесбиянок, бисексуалов, транссексуалов, гендерно-неконформных людей и квиров. Идентичности, основанные на национальном происхождении и истории, стремительно завоевали популярность благодаря постколониальной Теории, а идентичности полных людей и инвалидов — включая идентичности, основанные на психических расстройствах, таких как депрессия и тревожность, — вошли в употребление под влиянием исследований полноты и инвалидности. К 2010-м годам описанный подход, а также постмодернистские принципы и сюжеты, используемые для взаимодействия с этими «реальностями», стали догматом веры, и активисты и Теоретики безо всякого страха ратовали за них.

На сегодняшний день академические исследования Социальной Справедливости в основном сосредоточены на идентичности, которую они используют как инструмент определения истины, а также на политике идентичности, основе их усилий по изменению мира. Поэтому после 2010 года большая часть исследований именуются «феминистской», «квирной» и т. д. *эпистемологией* (изучением знания и производства знания) или *педагогикой* (теорией образования). Даже если в них не используются слова «эпистемология» или «педагогика», почти все исследования Социальной Справедливости изучают то, о чем говорится, во что верят, что предполагается, чему учат, что распространяется, а кроме того, какие предубеждения привносятся преподаванием, дискурсами и стереотипами. Все они исходят из теоретической предпосылки, что общество функционирует при помощи систем власти и привилегий, закрепленных в языке, которые создают знание исходя из потребностей привилегированных и отрицают опыт маргинализированных. Таким образом, академические исследования Социальной Справедливости нацелены на борьбу с наукой[2] и любыми другими аналитическими методами, которые противоречат их предпосылкам или утверждениям, сделанным на их основе.

Поэтому исследователи Социальной Справедливости возмущаются, когда рациональное мышление и доказательный метод называют лучшими способами познания истины, и требуют заменить их на «эпистемическую» и «исследовательскую справедливость». Это означает необходимость учитывать прожитый опыт, эмоции и культурные традиции групп меньшинств и считать их «знанием», которому следует отдавать предпочтение перед несправедливо господствующими аналогами, основанными на рациональности и доказательствах. Исследовательская справедливость часто подразумевает умышленный отказ от цитирования белых западных исследователей-мужчин в пользу их коллег, обладающих неким интерсекциональным маргинализированным статусом. Иногда доходит до игнорирования заслуг представителей привилегированных групп идентичности, из-за чего становится труднее прослеживать происхождение тех или иных идей в работах белых мужчин — прародителей постмодернизма. Поразительным, но типичным примером этой тенденции служат обширные отсылки философа и черной феминистки Кристи Дотсон к «эпистемическому насилию» Гаятри Спивак и при этом полное отсутствие упоминаний о том, что Спивак опиралась на работы Мишеля Фуко[3]. Маловероятно, что это просто небрежное отношение к делу или оплошность (Дотсон педантична, а Спивак упоминает о фукианских истоках своей концепции почти на каждой странице «Могут ли угнетенные говорить?»); гораздо более вероятно, что это умышленное вычеркивание постмодерниста более раннего поколения в угоду исследовательской справедливости. Как было отмечено в похожей ситуации:

> Одно из дружеских критических замечаний, которые я [Анж-Мари Хэнкок. — *Прим. пер.*] сделала в адрес статьи, касалось ее взаимодействия с интерсекциональной теорией, в частности использования концептуализации власти

> Мишеля Фуко вместо формулировки Патриции Хилл Коллинз из «Черной феминистской мысли». Моя претензия была двухсоставной: если автор намеревается осмысленно затронуть вопросы разнообразия и феминистской мысли в контексте интерсекциональности, то имело бы смысл воспользоваться формулировкой интерсекциональной власти ведущего теоретика черной феминистской мысли. А кроме того, я не убеждена, что обращение к Фуко способно внести значимый вклад в развитие исследований интерсекциональности, учитывая все различия[4].

Другими словами, независимо от происхождения тех или иных понятий единственный заслуживающий доверия способ проводить исследования с точки зрения интерсекциональности — ссылаться на работы Теоретиков черного феминизма.

Паноптикум новых терминов

Когда идеология — то есть философия плюс моральный императив — овеществляет свои основные постулаты, ее приверженцы зачастую приобретают повышенный интерес к знанию и его производству. Это происходит потому, что идеологии нужно доказать реальность своих предположений. Обычно этим занимаются философы: богословы, метафизики и теологи, — экспериментирующие с понятием знания, чтобы убедиться, что их моральные убеждения соответствуют реальности. (Именно поэтому Платон описывал знание как *правильное мнение с объяснением**.) Таким образом, академические исследования

---

* По-видимому, авторы цитируют диалог Платона «Теэтет». Здесь использован перевод текста Т. В. Васильевой: *Платон*. Собрание сочинений: в 4 т. Т. 2. М.: Мысль, 1994. С. 192–274. — *Прим. ред.*

Социальной Справедливости питают глубокий интерес к отношениям между идентичностью и знанием. Это значит, что они стремятся обнаруживать, демонстрировать и ликвидировать предполагаемую несправедливость, характерную для систем знания и производства знания (науки в широком смысле), а также способ его передачи при помощи образования.

Вышеописанное — извечная привычка идеологов. Даже еще не успев испытать влияние постмодернизма, исследования идентичности уже фокусировались на взаимосвязи между идентичностью человека и тем, что он способен знать. Например, в 1980-х годах в рамках феминистской философии возникали различные эпистемологии — теории о том, как производится и понимается знание. Для обоснования феминистских притязаний использовались три основных метода: феминистский эмпиризм, позиционная теория и постмодернистский радикальный скептицизм. Феминистский эмпиризм признаёт общую грамотность научного процесса — пусть до появления феминизма ориентированные на мужчин предубеждения и не позволяли ему быть по-настоящему объективным. Этот метод вышел из моды во время прикладного постмодернистского поворота 1990-х, пав жертвой гремевших в ту пору «научных войн»[5]. Второй и третий методы представляют гораздо больший интерес для академических исследований Социальной Справедливости, поскольку соответствуют постмодернистскому принципу, согласно которому знание проистекает из идентичности. На сегодняшний день эти методы служат фундаментом интерсекционального подхода к эпистемологии. В центре их внимания — вопрос о связи знания и его производства с выведенными из Теории понятиями справедливости и несправедливости. С 2010-х годов эти методы начали внедряться в общественный мейнстрим.

С этой целью Миранда Фрикер ввела термин «*эпистемическая несправедливость*» *(epistemic injustice)* в своей книге

2007 года «Эпистемическая несправедливость: власть и этика знания»[6]. Согласно Фрикер, эпистемическая несправедливость имеет место, когда индивид ущемлен в своей возможности знать. По мнению Фрикер, это может происходить несколькими способами: индивида не признают *способным* что-либо знать; его знание не признают действительным; его возможности что-либо знать препятствуют; или его знание не понимают. Фрикер подразделяет эпистемическую несправедливость на *свидетельскую несправедливость (testimonial injustice)* — людей не считают заслуживающими доверия по причине их идентичности — и *герменевтическую несправедливость (hermeneutic injustice)* — когда знание индивида не может быть постигнуто.

Анализ Фрикер, предполагающий, что определенные группы ущемлены по причине своей идентичности, не лишен оснований. Зачастую люди доверяют знанию одних людей или групп больше, чем других, и иногда это обусловлено социальными предрассудками (например, расизмом), а не действительной степенью компетентности этих людей. Кроме того, представители маргинализированных групп могут быть стеснены в своем стремлении к знанию: например, лесбиянкам и геям может быть трудно осознать свою сексуальность, а атеистам — свое неверие, если они являются частью небольших сообществ и никогда не слышали разговоров на эти темы.

Однако Фрикер квалифицировала все перечисленное как проблемы, создаваемые и решаемые *индивидами*, а не *свойства групп*. Поэтому она ратовала за культивацию в каждом индивиде определенных «добродетелей», которые помешали бы эпистемической несправедливости. Такой индивидуалистический подход не пришелся по вкусу постмодернистам Социальной Справедливости, которые считали, что знание неразрывно связано с идентичностью, и критиковали Фрикер за упрощение проблемы и игнорирование необходимости широкомасштабных структурных изменений[7]. Поскольку работа Фрикер ориентирована на индивида, нельзя сказать, что она ставит во главу угла именно *Социальную* Справедливость. Впоследствии академические исследователи использовали, расширили и переориентировали ее наработки, выставив несправедливость свойством социальных групп, обусловленным механизмом социальной власти, в рамках которого эти группы взаимодействуют. С 2007 года философия Социальной Справедливости, особенно в сфере образования и права, уделяет повышенное внимание неравноценной трактовке знания, якобы всегда обусловленной идентичностью[8].

Это привело к возникновению раскидистой специализированной терминологии. В 2014 году Кристи Дотсон расширила и реконтекстуализировала концепцию эпистемической несправедливости Фрикер, представив ее как второстепенный компонент более серьезной и труднорешаемой проблемы групповой идентичности, которую она окрестила *эпистемическим угнетением (epistemic oppression)*[9]. Эта форма угнетения якобы возникает, когда знание и методы его производства, будто бы присущие маргинализированным группам, — в том числе житейская мудрость и колдовские традиции — не включаются в превалирующее понимание знания. Исходя из постмодернистских принципов знания и политического принципа, исследователи Социальной Справедливости подразделяют различные подходы к знанию на «маргинализированные» и «доминирующие», разумеется отдавая предпочтение первым. Но их мало интересует, насколько эти альтернативные методы эффективны в том, что касается приведения тех или иных убеждений в соответствие с реальностью. В лучшем случае это второстепенный вопрос. С другой стороны, поскольку критические исследования Социальной Справедливости предполагают, что знание зависит от механизма власти, их весьма занимает влияние идентичности индивида на то, как его понимают и слушают другие, и для описания этого они разработали множество терминов.

Работа Дотсон, посвященная эпистемическому угнетению, стала продолжением ее более раннего труда (2011) на тему *эпистемического насилия (epistemic violence)* — подавления культурных знаний индивида доминирующей культурой, что, по мнению Дотсон, является результатом *пагубного невежества (pernicious ignorance)* со стороны слушателей, отказывающих говорящему в понимании[10]. В начале и середине 2010-х годов эта терминология разрослась. Например, в 2016-м Нора Беренстайн ввела термин *эпистемическая эксплуатация (epistemic exploitation)*[11], чтобы описать, как от маргинализированных индивидов несправедливо ожидают, что те будут делиться своим знанием. Таким образом, *не* попытаться понять обладающего знанием маргинализированного индивида на его собственных условиях — акт угнетения, а просьба к маргинализированному индивиду истолковать его знание на его собственных условиях — акт эксплуатации (читай: угнетения).

В 2013 году Теоретик Хосе Медина изобрел мелодраматический термин *герменевтическая смерть (hermeneutic death)*, описывающий неудачу индивида в своих попытках быть понятым — достаточно сокрушительную, чтобы разрушить его внутреннее «я». На противоположном краю этого спектра расположилась концепция *герменевтической неприкосновенности (hermeneutic privacy)*, описывающая право не быть понятым вообще[12]. Таким образом, угнетение, вызванное непониманием, способно довести маргинализированных индивидов до психической смерти, но при этом должно уважаться и их право быть недоступными пониманию. Благонамеренному индивиду, пытающемуся никого не притеснить, весьма непросто преодолеть такое минное поле. *Свидетельская несправедливость* Фрикер дала почву для роста множества смежных концепций, таких как *свидетельское предательство (testimonial betrayal)*[13], *эпистемическая свобода (epistemic freedom)*[14] и *эпистемическая ответственность (epistemic responsibility)*[15]. Список можно продолжать, однако мы думаем, что вы уловили суть: разные виды «знания» и требование уважать их находятся в центре внимания всех форм академических исследований Социальной Справедливости.

Ты – это то, что ты знаешь

Что стоит за этой одержимостью знанием и его носителями? Попытки оставить не у дел более научно строгие методы, для которых эта строгость служит инструментом достижения их идеологических — теоретических и практических — целей. Исследователи Социальной Справедливости декларируют, что, несмотря на способность точно описывать реальность и строить прогнозы на ее счет, наука и рациональное мышление несправедливо привилегированны по сравнению с широким спектром основанных на идентичности «способов познания». Для них проблема заключается в том, что научные формы производства знания стремятся быть объективными и универсальными и (по крайней мере, с точки зрения большинства людей) часто преуспевают в этом. Поскольку существуют научно обоснованные объяснения социальных проблем, оказывающих влияние на групповые идентичности, наука зачастую вступает в прямое противоречие с постмодернистскими принципами, в особенности с убеждением, что все важные вещи в мире социально сконструированы. Вдобавок к этому многие философы, ученые и другие исследователи приводят аргументированные доводы, указывающие на изъяны в предпосылках, методах и выводах Теории и исследований Социальной Справедливости. Постмодернизм, лежащий в основе исследований и активизма Социальной Справедливости, болезненно воспринимает такую критику, поэтому, как правило, открыто и прямо атакует науку и рациональное мышление. Это происходит не только потому, что они имеют раздражающую привычку указывать на изъяны

Теоретических методов, а еще и потому, что они *универсальны* и, следовательно, нарушают постмодернистские принцип знания и центральное место групповой идентичности, вокруг которой возникли академические исследования Социальной Справедливости. Эта проблема решается при помощи постмодернистского политического принципа. Поскольку наука как заслуживающий доверия производитель знания обладает исключительно высоким престижем — и в течение последних пятидесяти лет подвергалась дискредитации как дискурс власти постмодернистами от Лиотара до Фуко, — исследователи и активисты Социальной Справедливости обычно относятся к ней с глубоким подозрением. Нередко такая позиция обосновывается тем, что временами люди пытались использовать науку и рациональное мышление для насаждения несправедливости — что особенно заметно, если изучать историю с как можно большим цинизмом[16]. Чаще всего подобные замечания относятся к гораздо более ранним периодам развития науки — например, к распространенным в XIX веке доводам в поддержку колониализма, которые сейчас были бы отвергнуты как псевдонаучные. В других случаях подозрение постмодернистов обусловлено тем, что совершенные наукой открытия, в частности касательно различий между биологическими полами, не согласуются с социально-конструктивистскими представлениями. А иногда возражения против науки основываются на мнимой дискриминации: «формальные и неформальные барьеры на пути участия женщин и представителей расовых меньшинств в научных инициативах, [которые] возымели эффект несоразмерно большого присутствия белых мужчин в науке и влияния на нее»[17]. Эти зачастую невнятные претензии исходят из культурно-конструктивистской предпосылки, что любые неравенства — результат угнетения, а не, скажем, расхождений среднестатистических мужчин и женщин в интересах, и, как правило, сопровождаются жалобами на установки и проблемы, не дававшие о себе знать десятилетиями.

Взамен науки исследования Социальной Справедливости продвигают «иные способы познания», основанные на Теоретических интерпретациях глубоко прочувствованного прожитого опыта. Утверждается, что знанию, основанному на рациональном мышлении и доказательствах, несправедливо отдается предпочтение перед традициями, фольклором, интерпретацией и эмоциями по причине внедренного в него дисбаланса власти. Безо всякой осведомленности о расистской и сексистской подоплеке Теория рассматривает доказательный метод и рациональное мышление как культурное достояние белых западных мужчин.

Примеры этого повсеместны. В 2012 году Дотсон знаменательно окрестила доминирование разума и науки «культурой оправдания» (culture of justification) и призвала заменить ее «культурой праксиса», которая включила бы в себя многочисленные способы познания с целью вовлечь в философию более разнообразные группы[18]. Другие исследователи утверждают, что рациональный и научный подходы ограничивают англо-американских эпистемологов от принятия более широких и разнообразных способов познания[19]. Третьи рекомендуют обратить внимание на эмоции как на несправедливо игнорируемый способ получения достоверного знания. Элисон Вулф называет это «разделением разума и эмоций» (reason/emotion divide), которое она считает конструктом западной философской традиции. Она продвигает чувства как приоритетный способ познания[20].

Этот покровительственный и потенциально опасный подход настораживает. Тем не менее лежащая в его основе концепция основанного на опыте знания не так уж и несостоятельна. Переживания по поводу событий зачастую важнее фактических обстоятельств. Например, если отец нашей подруги скончался от сердечного приступа, обычно мы хотим знать, что она чувствует и как мы можем помочь ей справиться с горем. Вероятно, фактическая информация об инфарктах миокарда не так важна в этот момент. Тем не менее существуют факты об инфарктах, которые могут быть познаны, и важно, чтобы они были точными. Такое знание невозможно получить исключительно из опыта пережитого сердечного приступа или потери близкого человека в результате сердечного приступа. Иногда нужно сопереживать человеку, потерявшему близкого, а иногда — проконсультироваться с кардиологом.

Несмотря на то что постмодернисты трактуют разграничение фактов и опыта как нечто новаторское и глубокое, оно не представляет собой особенной загадки для непостмодернистских философов: это разница между знанием-*что* и знанием-*как**. «Знание-что» — это пропозициональное знание, а «знание-как» основано на опыте. Проблема не в том, что такое разделение существует, и не в том, что ценная информация присуща обоим видам знания. Проблемы возникают, когда мы не признаём, что интерпретация ангажирует и искажает основанное на опыте знание — иногда крайне сильно, — что делает его плохим помощником в понимании сопутствующих явлений. Тем не менее эта путаница легла в основу аргументации другого Теоретика Социальной Справедливости, Алексис Шотвелл, утверждающей, что «сосредоточенность на пропозициональном знании как на единственной форме знания, достойной рассмотрения, сама по себе является формой эпистемической несправедливости. Такой фокус внимания пренебрегает эпистемическими

---

* Знание-что / знание-как (*англ.* knowledge that / knowledge how) — принятое в эпистемологии разграничение двух видов знания, где З.-ч. понимается как пропозициональное, теоретическое, а З.-к. — как эмпирическое. Берет начало из философии языка, теоретизировалось Людвигом Витгенштейном, а впоследствии расширено рядом его последователей, включая Гилберта Райла и Джона Остина, стремившихся, в частности, продемонстрировать несводимость З.-к. к З.-ч. и тем самым утвердить приоритет обыденного языка над научным.

ресурсами, которые помогают угнетенным создавать более справедливый мир»[21]. Здесь предполагается, что основанное на опыте знание угнетенных индивидов обладает первостепенной важностью для взаимодействия с сопутствующими явлениями реального мира. А в контексте постмодернистского политического принципа — еще и первостепенным значением, обеспечивая «ресурсы, которые помогают угнетенным создавать более справедливый мир». Кроме того, все «угнетенные» обладают одинаковым, основанным на опыте знанием, предположительно определяемым их идентичностью. Приверженность Шотвелл постмодернистским принципам подтверждается, когда она пишет: «Большее разнообразие форм познания и большее внимание к прожитому опыту людей в мире помогают нам выявлять, анализировать и устранять эпистемическую несправедливость»[22]. Это не просто озабоченность «неравномерным пространством знания» (unlevel knowing field)[23]. Это *позиционная теория*.

Другой вид цветовой слепоты

Позиционная теория исходит из двух предпосылок. Первая заключается в том, что индивиды, обладающие одинаковыми социальными позициями, то есть идентичностями — расой, гендером, полом, сексуальностью, статусом возможностей и т. д., — будут иметь одинаковый опыт господства и угнетения, который при условии правильного понимания будет равнозначно интерпретирован ими. Из этого выводится предположение, что такой опыт снабжает их более авторитетной и полноценной картиной мира. Вторая предпосылка гласит, что относительное положение индивида внутри механизма социальной власти диктует, что ему допустимо знать, а что нет: стало быть, привилегированные ослеплены собственными привилегиями, а вот угнетенные способны смотреть в обоих направлениях, поскольку им понятна позиция господства и доступен опыт угнетения. Как утверждает феминистский эпистемолог Нэнси Туана,

> позиционная теория задумывалась как метод, который выставил бы на всеобщее обозрение такие ценности и интересы, как андроцентризм, гетеронормативность и европоцентризм, лежащие в основе якобы нейтральных методов в науке и эпистемологии, и пролил бы свет на их влияние. Такое внимание к субъекту познания освещает различные способы, с помощью которых репрессивные практики могут привести к эпистемическому неравенству, исключению и маргинализации или усилить все перечисленное. Таким образом, феминистские и другие освободительные эпистемологи стремились преобразовать субъект познания в том смысле, что сосредотачивали свое внимание на знании, скрытом доминирующими интересами и ценностями, и тем самым находили и предоставляли инструменты для подрыва репрессивного знания и практик[24].

Грубо говоря, идея заключается в том, что члены доминирующих групп познают мир, организованный доминирующими группами для себя, в то время как члены угнетенных групп — как члены угнетенных групп в мире, организованном для себя доминирующими группами. Таким образом, членам угнетенных групп доступна точка зрения как доминирующих, так и угнетенных, тогда как членам доминирующих групп — только своя собственная. Позиционную теорию можно понять по аналогии с цветовой слепотой: чем привилегированнее индивид, тем меньше цветов он видит. То есть гетеросексуальный белый мужчина — доминирующий аж по трем направлениям — способен видеть лишь оттенки серого. Человек с черным цветом кожи может видеть оттенки красного, женщина — зеленого, представитель ЛГБТ — синего, а черная лесбиянка — все три цвета в дополнение к общедоступному серому. Медина называет это «калейдоскопическим сознанием» и «метацветоощущением» (meta-lucidity)[25]. Таким образом, наличие угнетенной идентичности расширяет поле зрения. Это наделяет угнетенных индивидов более глубоким и проницательным взглядом на реальность[26] — следовательно, необходимо прислушиваться к ним и доверять их оценкам.

Позиционную теорию часто критикуют за эссенциализм — за суждения вроде «все темнокожие люди...»[27]. Нельзя сказать, что такие обобщения в корне неоправданны, потому что в некотором смысле позиционная теория опирается на понятие, с которым мы уже сталкивались ранее, — *стратегический* эссенциализм, подразумевающий, что члены угнетенной группы могут эссенциализировать сами себя (или в данном случае аутентичность своего прожитого опыта по отношению к власти) с целью осуществления группового политического действия. Однако сторонники позиционной теории не приводят этот аргумент в свою защиту. Обычно они просто обходят обвинения в эссенциализме стороной, утверждая, что теория предполагает наличие у членов одной группы не *единой природы*, а *одних и тех же проблем в несправедливом обществе*, хотя они могут выбирать, в каких дискурсах принимать участие. Предполагается, что члены этих групп, несогласные с позиционной теорией или даже отрицающие свое угнетенное положение, интернализировали свое угнетение (ложное сознание) или заискивают перед доминирующей системой в надежде на ее расположение или награду («дяди Томы» и «аборигенные информанты»), укрепляя позиции доминирующих с точки зрения Теории дискурсов.

Позиционная теория лежит в основе политики идентичности — в этом коренное отличие последней от либеральных движений за гражданские права. Для влиятельной черной феминистки Патриции Хилл Коллинз связь между позиционной теорией и политикой идентичности была однозначна и представляла собой важнейший элемент прогресса[28]. В схожей, но, возможно, еще более основательной манере Кристи Дотсон — пожалуй, самый авторитетный черный феминистский Теоретик знания — утверждает, что для доминирующих социальных групп практически невозможно выйти за пределы своей системы знания, которая в мейнстримном обществе просто считается знанием *как таковым*. В своей работе 2014 года «Отслеживание эпистемического угнетения» она описывает порядки угнетения (orders of oppression). Первые два порядка — это две формы эпистемической несправедливости, описанные Фрикер. Третий и самый глубокий порядок — «несводимость» (irreducible). Под этим она подразумевает эпистемическую несправедливость, которая существует не просто в несправедливой социальной системе, но внутри системы знания. Следовательно, изменить ее изнутри этой системы знания практически — если не абсолютно — невозможно[29]. По мнению Дотсон, системы знания — «схематы» (schemata) — специально созданы для того, чтобы служить доминирующим группам и исключать всех остальных. Однако по причине чрезвычайной слаженности их работы доминирующие группы не осознают, что есть вещи, которых они не знают, вещи, которые можно узнать, только находясь в угнетенных системах знания[30].

В конце концов Дотсон приходит к убеждению, что система знания неполноценна, если она не включает в себя основанное на опыте знание меньшинств. Предполагается, что это знание устойчиво отличается от знания доминирующих групп по причине существующей расстановки сил. Более того, знание, производимое доминирующими группами, включая науку и рациональное мышление, — всего лишь продукт их культурных традиций и ничем не лучше знания, производимого в других культурах. Дотсон очевидным образом исходит из обоих постмодернистских принципов. С помощью своих аргументов, ключевых для позиционной теории, она отрицает, что наука и рациональное мышление принадлежат всем и одинаковы для всех, и, в сущности, отдает их на откуп белым западным мужчинам. Но на этом Дотсон не останавливается. Логическое следствие ее притеснения третьего порядка заключается в том, что если какой-нибудь представитель доминирующей группы не согласен признать ограниченность собственной системы знания, не включающей в себя основанное на опыте знание извне, то виной тому неспособность мыслить за пределами своей культуры. Другими словами, вежливое несогласие тут не прокатит.

Хосе Медина доступно и, как кажется, вполне скрупулезно излагает аналогичную точку зрения в своей книге 2013 года «Эпистемология сопротивления». Медина отмечает «эпистемическую избалованность» членов привилегированных групп и утверждает, что им «трудно учиться на своих ошибках, предубеждениях, ограничениях и пресуппозициях своего положения в мире и своей точки зрения»[31]. Изучение знания в рамках академических исследований Социальной Справедливости основывается на предпосылке, что привилегии избаловывают людей и лишают их способности по достоинству оценивать иные способы познания. Медина утверждает, что эта избалованность порождает «эпистемические пороки»: *эпистемическое высокомерие*, *эпистемическую леность* и *активное невежество*. Угнетенность же, напротив, способствует появлению «эпистемических добродетелей»: *эпистемической скромности*, *эпистемического любопытства/усердия* и *эпистемической открытости*[32]. Этим порокам и добродетелям, соотносящимся с привилегированностью и угнетением, отводится важное место в критической расовой и постколониальной Теориях, согласно которым позиция угнетенного допускает двойственное или множественное сознание, поскольку угнетенные одновременно действуют в рамках нескольких систем.

Нить рассуждений, наделяющая двойственным сознанием угнетенного, но не угнетателя, зачастую приписывается марксизму, однако точнее будет сказать, что постмодернизм, равно как и марксизм, унаследовал ее из работ немецкого философа Георга Вильгельма Фридриха Гегеля[33], хотя, возможно, для постмодернистов важным проводником этой идеи был Маркс. Как и всегда, позиции постмодернизма и марксизма здесь существенно и умышленно разнятся. Ключевое различие заключается в том, что марксисты полагали, будто из-за ложного сознания, являющегося результатом тайно навязанной власти, терпят лишения угнетенные, в то время как постмодернисты все больше уверялись в том, что жертвами ложного сознания являются *угнетатели*, встроенные социализацией в выгодную для них систему знания. Вот как это различие описывает Теоретик Чарльз Миллс:

> Расово подчиненные — жертвы, если уж на то пошло, геноцида, экспроприации и рабства! — зачастую вполне способны осознавать свое положение. Дело не в том (или не всегда в том), что плененным индивидам недостает понятий — герменевтических ресурсов, — чтобы осмыслить свою ситуацию, а в том, что таких понятий недостает привилегированным или они считают их невозможными или даже непостижимыми по причине их несоответствия идеологии белого превосходства. Даже если бы им пришлось «выслушать», что говорят чернокожие люди, то они все равно не смогли бы их «услышать» по причине концептуальной несогласуемости схемы предпосылок чернокожих с их собственной доминирующей схемой. Белые оказываются в плену (обратная метафора) когнитивного состояния, одновременно защищающего их от столкновения с реальностью социального угнетения и, разумеется, делающего их эпистемически недееспособными[34].

Написанное означает, что академические исследования Социальной Справедливости овеществляют постмодернистский принцип знания — делают его «реальным» — и объединяют с постмодернистским политическим принципом, представляющим собой стремление изменить основополагающие системы власти, предположительно встроенные в каждое социальное взаимодействие. С этой целью четыре постмодернистских сюжета пускаются в ход с невиданной ранее убежденностью.

Не усомнись в Теории

Возможно, наибольшее беспокойство в связи с академическими исследованиями Социальной Справедливости вызывает тот факт, что становится все сложнее говорить о вопросах, к которым они имеют отношение, — равно как и о самих этих исследованиях, — не играя по написанным ими строгим правилам. Это означает, что необходимо пользоваться исключительно одобренной ими терминологией, а также признавать валидность позиционной теории и политики идентичности. Овеществление постмодернистских постулатов почти исключило возможность несогласия с ними. Любое расхождение во взглядах в лучшем случае рассматривается как следствие незнания академических работ (будто знакомство с ними автоматически подразумевает согласие), а в худшем — как серьезный моральный недостаток. Подобные, как будто заимствованные из религии требования — если ты не уверовал в Бога, значит, неправильно интерпретировал Священное Писание или просто хочешь жить во грехе — оказываются применимы в области, претендующей на научность. Это более или менее прямое следствие овеществления постмодернизма.

Многие (особенно в стенах академии) по-прежнему не осознают всей глубины этой проблемы — идеологической замкнутости, нежелания мириться ни с какими разногласиями и авторитарного стремления навязывать всем концепцию Социальной

Справедливости и присущий ей моральный императив[35]. Забота о социальной справедливости не может быть проблемой сама по себе — более того, в здоровом обществе она необходима. Ничего страшного нет и в том, если в академии появляются и набирают популярность неудачные идеи. Именно так и развивается знание — путем предоставления любым формам мысли пространства в наших научных центрах для изучения, проверки и критики. (Некоторые из самых устоявшихся представлений современности, например космологическая теория Большого взрыва, в свое время считались безумными и безнравственными.) Тем не менее проблема возникает, когда какая-либо школа мысли отказывает другим в праве тщательно анализировать собственные идеи, принципиально отвергая подобную экспертизу и заявляя, что любые попытки подвергнуть ее вдумчивой критике аморальны, лицемерны и лишь подтверждают ее тезисы. Чтобы понять всю серьезность ситуации, рассмотрим три примера из 2010-х годов.

Пример 1: «Быть белым, быть хорошим: соучастие белых, моральная ответственность белых и педагогика Социальной Справедливости», Барбара Эпплбаум (2010)

В этой книге верная идеалам Социальной Справедливости педагог Барбара Эпплбаум, основываясь на постмодернистских принципе знания и политическом принципе, доказывает, что все белые люди — соучастники расизма, поскольку автоматически участвуют в системе власти и привилегий, описанной критической расовой Теорией. Хотя широкой публике эта работа не очень известна, она является знаковым текстом для критической белости (critical whiteness) и критической Теории образования, поскольку продвигает представление о привилегированности всех белых людей (возникшее в ходе прикладного постмодернистского поворота в 1989 году) и настаивает, что по этой причине все белые люди — активные соучастники расизма. Эпплбаум пишет:

> Белым студентам часто кажется, будто ответственность начинается и заканчивается с осознанием привилегий. Однако, признав свои привилегии или покаявшись в них, белые студенты имеют возможность избежать ответственности за причастность к системному расизму[36].

Здесь действительно сказано, что недостаточно просто признать привилегии белых. Белые студенты должны признать свою причастность к укреплению системного расизма просто на основании того, что они белые. Предполагается, что они выучили, интернализировали и воспроизводят расизм, даже если не знают об этом. Если это напомнило вам дискурсы власти Фуко, действующие через каждого члена общества, то вы попали в яблочко. «Неотъемлемая часть понимания того, как работает дискурс, — фукианское понятие власти, — сообщает нам Эпплбаум[37]. — Дискурс — это не только призма, через которую реальность наделяется значением, — говорит она, — но и проводник власти, с помощью которого она конституирует субъекты»[38]. И вновь перед нами образ власти-сетки, функционирующей через охваченных ею индивидов, каждый из которых действует и высказывается в соответствии с ее директивами, — похоже на улей Борг* (поймут только нерды!).

Эпплбаум требует от людей поверить в эту парадигму — хотя незамедлительно уточняет, что *технически* иметь другую точку зрения не воспрещается. Она пишет:

---

* Улей Борг, или Коллектив Борг (*англ.* the Borg Hive, the Borg Collective) — система коллективного разума вымышленной инопланетной расы киборгов-гуманоидов в научно-фантастической вселенной «Звездного пути».

> Можно не соглашаться и при этом оставаться вовлеченным в материал, например задавая вопросы и ища разъяснений и понимания. Отрицание, однако, функционирует как способ дистанцироваться от материала и отмахнуться от него, не погружаясь в суть проблемы[39].

Таким образом, допустимо задавать вопросы о тезисе Эпплбаум и пытаться понять его, но вот отрицание «Истины» (то, что мы обычно называем несогласием) может означать лишь недостаточную или некорректную работу с материалом. Другими словами, Эпплбаум исходит из предпосылки, что ее тезис истинен. Она убеждена, что познала Истину (с точки зрения Социальной Справедливости), и накидывается на тех, кто с ней не согласен: «Даже тот факт, что они способны сомневаться в существовании системного угнетения, подчеркивает их привилегию выбирать: игнорировать им обсуждение системного угнетения или нет»[40]. Можно понять тех, кому покажется, что Эпплбаум действительно не допускает возможности, что с ней могут не согласиться. Похоже, именно так и думают ее студенты:

> Студенты курсов, на которых обсуждаются проблемы системной несправедливости, часто жалуются, когда оценивают работу преподавателей, что в рамках курса им не было позволено выражать несогласие. Они часто утверждают, что на таких курсах внушается определенный взгляд на расизм, который они не хотят принимать[41].

Эпплбаум выступает за жесткое пресечение подобного несогласия. Она приводит пример со студентом мужского пола, усомнившимся в проблеме гендерного разрыва в оплате труда:

> Если позволить ему выражать несогласие и тратить время на то, чтобы оспаривать его убеждения, это может выйти боком маргинализированным студентам, чей опыт (пусть даже и косвенно) противоречит его заявлениям[42].

Согласно критической Теории образования, позволять студентам выражать такое несогласие опасно. Это объясняется упором на постмодернистский принцип знания, согласно которому социальная реальность, а также то, что принимается за истину, конструируется языком. Несогласие позволяет доминирующим дискурсам вновь заявить о себе, прозвучать и быть услышанными, что, по мнению Теории, небезопасно. Как поясняет Эпплбаум, «язык формирует нашу реальность, создавая концептуальные рамки, на основе которых присваивается смысл»[43]. Она добавляет: «Даже если отступить на позицию, с которой можно говорить только за самого себя, речь все равно не будет нейтральной, так как умолчание будет способствовать сохранению доминирующих дискурсов»[44]. Исходя из такого понимания власти языка (постмодернистский сюжет) и его воздействия на социальную справедливость (через постмодернистский политический принцип), необходимо контролировать, что разрешено говорить, а что нет. Этот императив красной нитью проходит через академические исследования Социальной Справедливости.

Предварительно утвердив единственный дозволенный способ «не согласиться» с ней — приложить как можно больше усилий, чтобы понять ее аргументы и в итоге согласиться с ними, — и при этом открестившись от действительного несогласия как от отрицания Истины, Эпплбаум продолжает:

> Сопротивлению не сорвать дискуссию в классе! Разумеется, отказавшиеся участвовать могут ошибочно счесть, что им не позволяется выражать свое несогласие, но это только

> *потому*, что они сами сопротивляются участию в дискуссии[45] (курсив в оригинале. — *Прим. авт.*).

Воистину, сопротивление бесполезно.

Пример 2: «Отслеживая обороняющий привилегии эпистемический отпор на курсах феминистской и критической расовой философии», Элисон Бейли (2017)

В этом эссе Бейли доказывает, что любое несогласие с академическими исследованиями Социальной Справедливости обусловлено неискренностью и попыткой сохранить несправедливые структуры власти во благо системы производства знания, привилегирующей белых мужчин-натуралов и препятствующей Социальной Справедливости. Она определяет «обороняющий привилегии эпистемический отпор» (Privilege-Preserving Epistemic Push-back) как «многообразную преднамеренную невежественность, к которой доминирующие группы имеют обыкновение прибегать в разговорах, где затронута тема социальной несправедливости»[46]. Она предполагает, что критика исследований Социальной Справедливости — это просто целенаправленные попытки игнорировать Истину в понимании Социальной Справедливости. Более того, Бейли утверждает, что эта критика аморальна и вредна:

> Я сосредотачиваюсь на этих ответах, отстаивающих существующее положение, по причине их повсеместности, живучести и внешней схожести с критическим мышлением, а также поскольку я считаю, что их непрерывная циркуляция наносит психологический и эпистемический вред членам маргинализированных групп[47].

Поскольку такие исследователи Социальной Справедливости, как Бейли, убеждены, что несогласие с их позицией обусловлено интеллектуальными и моральными недостатками оппонентов, они никогда не спускают его с рук:

> Отношение к эпистемическому отпору, сохраняющему привилегии, как к форме критической деятельности наделяет его значимостью и позволяет ему свободнее циркулировать; как я продемонстрирую дальше, это может приводить к эпистемическому насилию над угнетенными группами[48].

Эпистемический отпор, таким образом, следует пустить ко дну и заменить исследованиями Социальной Справедливости. На самом деле для Бейли само по себе критическое мышление является проблемой — его надлежит заменить «критической педагогикой» (где слово «критический» имеет необычное значение):

> Традиция критического мышления озабочена прежде всего эпистемическим соответствием. Придерживаться критического подхода — значит демонстрировать трезвость суждений, распознавая, когда аргументы ошибочны, суждения не подкреплены доказательствами, утверждения истины апеллируют к ненадежным источникам, а понятия небрежно разработаны и внедрены. Критическая педагогика не оценивает утверждения, которыми учащиеся отвечают на вопросы социальной справедливости, исходя из их истинности, а рассматривает их как выражения власти, которая вычерчивает и закрепляет социальное неравенство. Ее миссия — научить студентов определять и показывать, как власть формирует наше понимание мира. Это первый шаг

> к сопротивлению и преобразованию социальной несправедливости[49].

Этим Бейли недвусмысленно признаёт, что ее цель — не поиск истины, а обучение студентов специфическому пониманию Социальной Справедливости, служащему задачам активизма. Хотя ее эссе не пользуется широкой популярностью, оно заслуживает внимания, поскольку представляет собой яркий пример использования университетских курсов по философии для обучения студентов Истине в понимании Социальной Справедливости. Тот факт, что эта работа была опубликована в *Hypatia*, ведущем феминистском философском журнале, — тревожное указание на то, что считается приемлемым в области академических исследований Социальной Справедливости, на возможное влияние всего этого на образование, а также на уверенность и чеканность этого воплощения овеществленного постмодернизма[50].

Бейли называет письменную критику Социальной Справедливости «теневыми текстами» (shadow texts), намекая, что она не является ни искренней, ни полезной и не должна считаться подлинными академическими исследованиями. По ее словам, термин вдохновлен образом детектива, идущего за своим объектом по пятам: «Слово „тень“ вызывает в памяти образ кого-то крадущегося рядом, но не вступающего в взаимодействие»[51]. Она приводит два примера теневых текстов: в первом фигурирует студент, указывающий на то, что мужчины тоже могут быть жертвами домашнего насилия; во втором — студентка, утверждающая, что расистское оскорбление допустимо озвучить в целях обсуждения, не используя его как оскорбление. Вот что пишет Бейли:

> Мы обсуждаем институциональный расизм. Дженнифер, белая студентка философского факультета, рассказывает

> историю о расистских граффити, в которых используется слово на букву «н». Она произносит это слово, сопровождая его жестом из двух пальцев, обозначающим кавычки, чтобы показать, что она его просто упоминает. Я прошу ее подумать об истории этого слова и о том, что в устах белых оно может звучать по-другому. Я прошу ее не использовать это слово. Она читает классу мини-лекцию о различии между использованием и упоминанием, напоминая мне, что это «основополагающее понятие в аналитической философии» и что «вполне допустимо упоминать, но не использовать это слово в философских дискуссиях»...[52]
> Если Дженнифер продолжает навязывать философские концепции в угоду распространенному нежеланию воспринять дегуманизирующую историю слова на букву «н», то «я упомянула, но не использовала н-слово» — это теневой текст[53].

Вместо того чтобы поразмыслить над обоснованностью этих аргументов или дать студентам возможность обсудить их, Бейли предпочитает видеть в них попытку сохранить привилегии мужчин и белых. Поэтому она использует их в качестве наглядных примеров неспособности к подлинному взаимодействию. «Обучение выявлению теневых текстов может способствовать эпистемическому трению (epistemic friction): оно помогает классу сосредоточиться на том, как работают теневые тексты, а не только на том, что в них говорится», — пишет она[54]. Иными словами, Бейли учит своих студентов-философов не вступать в дискуссии, а скорее распознавать, в какой дискурс власти они могут быть вовлечены. Это полностью согласуется с обоими постмодернистскими принципами.

Студентов на занятиях Бейли по философии учат моментально опознавать в иных точках зрения препятствование Истине Социальной Справедливости и своего рода «невежество». Бейли считает, что люди расходятся во взглядах из-за того, что нечто «инициирует сопротивление»[55]. Она пишет:

> Я прошу наш класс подумать о том, как выявление теневых текстов может помочь отследить производство невежества. Для них крайне важно понять, что отслеживание невежества требует, чтобы наше внимание было сосредоточено не на нескольких проблемных индивидах, а на том, чтобы научиться выявлять паттерны сопротивления и соотносить привычки, производящие невежество, со стратегическим отказом понимать[56].

Трудно не услышать здесь воинственный активистский тон. Как и Эпплбаум, Бейли движима пасторской убежденностью в собственной правоте и сопутствующим ей желанием перевоспитать и осадить любого, кто только окажется с ней не согласен. Все это существенно отличается от радикального скептицизма первого поколения постмодернистов, но вполне согласуется с развитием постмодернистских принципов и их прикладных производных в течение последних пятидесяти лет.

Пример 3: «Хрупкость белых: почему с белыми людьми так трудно говорить о расе», Робин Дианджело (2018)

В этой книге лектор в области «исследований белости» Робин Дианджело развивает понятие «хрупкости белых» (white fragility), которое она впервые упомянула в своей широко цитируемой одноименной статье 2011 года[57]. Дианджело начинает с веского утверждения объективной истины:

> Белые люди в Северной Америке живут в социальной среде, защищающей и изолирующей их от расового

> стресса. Эта изолированная среда расовой защиты формирует у белых ожидания расового комфорта и в то же время снижает их способность справляться с расовым стрессом, приводя к тому, что я называю Хрупкостью Белых[58].

Само по себе — вполне полезное откровение, позволяющее белым людям глубже задуматься о своих возможных неосознанных предрассудках. Однако далее Дианджело начинает настаивать, что общество пропитано белым превосходством, а любое несогласие с ее представлениями — результат слабости белых людей, развившейся в ходе социализации по вине их привилегий:

> Белая хрупкость — это состояние, в котором даже минимальный расовый стресс становится невыносимым, провоцируя череду защитных реакций. Эти реакции включают в себя внешнее проявление таких эмоций, как гнев, страх и чувство вины, а также такие формы поведения, как споры, молчание и уход от стрессовой ситуации[59].

Любые негативные эмоции по поводу расового профилирования* и привлечения к коллективной ответственности за расизм воспринимаются как признаки «хрупкости» и свидетельство соучастия в расизме, а то и пособничества ему. Белые люди — безусловные бенефициары расизма и превосходства белой расы. Так гласит Истина в понимании Социальной Справедливости, и только попробуйте с ней не согласиться.

---

* Расовое профилирование (*англ.* racial profiling) — дискриминационная правоприменительная практика на основе расовой, а также этнической, религиозной или национальной принадлежности индивида.

Дианджело совершенно однозначна на этот счет. Если «защитные реакции» — несогласие, молчание и уход от стрессовой ситуации — свидетельствуют о хрупкости, то единственный способ не быть «хрупким» — соглашаться с Истиной, не проявлять негативных эмоций и оставаться на месте. Вслед за этим полагается активно приступить к познанию Истины, а именно научиться деконструировать белость и привилегии белых, то есть участвовать в необходимой «антирасистской» работе.

Все это ошеломляет. Дианджело, белая женщина, уверяет, что все белые люди — расисты и иначе быть не может, поскольку они были рождены в системе могущественных расистских дискурсов[60]. Она настаивает, что белые люди по умолчанию соучастники расизма и поэтому ликвидация его системы входит в их личную ответственность. Как и Эпплбаум, она утверждает, что не имеет значения, если отдельные белые люди — хорошие, презирают расизм и ничего не знают о собственных расистских предубеждениях:

> Не имеет значения, хороший человек или плохой. Расизм — это многослойная система, встроенная в нашу культуру. Мы все социализированы в системе расизма. Расизм неизбежен. Расизм — слепое пятно белых, мое слепое пятно. Расизм сложен, и мне не нужно понимать все нюансы этого взаимодействия, чтобы удостовериться в нем. Белые/я бессознательно встроены в расизм. Предвзятость имплицитна и бессознательна[61].

«Хрупкость белых» переполняет такой личностный подход, а также коллективизм и отказ от индивидуальности. Дианджело пишет от лица белого человека остальным белым людям, настаивая, что «мы» должны воспринимать мир так же, как она:

> Эта книга беззастенчиво укоренена в политике идентичности. Я белая, и я пишу о том, как мыслят белые. Прежде всего я пишу для белой аудитории; когда я использую термины «нам» и «мы», я отсылаю к коллективному белому[62].

Для Теоретиков вроде Дианджело белые — это коллективное понятие, в силу положения белых людей в системе власти общества они не могут не получать выгоду от расизма и поэтому вынуждены иметь с ним дело. Более того, по словам Дианджело, белых людей «социализация наделила глубоко интернализированным чувством превосходства, о котором мы не знаем или не можем себе в нем признаться»[63]. Все, что могут сделать белые люди, — это лучше осознать свое отношение к власти и работать на этой проблемой — вновь и вновь. Это и есть постмодернистский политический принцип в действии.

Кроме того, Дианджело отвергает либеральные принципы индивидуализма и «цветовую слепоту» — убеждение, что расовое происхождение не имеет значения (как утверждал Мартин Лютер Кинг — младший). Истина в понимании Социальной Справедливости выставляет либеральные ценности расистскими, поскольку они позволяют белым людям избегать «реальности» их собственного расизма и превосходства белой расы. Дианджело проповедует:

> Чтобы бросить вызов таким идеологиям расизма, как индивидуализм и цветовая слепота, мы, белые люди, должны приостановить наше самовосприятие как уникальных и/или находящихся вне расы. Исследование нашей коллективной расовой идентичности перебивает ключевую привилегию доминирования — способность видеть себя исключительно как индивида[64].

Социальная концепция Дианджело, вероятно, наиболее полноценное воплощение соответствующих постмодернистских идей. Как и ее современники, она демонстрирует непоколебимую уверенность в постмодернистских принципах и сюжетах. Это служит наглядным доказательством их овеществления и превращения в основу метанарратива Социальной Справедливости[65]. Тревогу вызывает тот факт, что идеи Дианджело — в большей степени, чем чьи-либо еще, — успешно просочились сквозь стены академии в мейнстримное мышление. «Хрупкость белых» более шести месяцев была бестселлером по версии *The New York Times*: Дианджело получила возможность пропиарить ее в ходе обширного мирового турне. Еще одна книга Дианджело о борьбе с расизмом в ее понимании уже на подходе*.

Резюме: постмодернистские принципы и сюжеты становятся реальными

Академические исследования Социальной Справедливости не просто опираются на два постмодернистских принципа и четыре постмодернистских сюжета: они рассматривают их, а также лежащие в их основе предпосылки как морально обоснованное известное знание — как Истину в понимании Социальной Справедливости. Это третья, отдельная фаза постмодернизма, которую мы назвали *овеществленным постмодернизмом* по той причине, что основополагающие постмодернистские абстракции трактуются в ее рамках как наличные истины об обществе.

---

* На момент подготовки этого перевода книга Дианджело уже была опубликована. См. *DiAngelo R.* How Progressive White People Perpetuate Racial Harm. Beacon Press, 2020. — *Прим. ред.*

Чтобы понять, как развивались три фазы постмодернизма, представьте себе дерево, глубоко уходящее корнями в леворадикальную социальную теорию[66]. На первой, или *деконструктивистской, фазе* в 1960–1980-е годы (обычно называемой просто постмодернизмом) вырос ствол дерева: Теория. В ходе второй фазы с 1980-х до середины 2000-х годов, которую мы называем *прикладным постмодернизмом*, у дерева появились ветви — более применимые на практике Теории и исследования, в том числе постколониальная Теория, квир-Теория, критическая расовая Теория, гендерные исследования, исследования человеческой полноты, исследования инвалидности и россыпь критических исследований *всего подряд*. На нынешней, третьей фазе, начавшейся в середине 2000-х годов, Теория превратилась из предположения в Истину, принимаемую как должное. Тут дерево покрылось листвой академических исследований Социальной Справедливости, по мере необходимости объединивших предшествующие подходы. Константой всех трех фаз была Теория, воплощенная в двух постмодернистских принципах и четырех сюжетах.

Академические исследования Социальной Справедливости не просто отражают постмодернистский принцип знания (объективной истины не существует, а знание социально конструируется и является продуктом культуры) и политический принцип (общество конструируется знанием при помощи языка и дискурсов, созданных для сохранения власти господствующих над угнетенными). Они считают эти принципы Истиной, не терпят инакомыслия и вынуждают всех соглашаться с ними либо подвергнуться «отмене». Это заметно по одержимости тем, кто и как производит знание, а также по ярко выраженному стремлению «заразить» как можно больше других дисциплин методами Социальной Справедливости[67]. Это отражается в недвусмысленном желании достичь эпистемической и исследовательской «справедливости» и в утверждениях, что научно-строгое производство знания — продукт белой, мужской и западной культуры и потому ничем не превосходит интерпретированный Теорией прожитый опыт представителей маргинализированных групп, который надлежит безустанно превозносить и приоритизировать.

Как правило, исследователи критической Социальной Справедливости не рассматривают четыре постмодернистских сюжета как овеществление постмодернизма. Эти сюжеты — грани Истины Социальной Справедливости. Размывание границ и культурный релятивизм, характерные для прикладных постмодернистских Теорий, получили дальнейшее развитие, нацелившись на стирание границ между знанием, произведенным по стандартам научной строгости, и прожитым опытом (угнетения). Групповая идентичность стала рассматриваться в качестве настолько неотъемлемого элемента функционирования общества, что приверженцы Социальной Справедливости раскрутили раскольническую политику групповой идентичности до максимальных оборотов. Вера в безграничную власть языка, подлежащего тщательному изучению и полировке, попросту принимается как должное.

Все это приводит к ряду последствий. Академические исследователи и активисты направляют колоссальные усилия на поиск мельчайших недочетов и раздувание из них проблем: таков «критический» подход. Они скрупулезно исследуют актуальные, а также давно забытые высказывания, особенно в социальных сетях, и наказывают распространителей «ненавистнических» дискурсов. Если провинившийся человек обладает влиянием, толпа может запросто попытаться положить конец его карьере. Робин Дианджело называет все, кроме почтительного согласия, «хрупкостью белых»; Элисон Бейли выставляет расхождение во мнениях «преднамеренной невежественностью» и борьбой за сохранение привилегий; Кристи Дотсон характеризует несогласие как «пагубное»; Барбара Эпплбаум отвергает любую критику Теоретических методов Социальной Справедливости как «болтовню о цвете»* и «белое невежество».

Академические исследования Социальной Справедливости представляют собой третью стадию эволюции постмодернизма. В этой новой ипостаси постмодернизм больше не характеризуется радикальным скептицизмом, эпистемическим отчаянием, нигилизмом и игривой, пусть и пессимистической, склонностью к демонтажу и деконструкции всего, что, как мы полагаем, мы знаем. Теперь он стремится применить деконструктивистские методы и постмодернистские принципы для продвижения социальных изменений, необходимость в которых он усматривает *повсюду*. Приняв личину академических исследований Социальной Справедливости, постмодернизм и сам стал метанарративом — масштабным, всеобъемлющим истолкованием общества.

Что ж, вернемся к противоречию в основе овеществленного постмодернизма: как могут разумные люди исповедовать одновременно радикальный скептицизм и радикальный релятивизм — постмодернистский принцип знания — и в то же время с непоколебимой уверенностью отстаивать Истину в понимании Социальной Справедливости (Теорию)?

Судя по всему, ответ заключается в том, что скептицизм и релятивизм постмодернистского принципа знания отныне воспринимаются в более ограниченном смысле: люди по-прежнему не могут получить достоверное знание при помощи доказательного метода и рационального мышления, однако, как теперь утверждается, достоверное знание можно получить, прислушавшись к «прожитому опыту» членов маргинализированных групп — или, точнее говоря, к интерпретациям

* Болтовня о цвете (*англ.* color-talk) — в оригинальном контексте этот термин отсылает не просто к разговорам, но к особому типу сознательного снижения дискурса для нападок на оппонента (trash-talk), который широко практикуется в некоторых видах спортивного шоу-бизнеса. — *Прим. ред.*

маргинализированными индивидами их собственного прожитого опыта, после того как он был должным образом раскрашен Теорией.

Проблема подобного «способа познания» Социальной Справедливости тем не менее аналогична проблемам всех остальных гностических «эпистемологий», полагающихся на чувства, интуицию и субъективный опыт: что делать, когда субъективный опыт людей вступает с ними в противоречие? Всеобъемлющий либеральный принцип разрешения конфликтов — выдвигать лучшие имеющиеся аргументы и прояснять вопрос, полагаясь на лучшие из доступных доказательств при наличии возможности, — полностью исключается при таком подходе. Более того, либеральный подход называют заговором, используемым для того, чтобы держать в узде маргинализированных индивидов. Если разные члены одной и той же маргинализированной группы — или члены разных групп — предлагают несовместимые интерпретации своего «прожитого опыта», как можно уладить это противоречие? Ответ из области здравого смысла — разные люди обладают разным опытом и по-разному его интерпретируют, и в этом нет логического противоречия — неудовлетворителен, поскольку согласно эпистемологии Социальной Справедливости в рамках овеществленного постмодернизма «прожитый опыт» раскрывает объективные истины об обществе, а не просто убеждения людей по поводу пережитого ими.

Некоторые пытаются прибегнуть к радикально-релятивистскому ответу — два или более противоречивых утверждения одновременно могут быть истинными, — но в общем и целом он не имеет большого смысла. Вместо этого на практике исследователи Социальной Справедливости выбирают несколько излюбленных интерпретаций опыта маргинализированных индивидов (согласующихся с Теорией) и назначают их «подлинными», а все остальные — неудачной интернализацией господствующих идеологий или циничной корыстью. Таким образом, логическое противоречие между радикальным релятивизмом и догматическим абсолютизмом разрешается ценой превращения Теории Социальной Справедливости в абсолютно нефальсифицируемую и неопровержимую: какие бы доказательства реальности (физической, биологической и социальной) или философские аргументы ни предоставлялись бы, Теория всегда способна опровергнуть их и всегда так и поступает. В этом смысле мы не так уж и далеки от апокалиптических культов, предрекавших конец света и лишь еще больше укреплявшихся в своей вере, когда в означенный день ничего не происходило. (Космический корабль, который должен был прилететь и уничтожить Землю, действительно прилетел, но инопланетяне передумали разрушать нашу планету, увидев преданность членов культа.)

Поэтому не будет преувеличением сказать, что Теоретики Социальной Справедливости создали новую религию, вероисповедную традицию, враждебную рациональному мышлению, фальсифицируемости, опровержению и несогласию любого рода. В ретроспективе весь постмодернистский проект кажется непреднамеренной попыткой деконструировать старые метанарративы западной мысли — науку и рациональное мышление наряду с религией и капиталистической экономикой, — дабы освободить место для совершенно новой религии, постмодернистской веры в мертвого Бога, усматривающей таинственные *мирские* силы в системах власти и привилегий и сакрализующей виктимность. Все чаще в эту фундаменталистскую религию обращаются номинально светские левые[68].

И Теория не ограничивается академией. Сначала прикладной, а затем овеществленный постмодернизм в форме Социальной Справедливости выбрался за ее пределы и с евангелическим рвением накинулся на выпускников университетов, распространяясь в социальных сетях и активистской журналистике.

Он стал заметной культурной силой, оказывающей глубокое и зачастую негативное влияние на политику. Он может выглядеть как мутная разновидность академических теорий, однако его нельзя игнорировать. Что все это значит? Что будет дальше? И что со всем этим нужно делать? Последние две главы книги посвящены этим вопросам.

9. Социальная Справедливость в действии

Теория всегда хороша на бумаге

Теория выбралась за стены академии и оказывает глубокое влияние на нашу культуру. Возможно, это звучит неправдоподобно. Разве заумные Теории о знании, власти и языке способны выживать за пределами разреженной атмосферы башен из слоновой кости и влиять на повседневную жизнь? Продавщица в супермаркете во время перерыва на обед зачитывается Гаятри Спивак? Ваш врач проглатывает тексты квир-Теории, пока едет в поезде? Настройщик вашего модема в свободное время изучает феминистскую эпистемологию, а ваш любимый спортивный комментатор прекрасно подкован в вопросах критической расовой Теории?

Вряд ли. Но мы и не утверждаем, что это так. Теория малоизвестна, и большинство людей никогда не сталкиваются с ней напрямую. Однако многие из нас находятся под ее влиянием, и никто от нее не защищен. Британский пенсионер с инвалидностью Брайан Лич, подрабатывающий упаковщиком в супермаркете Asda, был уволен за то, что поделился на Facebook* комедийным

* Принадлежит компании Meta, которая признана экстремистской в РФ. — *Прим. ред.*

скетчем Билли Коннолли, который один из его коллег счел исламофобским[1]. Постколониальная Теория в действии. В США инженер-программист Джеймс Дамор был уволен из Google за докладную записку, в которой упоминались психологические различия между среднестатистическими мужчинами и женщинами, — а ведь он пытался найти решение проблемы гендерного неравенства в сфере технологий с ее соотношением четыре к одному в пользу мужчин[2]. Так воплощаются на практике квир-Теория и интерсекциональный феминизм. Британский футбольный комментатор и комик Дэнни Бейкер потерял работу на BBC, не подумав, что фотография шимпанзе в пальто и шляпе-котелке, выложенная им в твиттере, будет расценена как расистская[3]. Это напрямую следует из картины мира критической расовой Теории. Между тем ни одно крупное мероприятие в Голливуде не обходится без болтовни об идентичности и представительстве меньшинств, а врачи во всем западном мире опасаются консультировать пациентов с ожирением из-за возможных обвинений в фэтшейминге[4].

Подобные тревожные примеры всплывают постоянно, но многие не верят, что есть повод для беспокойства. Они укажут на то, что мистер Лич был восстановлен в должности, согласятся, что взгляды мистера Дамора могут способствовать формированию стереотипов, предположат, что мистер Бейкер должен был осознавать подтекст образов с обезьянами, и констатируют, что в Голливуде есть проблемы с представительством меньшинств, а врачи действительно могли бы быть более чуткими. Да, признают они, мы слыхали о протестах в кампусах, но студенты всегда протестовали. Они молоды и идеалистичны — фактически это обряд инициации. Кроме того, все эти истории о фанатичных студентах слишком преувеличены. Главным образом речь идет о нескольких активистах в элитных университетах[5], требующих предупреждений о триггерах (trigger warnings), безопасных пространств (safe spaces) и деплатформинга* несогласных[6]. Большинство студентов по-прежнему поддерживают свободу слова. В основном они просто не лезут на рожон и сфокусированы на учебе, особенно в муниципальных колледжах и других учебных заведениях для рабочего класса. Почему нас должны волновать поступки нескольких учащихся элитарных университетов? С тем же успехом Йель мог бы располагаться в Нарнии: настолько его проблемы заботят большинство.

С этой точки зрения, происходящее не настолько сильно влияет на реальный мир, чтобы требовать к себе неотложного внимания. Учитывая расцвет демагогии, популизма, национализма и антиинтеллектуализма на правом фланге, в настоящее время добравшихся до политической власти в США и Великобритании, а также взлет ультраправых движений по всей Европе и за ее пределами, стоит ли нам действительно волноваться о том, что несколько человек чересчур рьяно выступают в поддержку равенства? Они могут покричать, облить кого-нибудь молочным коктейлем и случайно разбить окно, однако на подъеме находится ультраправый терроризм[7], а онлайн-сообщества ультраправых, «альтернативных правых»[8] и «инцелов»[9] разрастаются и разжигают гораздо более опасное насилие. Не лучше ли либералам-левакам сосредоточить свое внимание на этих проблемах, а не волноваться по поводу нескольких безумных академических трудов и истеричных студентов?

Для ответа на это не такое уж и необоснованное возражение мы обратимся к общедоступным источникам. Мы постараемся убедить вас в том, что происходящее в университетах — серьезная

---

* Деплатформинг (*англ.* deplatforming) — практика отлучения от платформы (то есть запрета на выступление) лиц, чьи взгляды рассматриваются как нежелательные или оскорбительные. Реализуется посредством отказа в предоставлении площадки для выступления, запрета на участие в дискуссии, бойкотов или блокировки в интернет-пространстве.

проблема, влияющая на реальный мир, и ее решение — не отвлечение от борьбы с антиинтеллектуальными правыми популистами, а ее жизненно важная часть[10].

Что происходит в наших университетах и почему это важно?

Проблема, берущая начало в наших университетах, сводится к Социальной Справедливости. Ее аспект, требующий наиболее незамедлительного реагирования, заключается в том, что исследования Социальной Справедливости впитываются студентами, которые затем выходят в реальный мир. В наибольшей степени это касается дисциплин Социальной Справедливости, обучающих скептически относиться к науке, рациональному мышлению и доказательному методу, увязывать знание с идентичностью, вчитывать репрессивный механизм власти в каждое взаимодействие, политизировать каждый аспект жизни и ангажированно, с оглядкой на идентичность, применять этические принципы. Но, кроме того, Социальная Справедливость материализуется под видом преобладающей в кампусах культуры, в рамках которой многие из перечисленных представлений принимаются за известное знание. На сегодняшний день в большинстве университетов США существуют требования к «разнообразию» (diversity), которое к тому же преподается в рамках учебной программы. Обычно эту проблему недооценивают. Мы часто сталкиваемся с мнением, что после окончания университета студентам придется приобретать востребованные на рынке навыки, что само собой решит проблему: попав в «реальный мир», они будут вынуждены оставить свои идеологические позиции, чтобы найти работу. Но что, если они привнесут свои убеждения в профессиональную среду и изменят ее в соответствии с ними?

К сожалению, именно это и происходит. Реальный мир меняется, впитывая навыки таких студентов, в результате чего формируется уже оцениваемая в миллиарды долларов индустрия Социальной Справедливости, которая направляет все свои усилия на обучение наших компаний и институтов внедрению и охранению Истины в понимании Социальной Справедливости. Возникла новая должность под названием «специалист по разнообразию, равенству и инклюзивности» (или что-нибудь наподобие этого). Она предусматривает деятельность по изменению корпоративной культуры в соответствии с идеологией Социальной Справедливости. Такие сотрудники — зачинщики и исполнители мягких революций, инквизиторы, рыскающие в поисках предрассудков и дисбаланса власти. И это отнюдь не редкая, а стремительно набирающая популярность профессия. Неудивительно, что в большинстве своем сотрудники по разнообразию скапливаются в системе высшего образования и, по некоторым данным, зарабатывают лучше академических работников и в три раза больше среднего американца[11]. Тем не менее они не ограничиваются академией, всплывая также в административных и кадровых отделах, в том числе и городских органов власти. По данным крупного британского сайта по поиску работы, вакансии в сфере равенства и разнообразия особенно актуальны для Комиссии по вопросам равенства и правам человека, профессиональных объединений, Юридического общества*, школ и университетов, полиции, крупных частных компаний, местных органов власти, профсоюзов и государственной службы[12]. Такие работники стали нормой, а не исключением для многих в достаточной мере крупных учреждений и корпораций. Таким образом, сотрудники по разнооб-

* Юридическое общество Англии и Уэльса (*англ.* Law Society of England and Wales) — саморегулируемая профессиональная организация, представляющая интересы юристов в Англии и Уэльсе.

разию заполучили серьезную институциональную, социальную и культурную власть.

Проблема в университетах не ограничивается преподаванием. «Группы реагирования на предвзятость» (bias response teams) сегодня существуют предположительно более чем в двухстах американских колледжах и обслуживают кампусы, реагируя, как следует из их названия, на сообщения о предвзятости, основанной на идентичности[13]. Хотя некоторые незамедлительно поясняют, что эти группы не имеют права *напрямую* назначать какие-либо наказания или контролировать высказывания, а могут заниматься лишь «обучением и убеждением»[14], все это навевает тревожные, если не оруэлловские ощущения, учитывая, что непонятно, как определяется предвзятость и какие образование и подготовка необходимы для такой работы. Это особенно важно, ведь эти группы могут косвенно добиваться санкций или увольнений, представляя отчеты о предвзятости административным работникам — заведующим кафедрами, деканам и ректорам — и предлагая рекомендации к действию. Но что составляет «предвзятость» в этих случаях? Учитывая, что в число проявлений неуважения, на которые жаловались студенты, попали поддержка президента Дональда Трампа, «снежные фигуры фаллической формы» и антирасистские высказывания («Я не обращаю внимания на цвет кожи»), а в рабочем порядке предвзятость определяется как «образ мышления», кажется, что границы здесь довольно расплывчатые[15]. Хотя студенты, на которых поступили жалобы, сохраняют право не проходить это «обучение», вполне вероятно, что многие из них не захотят подвергаться дальнейшему осуждению и просто начнут цензурировать свои высказывания по любым проблематичным вопросам. Это не способствует здоровой дискуссии и разнообразию позиций, необходимым для производства знания в университетах. Более того, это угрожает расколоть и нарушить работу университетского сообщества, а также будущих мест трудоустройства выпускников.

Попытки не допустить в кампусы определенные взгляды носили и более явный характер. Политика «ноу-платформинга» (no-platforming) в отношении определенных юридических или политических групп и общественных деятелей стала обычным явлением[16], хотя зачастую и не бросается в глаза. Определенные взгляды — *академические* взгляды, разделяемые профессионалами, — считаются слишком опасными, а иногда даже «насильственными», чтобы предоставлять им площадку. В отличие от деплатформинга — отмены выданного ранее приглашения выступить — ноу-платформинг, изначально не допускающий определенные взгляды, не привлекает к себе особого внимания. Более 50% университетов в Великобритании ограничивают свободу слова, особенно когда дело касается определенных взглядов на религию и транс-идентичность[17].

Эта проблема приобрела широкие масштабы. Одним из последствий взятия на вооружение исследований и морали Социальной Справедливости стало полное вытеснение надежных научно строгих исследований в области реальной социальной справедливости, а также обвинение всех остальных подходов в системной нетерпимости, что сделало их немыслимыми в теории и непубликуемыми и наказуемыми на практике. На ум сразу приходят две истории — исследователей Ребекки Тувел и Брюса Гилли. Тувел написала статью для феминистского философского гиганта *Hypatia*, в которой исследовала параллели между трансрасовой и трансгендерной идентичностями и выступала в защиту трансрасовых статусов идентичности. Однако для Теории раса и гендер — глубоко различные понятия. Заявить о трансгендерном статусе, согласно квир-Теории, значит разрушить категории пола и гендера, которые, с ее точки зрения, ограничивают людей, а заявить о трансрасовой идентичности, как нам известно из критической расовой

Теории, значит проигнорировать социальную значимость расы и неправомерно претендовать на пережитый опыт угнетения. Это расценивается как заглушение голосов и стирание небелого населения. Тувел — простой доцент, работающая по контракту, — поплатилась за этот промах. Статья была отозвана[18], *Hypatia* был нанесен катастрофический репутационный ущерб[19], а сама Тувел стала объектом ожесточенной охоты на ведьм[20]. Коллеги публично осуждали ее за бесчувственность, хотя в кулуарах некоторые из них признавались, что разделяют ее точку зрения[21].

Брюс Гилли оказался вовлечен в, пожалуй, еще более вопиющую ситуацию. Годами изучая постколониальные общества, причем в основном с опорой на исследователей, действующих в реальной постколониальной среде, он написал статью «Довод в пользу колониализма», предложив изящную альтернативу центральному тезису Теории, согласно которому колониализм для подчиненных народов — всегда безусловное зло. Его статья была рассмотрена и принята к публикации в научном журнале *Third World Quarterly*, что возымело эффект разорвавшейся бомбы. Портлендский государственный университет, место работы Гилли, тут же обвинил его во всех смертных грехах; зазвучали призывы не допускать статью до публикации, выгнать Гилли с работы и даже лишить его докторской степени[22]. К позорному столбу были пригвождены и редакторы научного журнала. Волна возмущений, вплоть до угроз физической расправы, вынудила их отозвать статью[23]. Оба упомянутых случая, а также целая россыпь других демонстрируют, как академические исследования Социальной Справедливости подвергают цензуре порицаемые ими академические убеждения.

Некоторые эмпирические и научно строгие исследования в области гендера, расы и сексуальности действительно могли бы помочь устранить дисбаланс в обществе, однако они погребены под валом работ, чьи авторы исповедуют совсем другие принципы. Это формирует кризис доверия вокруг некоторых важнейших тем актуального политического момента. Отдельные исследователи ошибочно полагают, что критика халтурных и безнравственных исследований мотивирована ненавистью к меньшинствам или женщинам. Это поразительно. Попробуйте перенести эту логику в другую область. Разумно ли утверждать, что люди, возражающие против бездоказательных и безнравственных исследований в медицине, на самом деле просто ненавидят больных людей и наплевательски относятся к их страданиям? Неужели люди скажут: «Да, корпус медицинских знаний пополняют скверные работы, но ведь попадаются и хорошие!» — вместо того чтобы попытаться отделить зерна от плевел, дабы не подвергать людей опасному или неэффективному лечению? Мы осознаём, что безопасная и действенная медицина необходима для процветания человечества. Но то же можно сказать и о строгих академических исследованиях социальных проблем (в том числе со справедливостью). Исследователи должны понимать это лучше других. Однако никакая другая серьезная дисциплина не характеризуется столь подчеркнутым стремлением к моральной правоте (или праведности) в ущерб фактической и теоретической состоятельности. Возможно, такое стремление — самая характерная черта исследований Социальной Справедливости.

Описанные проблемы затронули и другие, не относящиеся к исследованиям идентичности дисциплины, особенно в гуманитарных науках и искусстве. Литература, философия и история давным-давно признали Теорию, а иногда даже требуют включить ее в свои учебные программы. Прежде всего это касается постколониальной Теории и феминистского анализа — как материалистического, так и постмодернистского. Другие аналитические методики в лучшем случае просто не допускаются, а в худшем — выставляются донельзя предвзятыми, оскорбительными или насильственными. Это коснулось даже науки, технологий, инженерии и математики (STEM)*. С 2010 года число предложений по внедрению понятий Социальной Справедливости в инженерию, исходящих изнутри самой *инженерной* среды, неуклонно растет. В одной из работ 2015 года предполагается, что инженер должен «демонстрировать компетентность в предоставлении социотехнологических услуг и учитывать механизм разнообразия, власти и привилегий, затрагивающий людей и культурные группы»[24]. В книге «Инженерия и Социальная Справедливость», выпущенной издательством университета Пердью, можно обнаружить многочисленные вариации на ту же самую тему, а кроме того, тревожную рекомендацию: «Отход от понимания истины как объективной и абсолютной — наиболее фундаментальное изменение, необходимое инженерному образованию»[25]. Кроме того, встречаются и аргументы, что математике присущ сексизм и расизм — по причине ее сосредоточенности на объективности и доказательстве, а также неравномерных результатов в обучении математике в разных расовых группах. В одной из статей 2018 года утверждается:

> Опираясь на мировоззрение коренных народов в переосмыслении того, что такое математика и как она осуществляется, я выступаю за уход от объектов, истины и знания к способу существования в мире, который руководствуется первоосновой — матемизированием (mathematx). Этот переход от восприятия математики как существительного к математике-глаголу несет в себе потенциал уважительного отношения к нашим связям друг с другом как с людьми и нечеловеческими личностями, обретения баланса между

---

* STEM (*англ.* Science, Technology, Engineering and Mathematics) — зонтичный термин, объединяющий науку, технологии, инженерию и математику, а кроме того, обозначающий особый подход к образовательному процессу, основанный на визуализации научных явлений.

> решением математических задач и удовольствием и поддержания критической бифокальности на локальном и глобальном уровнях[26].

Неясно, каким образом это может улучшить математику, но очевидная здесь политическая повестка внушает тревогу. Вопрос внедрения таких учебных программ в государственных школах со всей серьезностью рассматривается в Сиэтле[27].

Влияние на глобальный мир

В отличие от Вегаса, то, что происходит в университете, не остается в нем. Университеты — это культурные центры, исследовательские институты и *учебные* заведения. Перетекание университетской культуры в массовую подобно осмосу*. Люди тяготеют к мероприятиям, художественным постановкам и информационно-просветительским программам университетов, попадая под влияние их культуры. Университеты — одни из лучших, а в идеале еще и *наименее предвзятые* центры производства знания; просто сравните их с работающими на корпорации или политически ангажированными научно-исследовательскими центрами (think tanks). Как общество мы обращаемся к университетам, чтобы понять, каким убеждениям, представлениям и ценностям можно доверять. Затем они передают студентам знания и интеллектуальную культуру. Таким образом, эти социальные институты готовят образовательную и культурную элиту, которая впоследствии вольется в профессиональную среду, возглавит отрасли промышленности, будет создавать благотворительные организации, выпускать средства массовой информации и определять государственную политику.

---

* Осмос (*греч.* ὄσμος — толчок, давление) — в биологии процесс самопроизвольной диффузии жидкости через частично проницаемую мембрану.

Правильные университеты бесценны. Неправильные — источник губительной культурной индоктринации, не имеющий себе равных.

Ярче всего академические исследования Социальной Справедливости проявляются в активизме. Его печально известный пример — самопровозглашенное антифашистское движение Антифа[28], однако активизм Социальной Справедливости может принимать самые разнообразные формы: от мирных протестов до навязчивого преследования и домогательств[29], от бросания молочными коктейлями[30] до протестов против «примерок кимоно» как «культурной апроприации»[31], от призывов «учитывать свои привилегии» до «антирасистской» деятельности. Активизм Социальной Справедливости оказывает значительное влияние на многие сферы жизни общества, особенно благодаря социальным сетям. Как уже отмечалось, такие статусные организации, как Google, BBC и Asda, увольняли своих сотрудников на основании жалоб, сформулированных на языке Социальной Справедливости и распространенных через соцсети. Хотя большинство людей, включая самих владельцев компаний, вероятно, не являются сторонниками идей Социальной Справедливости, эти идеи безусловно влиятельны, о чем свидетельствует тот факт, что технологические, вещательные и розничные гиганты готовы идти у них на поводу.

Крупные компании все чаще призываются к ответу за свою продукцию. В 2019 году Macy's оказалась в центре скандала, начавшегося из-за того, что *в интернете кто-то обиделся*. Компании пришлось публично извиниться за выпуск в продажу тарелок с рисунком, на котором размеры порций были сопоставлены с размером джинсов (что было расценено как фэтшейминг)[32]. Товар был снят с продажи. Японский гигант по производству лапши Nissin извинился и отменил аниме, в котором японская теннисистка гаитянского происхождения была изображена со светлой кожей и европейскими чертами лица[33]. Gucci извинился и снял с производства свитер, ношение которого, по мнению некоторых, создавало эффект «блэкфейса»[34]. Аналогичное обвинение было выдвинуто против обуви из линейки Кэти Перри, которую сняли с производства[35].

Наверное, не стоит удивляться, что крупные корпорации с такой легкостью сдались на милость Социальной Справедливости. В конце концов, их основная цель — зарабатывать деньги, а не отстаивать либеральные ценности. Поскольку большинство потребителей и избирателей в западных странах поддерживают базовую идею социальной справедливости и не понимают разницы между ней и одноименной идеологией, крупные корпорации иногда считают незначительные и особенно ни на что не влияющие уступки активистам грамотным пиаром.

В некоторой степени это объясняет и бесхребетную позицию руководства многих университетов. Хотя университетам в западных странах полагается ревностно защищать либеральные ценности, в частности свободу слова, они все больше тонут в бюрократии и управляются уже скорее не профессорами, а администраторами, и начинают напоминать ориентированный на прибыль бизнес. Администраторы университетов в той же мере завязаны на пиар, как и руководители корпораций, пусть и существуют в совершенно иной политической среде (особенно это касается государственных университетов, полностью зависящих от избираемых политиков). Все это усложняет жизнь руководству университетов, в результате чего защита академической свободы зачастую перестает быть главным приоритетом.

Создается впечатление, что онлайн-платформы своими непоследовательными и с виду часто необъяснимыми правилами и кодексами поведения сами связывают себе руки. YouTube[36], Patreon[37], Facebook[38] и Twitter[39] подвергались критике как за баны или демонетизацию определенных пользователей, чьи взгляды считались проблематичными с точки зрения Социальной Справедливости, так и за то, что допустили распространение «фейковых новостей» и создание эхо-камер*, в частности ультраправых сообществ, тем самым способствуя радикализации и экстремизму. Этот непростой вопрос заслуживает упоминания, пусть его и не удастся рассмотреть здесь должным образом.

Активисты Социальной Справедливости очень заметны в соцсетях и в первую очередь стремятся атаковать видных деятелей из области медиа и искусства. Призывы покарать знаменитостей, художников, спортсменов и других известных людей, выступивших против Социальной Справедливости, причем зачастую неосознанно, называют «культурой отмены»[40]. Эта устрашающая практика нередко подразумевает полное разрушение карьеры и репутации человека за высказывания десятилетней давности или еще в бытность подростком. Например, чернокожий актер Кевин Харт был вынужден отказаться вести церемонию премии «Оскар», когда обнаружились его старые твиты с оскорблениями в адрес геев[41], а когда позже он пострадал в аварии, многие повернутые на Социальной Справедливости активисты *радовались* этому. Критике также подверглась телеведущая и лесбиянка Эллен Дедженерес, выступившая в защиту Харта. Ее преступление состояло в том, что она приняла его извинения от имени всего общества, часть которого этого не желала. Ранее Дедженерес уже вызывала публичное негодование, когда опубликовала в твиттере шутливую фотографию, изображавшую ее едущей верхом на ямайском спринтере Усэйне Болте, в чем некоторые активисты разглядели заигрывание с расистскими мотивами[42]. Голливудский

---

* Эхо-камера (*англ.* echo chamber) — информационная экосистема замкнутого типа, в которой постоянно повторяются (и тем самым укрепляют друг друга) одни и те же идеи и убеждения. За создание подобного эффекта часто критикуют интернет-гигантов (Google, Facebook), которые ориентируются на пользовательскую персонализацию и стараются предоставить пользователю в первую очередь ту информацию, которой он интересовался ранее. — *Прим. ред.*

актер Мэтт Дэймон прогневал онлайн-феминисток, заявив, что сексуальное домогательство бывает разным и шлепок по попе стоит отличать от изнасилования[43], а телеведущий Марио Лопес был вынужден извиняться перед разъяренной интернет-толпой, возмущенной его мнением, что родители не должны некритично признавать гендерное самоопределение своего трехлетнего ребенка[44]. Суперзвезда тенниса Мартина Навратилова подверглась нападкам за утверждение, что транс-женщины обладают несправедливым преимуществом в соревнованиях с цисгендерными женщинами[45]. Под яростный огонь критики попал также Джон Макинрой, заявивший, что Серена Уильямс занимала бы примерно 700-е место в мужском теннисном рейтинге. Позже он сказал, что сожалеет о своих словах, однако не видит ничего катастрофического в том, чтобы сказать, что между мужчинами и женщинами существуют физические различия[46]. Список можно продолжать бесконечно.

Все это исходит от активистов, уверовавших в Теорию. Основополагающая, центральная для Теории предпосылка, из которой они исходят, такова: нетерпимость есть везде и всегда, скрытая лишь тонкой прослойкой реальности. Работа активистов Теории состоит в том, чтобы скрупулезно исследовать тексты, события, культуру, действия, места, пространства, установки, типы мышления, построение фраз, одежду и все другие мыслимые культурные артефакты на предмет скрытой нетерпимости, а затем изобличить эту нетерпимость и очистить общество от нее и ее источников — или по крайней мере лишить ее доступа к средствам культурного производства. Иногда, как в случае с фотографией, изображающей Дедженерес на спине Усэйна Болта, нетерпимость усматривается в попытке якобы поддержать культуру «белого превосходства» (которую обвиняют в отношении к чернокожим людям как к «рабочему скоту»). Другие случаи, например когда Дедженерес защищала

Харта, интерпретируются как заглушение голосов маргинализированных сообществ и стирание их идентичности посредством отрицания их права оскорбиться или почувствовать себя жертвой. В иных случаях — как с Дэймоном, Лопесом, Навратиловой и Макинроем — проблема заключается лишь в том, что высказанная точка зрения вступает в противоречие с Теорией.

Надзор за языком и мышлением, который осуществляет Социальная Справедливость, сказывается и на искусстве. Претензии к искусству обычно подразделяются на две противоречивые категории: с одной стороны, это недостаточное представительство групп меньшинств, с другой — апроприация элементов их культуры. Активизм Социальной Справедливости исходит из того, что расистские и супремасистские* взгляды повсеместны, и усиленно отыскивает подтверждения этому. Он подсчитывает долю женщин, людей небелого цвета кожи, транссексуалов, геев или лесбиянок, людей с инвалидностью или полных людей в книгах и фильмах и возмущается, если, с его точки зрения, какая-либо группа недостаточно представлена. Отсутствие, недостоверное отображение или недостаточное представительство таких групп понимается как «стирание» меньшинств, «отрицание правомерности их существования» и вместе с тем укрепление позиций белого превосходства, патриархата, гетеронормативности, цисnormативности, эйблизма или фэтфобии.

Противоположная проблема — *апроприация* — также является источником серьезного недовольства. Она основывается на позиционной теории, утверждающей, что знание укоренено в «прожитом опыте» и ситуация, в которой персонажа с маргинализированной идентичностью создает или играет не ее

---

* От *англ.* white supremacy — обусловленные теорией превосходства белой расы над остальными. — *Прим. ред.*

представитель, считается предосудительной. По этой причине мы наблюдаем требования, чтобы актеры играли только тех персонажей, с которыми они входят в одну группу идентичности: так, гетеросексуальной женщине не разрешается играть в кино лесбиянок или транссексуалок, а трудоспособному индивиду непозволительно взять на себя роль человека с инвалидностью. Аналогичные требования выдвигаются к кинодраматургам, работающим за кадром, поскольку человеку без соответствующей маргинализированной идентичности возбраняется «выдумывать» опыт угнетения. Подобные ситуации становятся плодотворной почвой для прорастания Социальной Справедливости в медиа, поскольку активисты, требующие правильного распределения ролей, строят на этом свою карьеру.

Озабоченность представительством меньшинств и озабоченность апроприацией иногда сливаются воедино — в одном из таких случаев, например, транс-активисты вынудили Скарлетт Йоханссон отказаться от роли трансмаскулинного персонажа[47]. Однако иногда такие требования противоречат друг другу, например в случае, когда Дж. К. Роулинг осуждали за отсутствие людей с небелым цветом кожи среди ее главных героев, а также — очевидных геев или трансгендерных персон в книгах о Гарри Поттере вообще[48], но в то же время критиковали за интеграцию в ее произведения фольклора коренных американцев[49]. Музыканты и художники особенно уязвимы для обвинений в культурной апроприации. Мадонну критиковали за апроприацию индийской и испаноязычной культуры, а Гвен Стефани — японской и коренной американской эстетики[50]. От подобной критики не застрахованы даже чернокожие артисты: Рианну обвиняли в апроприации китайской культуры[51], а Бейонсе — стилистики индийского Болливуда[52]. Очевидно, все это препятствует созданию искусства. Так выглядит Теория, примененная на практике.

Кроме того, когда книги, произведения искусства, фильмы или видеоигры рассматриваются в качестве «дискурсов» и проблематизируются на основании «вчитываемого» в них механизма власти, это тоже может неблагоприятно отражаться на медиа и искусстве. Разумеется, примеры негативных стереотипов действительно существуют, и они заслуживают порции обоснованной критики и тщательного изучения. Тем не менее большая часть современного анализа «дискурсов» в высшей степени интерпретативна и нефальсифицируема. Даже книги Доктора Сьюза* можно выставить расистскими[53], а воплощения чернокожих людей в кинематографе — подвергнуть критике на основании мнимых стереотипов, включающих в себя, в частности, представление о сильных и волевых чернокожих женщинах[54]. Образ слабых и безвольных чернокожих женщин, вероятно, тоже не получит одобрения, поэтому решить эту проблему весьма сложно. Такой придирчивый подход особенно свойственен гендерному анализу. Например, феминистские исследовательницы и активисты подсчитывали количество слов, произнесенных женщинами в некоторых фильмах по сравнению с мужчинами[55], а также критиковали сексуализированное изображение женщин[56].

Все это не только утомительно, но и дорого обходится — в том числе и для членов тех групп, которым, как утверждается, такой подход должен помочь. Постмодернистский феминистский анализ, усматривающий гендерный дискурс абсолютно во всем, не только ставит под сомнение более научно строгие и взвешенные методы, но и сужает диапазон доступных женских персонажей. Киностудия 20th Century Fox была вынуждена извиняться после выпуска рекламного щита, на котором

---

* Доктор Сьюз (1904–1990) — настоящее имя Теодор Сьюз Гейзел, американский детский писатель и мультипликатор, чье творчество было проблематизировано в конце 2010-х, когда ряд исследователей указали на расистские и антисемитские образы в его иллюстрациях. В марте 2021-го правообладатели объявили, что перестанут издавать шесть (из более чем 50) книг писателя. — *Прим. ред.*

суперзлодейку из «Людей Икс» Мистик душил Апокалипсис, после того как феминистки вроде Роуз Макгоуэн пожаловались на изображение «обыденного насилия над женщинами»[57]. Можно подумать, супергероини и суперзлодейки вообще не должны вступать в сражения либо должны одерживать победы без единой царапины. Под схожий шквал критики угодила героиня «Игры престолов» Санса Старк — за слова о том, что пережитое насилие и жестокое обращение сделали ее сильнее. Некоторые феминистки посчитали, что это играет на руку культуре насилия, каким-то неведомым образом оправдывая ее[58]. С этой точки зрения, если вы не являетесь вечной жертвой, то пособничаете силам зла. Этот анализ благополучно игнорирует тот факт, что мужской персонаж, Теон, тоже подвергается сексуальным истязаниям — ему даже отрезают пенис — и в результате он становится лишь сильнее как личность. Как можно изобразить женских персонажей сильными и стойкими, если им непозволительно преодолевать жестокость, насилие и невзгоды? Такие ограничения, скорее всего, сделают женских персонажей менее интересными — и мы уже начинаем это видеть. Например, многие радовались появлению в сериале «Доктор Кто» первой женщины-Доктора, но некоторые критики задавались вопросом, почему продюсеры сделали ее более совершенным и, следовательно, менее глубоким персонажем, чем Докторов мужского пола[59]. Вероятный ответ — чтобы избежать гнева феминисток.

Еще большее беспокойство вызывает потенциальное влияние исследований Социальной Справедливости на медицину. Активизм, утверждающий, что инвалидность и полнота социально сконструированы, а попытки борьбы с ними обусловлены ненавистью к людям с инвалидностью и лишним весом, определенно может представлять опасность. Конкретные примеры проблем, коренящихся в исследованиях инвалидности, обнаруживаются в активизме вокруг вопросов аутизма, нарушений слуха и психических расстройств.

Например, в последние годы довольно активно развивается одна из форм борьбы за права людей с аутизмом. Она основывается на предпосылке, что расстройства аутического спектра не должны считаться инвалидностью. Эта позиция имеет под собой основу, поскольку многие люди с высокофункциональным аутизмом показывают, что они — ценные члены общества и счастливые, пусть и несколько необычно устроенные человеческие существа, а кроме того, существует множество свидетельств, что в среднем аутизм коррелирует с незаурядными способностями к систематизации[60]. Однако другие люди с аутизмом и их опекуны отмечают, что зачастую аутизм — глубоко инвалидизирующее и тяжелое расстройство, а активизм мешает людям с тяжелыми формами аутизма получить необходимую помощь[61]. Другие говорят, что людям с аутизмом зачастую особенно сложно соблюдать замысловатые правила Социальной Справедливости относительно языка, предвзятости и социального взаимодействия. Прежде всего от этого страдают нейротипичные люди, в большем количестве трудоустроенные в сферах технологий, инженерии и физики[62]. Хороший пример — случай Джеймса Дамора, бывшего техника Google и человека с аутизмом, уволенного за слишком буквальный подход к ответу на вопрос о том, как привлечь больше женщин в технологический сектор. Вызывает беспокойство и тот факт, что на антинаучные заявления о роли вакцин в развитии аутизма активисты часто отвечают лишь обвинениями в эйблизме. Действительно, как можно предположить, что жизнь с аутизмом — это что-то плохое? Это лишь еще сильнее запутывает дискуссию.

Как отмечают борцы за права неслышащих людей, кохлеарные импланты* не всегда работают безупречно; их использо-

* Кохлеарный имплант — медицинский прибор, стимулирующий слуховой нерв и позволяющий некоторым пациентам смягчить потерю слуха. — *Прим. ред.*

вание может дезориентировать и причинять стресс, поэтому людей с нарушениями слуха не следует принуждать к их ношению[63]. А еще поразительным образом они заявляют, что предоставление родителям возможности установить импланты своим неслышащим детям — это геноцид людей с нарушениями слуха. Отдельные активисты продвигают политику идентичности неслышащих, в рамках которой желающие скорректировать свои нарушения рассматриваются как дезертиры. Все это не приносит людям с нарушениями слуха никакой пользы.

Активизм в области психического здоровья тоже нередко рассматривает ментальные расстройства как маргинализированную идентичность. Одна из проблем такого подхода заключается в том, что люди склонны привязываться к своей идентичности, что может отбить у некоторых желание обращаться за лечением и пытаться скорректировать свои нарушения. Другая проблема в том, что пациенты могут ошибочно принимать симптомы физического заболевания за мнимые психосоматические признаки психического заболевания, наделяющего их определенной идентичностью, например стресса, тревожности или депрессии. Активисты хорошо потрудились над устранением жестоких, невежественных и контрпродуктивных стигм, закрепленных за проблемами ментального здоровья, однако возведение психических расстройств в ранг виктимизированной идентичности не несет в себе совершенно никакой пользы — особенно для самих пациентов, поскольку побуждает некоторых из них рассматривать свои нарушения не как нечто излечимое, а как неотъемлемые аспекты своей идентичности.

Аналогичная проблема возникает и в отношении фэт-активизма, поскольку, согласно исследованиям Социальной Справедливости, лишний вес — это тоже маргинализированная идентичность. Такой подход потенциально несет в себе еще большую опасность. Фэт-активизм основывается на убеждении, что лишний вес и ожирение считаются вредными для здоровья только по причине ненависти к полным людям и чрезмерного доверия научным дискурсам. Эта точка зрения крайне импонирует многим людям с тяжелыми случаями ожирения — в особенности женщинам, которым сложнее контролировать вес. Вместо обращения за медицинской или психологической помощью они учатся любить свое тело таким, какое оно есть. Движение бодипозитивизма пропагандирует красоту и здоровье на примере моделей, страдающих морбидным ожирением*, несмотря на многочисленные доказательства связи лишнего веса с диабетом, заболеваниями сердца, поликистозом яичников, проблемами суставов и дыхательных путей, а также некоторыми формами рака[64]. Фэт-активисты выступили против благотворительной организации Cancer Research после того, как она установила рекламные щиты, информирующие людей о рисках для здоровья, обусловленных лишним весом[65]. Другие активисты проводили кампании против моделей со стройной фигурой[66]. Существуют десятки интернет-сайтов, на которых объясняется, где можно найти врача, который не будет говорить, что лишний вес опасен для здоровья. Такой подход может привести к летальным последствиям.

Культура изнеженности и виктимности

Описанные социальные изменения воплощают постмодернистские принципы и сюжеты в действии. Хотя таких убеждений

* Морбидное ожирение — форма хронического ожирения, при которой индекс массы тела (ИМТ) превышает 40 кг/м² (масса тела увеличена на 40–50% от нормального значения).

придерживаются, вероятно, менее десяти процентов населения[67], они оказывают серьезное влияние на то, как общество воспринимает само себя. Это говорит о том, что постмодернизм, теперь уже применимый на практике и овеществленный, не только благополучно здравствует, но и стремительно захватывает все большую власть в нашем обществе. Две важные книги, опубликованные в 2018 году, посвящены причинам, проявлениям и потенциальной опасности этих социальных изменений: «Изнеженность американского разума: как благие намерения и плохие идеи ведут поколение к провалу»[68] Грега Лукианоффа и Джонатана Хайдта и «Расцвет культуры виктимности: микроагрессия, безопасные пространства и новые культурные войны»[69] Брэдли Кэмпбелла и Джейсона Мэннинга. Лукианофф и Хайдт специализируются на психологии, а Кэмпбелл и Мэннинг — на социологии, но их подходы дополняют друг друга. Они описывают разные аспекты одного и того же явления.

В «Изнеженности американского разума» Хайдт и Лукианофф отмечают резкое снижение психологической устойчивости молодого поколения, а также их способностей справляться с тяжелыми мыслями и эмоциональными потрясениями. Авторы не умаляют важности этих проблем, но подчеркивают, что они — болезненное следствие трех «великих Неправд»: человеческой хрупкости («Все, что не убивает тебя, делает тебя слабее»), эмоционального мышления («Всегда доверяй своим чувствам») и шаблона «Мы против них» («Жизнь — это битва между добрыми и злыми людьми»). Главный тезис авторов заключается в том, что в совокупности эти Неправды формируют психологический подход к восприятию мира, подобный обратной когнитивно-поведенческой терапии (КПТ). КПТ позволяет людям преодолеть привычку видеть во всем катастрофу и вместо этого оценивать вещи в перспективе, думать о событиях со спокойствием и доброжелательностью и действовать соответствующим образом. Великие Неправды, напротив, поощряют негативное, параноидальное и саморазрушительное мышление.

Мы утверждаем, что эти (и не только) психологические проблемы возникают по вине Теории. Рисуя картины бесконечных лишений — стирания, инвалидизации, насилия, — которые маргинализированные группы претерпевают по вине господствующих дискурсов, исследователи и активисты пестуют веру в человеческую хрупкость и уязвимость перед неприятным и огорчительным опытом. Стремление доверять своим чувствам, а не пытаться быть объективным или великодушным, отражает акцент Социальной Справедливости на опыте, а не на объективном знании. Оно привязано еще и к идентичностям: опыт и эмоции маргинализированных индивидов авторитетны для Теории в той степени, в которой они согласуются с ней. Опыт, эмоции и аргументы белых людей — если они не согласуются с постулатами Социальной Справедливости — рассматриваются только как подтверждения их хрупкости, а не как морально и/или фактически доказуемые позиции. Все это подкрепляется взглядом на жизнь как на борьбу между хорошими и плохими людьми (представленными в маргинализированных и господствующих дискурсах соответственно), в которой одни пытаются сохранить угнетающие системы власти и привилегий в ущерб другим.

В «Расцвете культуры виктимности» Кэмпбелл и Мэннинг описывают различные способы разрешения социальных конфликтов, присущие разным временам и разным культурам. Они анализируют, как люди относятся друг к другу, как морализируют эти отношения, как определяют свое место в мире, а также как добиваются статуса и справедливости. Авторы отмечают недавнее возникновение культуры виктимности, отличающейся как от *культуры достоинства*, так и от *культуры чести*. В культуре чести, объясняют они, важно не позволить доминировать над собой. Поэтому люди крайне чувствительны к оскорблениям и отвечают на любой признак неуважения немедленной агрессией или даже насилием. Самодостаточность — главная ценность такой культуры, господствовавшей в западном мире на протяжении сотен лет и по сей день распространенной в некоторых незападных культурах и в определенных западных субкультурах, таких как уличные банды. Она была вытеснена культурой достоинства. Культура достоинства тоже придает особое значение самодостаточности, но поощряет другую форму устойчивости. В культуре достоинства предлагается игнорировать большинство оскорблений, менее серьезно реагировать на словесные выпады, решать проблемы совместно с другими людьми и разрешать серьезные конфликты законными средствами, без самоуправства.

Новоявленная культура виктимности, которую описывают Кэмпбелл и Мэннинг, разделяет чувствительность культуры чести к оскорблению, но отвечает на него демонстрацией слабости, а не силы. В вопросах разрешения конфликтов она наследует свойственную культуре достоинства опору на власти, схожим образом предпочитая делегировать им разбор конфликта, но отказывается игнорировать оскорбления или отдавать приоритет поиску мирного решения. Статус в культуре виктимности достигается за счет того, что человека считают жертвой, из-за чего он заручается поддержкой сочувствующих третьих лиц. Следовательно, он пытается вызвать сочувствие других и публично обратиться за помощью. В результате возникает тенденция вчитывать дисбаланс власти и виктимизацию во многие взаимодействия и даже иногда придумывать их, чтобы использовать то, что Кэмпбелл и Мэннинг называют «естественной моральной валютой виктимности»[70] (the natural moral currency of victimhood). Возникновение этой культуры во многом обусловлено постмодернистской концепцией мира, сконструированного системами власти и привилегий, закрепленных в языке, в том числе ее последним овеществленным проявлением, которое постулирует вездесущность угнетения, а также стремится сделать это угнетение видимым и ликвидировать его.

Превознесение виктимности и Теория, зацикленная на репрессивной и маргинализирующей власти, неразрывно связаны. Жертвы подтверждают Теорию и тем самым наделяются статусом среди ее приверженцев. Моральный императив предписывает, что необходимо защищать маргинализированных индивидов от неочевидного вреда, заключенного в установках и дискурсах. Чтобы обнаружить такие проблемы, необходимо проанализировать общество в соответствии с тремя Неправдами Лукианоффа и Хайдта. А чтобы решить их, необходимо отказаться от превознесения силы, свойственного культуре чести, а также от стойкости перед проявлениями неуважения, свойственной культуре достоинства, и проникнуться тем, что Кэмпбелл и Мэннинг назвали культурой виктимности.

Во многих отношениях возникновение культуры виктимности и изнеженности в большинстве стран Запада говорит о том, что активизм за (настоящую) социальную справедливость пал жертвой собственного успеха. Обвиняя людей, зацикленных на микроагрессии и неверном употреблении местоимений, в том, что у тех попросту нет *настоящих* проблем, мы упускаем из виду степень болезненности, с которой эти вопросы могут восприниматься на самом деле (Лукианофф и Хайдт отмечают рост самоубийств среди молодежи, хотя он, разумеется, может быть вызван более сложными факторами). Как бы то ни было, позволить себе беспокоиться по поводу, казалось бы, незначительных социальных оплошностей или особо никому не нужных идей и настроений может, вероятно, лишь то общество, в котором большинство людей прямо сейчас не умирают от голода.

Затрагивая тему параноидального родительства и «сейфтизма»*, Лукианофф и Хайдт отмечают, что родители зачастую оказываются неспособны порадоваться победе над смертельными болезнями вроде дифтерии и полиомиелита[71] и уменьшению числа опасных продуктов и практик, благодаря которым значительно снизилась детская смертность[72]. Вместо этого они переключают свою тревогу на менее значимые источники потенциальной угрозы. Более того, фокус смещается с физического вреда на психологический дискомфорт, создавая ожидание *эмоциональной безопасности*[73]. Схожим образом, отмечают Кэмпбелл и Мэннинг, люди склонны искать доказательства расизма и нетерпимости там, где они менее всего заметны:

> Мы вспомнили Эмиля Дюркгейма, французского социолога XIX века, который, как известно, попросил своих читателей представить, что могло бы происходить в «обществе святых». Ответ заключался в том, что грешники там все равно останутся, потому что «проступки, кажущиеся извинительными толпе»**, в этом обществе вызовут настоящий скандал[74].

Мы уже приводили схожий аргумент о том, что развитие постмодернистских идей в контексте Социальной Справедливости с ее акцентом на катастрофизацию расистских, сексистских и гомофобных установок и дискурсов совпало с радикальным ослаблением таких установок и дискурсов. Прикладной

---

* Сейфтизм (*англ.* safetyism) — система убеждений, в которой главный приоритет отдается безопасности, в том числе и эмоциональной. В частности, может принимать форму гиперопеки над детьми или ограничения доступа к потенциально вредной или травмирующей информации.

** См. *Дюркгейм Э.* Социология. Ее предмет, метод, предназначение. М.: Канон, 1995. — *Прим. ред.*

постмодернистский поворот не случайно начался в конце 1980-х, именно в тот момент, когда после двадцати лет поразительно стремительного движения в сторону расового, гендерного и ЛГБТ-равенства, как юридического, так и политического, польза от движения за гражданские права, либерального феминизма и гей-прайдов начала снижаться. После отмены законов Джима Кроу, краха имперского мышления, легализации мужской гомосексуальности и криминализации притеснений по расовому и половому признаку западное общество по-новому взглянуло на свою долгую историю, устыдилось угнетения маргинализированных групп и преисполнилось намерения и впредь выправлять эти несправедливости. Поскольку наиболее значимые правовые сражения к этому моменту уже были выиграны, оставалось бороться с сексистскими, расистскими и гомофобными взглядами и дискурсами. Постмодернизм с его фокусом на дискурсах власти и социально конструируемом знании идеально подходил для решения этой задачи. Однако по мере того, как расизм, сексизм и гомофобия продолжали убывать, для их выявления требовалось все более глубокое прочтение ситуаций и текстов и все более усложненные Теоретические аргументы. Интерпретативный дискурсивный анализ Теории, обнаруживаемый в методах Социальной Справедливости, представляет собой прямой результат радикального снижения социальной несправедливости.

Институционализация Социальной Справедливости – примеры из практики

Существует серьезная угроза проникновения социально-конструктивистских убеждений Социальной Справедливости в институты общества. Хорошим примером этого служат события в государственном колледже Эвергрин, оказавшемся захваченным идеологией критической расовой Теории, в частности благодаря усилиям Теоретика и преподавательницы Робин Дианджело. Когда профессор биологии Брет Вайнштайн возразил против предложения, чтобы люди с белым цветом кожи раз в неделю не приходили в кампус, группа студентов-активистов пришла в ярость и устроила беспорядки. Учебный процесс в колледже был безнадежно сорван, а выпускную церемонию пришлось проводить за его пределами. Студенты-активисты осаждали ректора колледжа Джорджа Бриджеса, унижая его и требуя, чтобы он разговаривал с плотно прижатыми к телу руками, а также принял все их требования[75]. Ситуация накалилась до такой степени, что студенты-активисты забаррикадировали двери от полиции, по сути, держали преподавателей в заложниках и, вооруженные бейсбольными битами, останавливали машины, пытаясь выследить Вайнштайна. При этом они громогласно возмущались отсутствием в кампусе безопасности для своих «черных и коричневых тел», даже когда ректор приказал охране колледжа отступить и не вмешиваться в происходящее.

Колледж Эвергрин потонул в безумии и до сих пор полностью не оправился от произошедшего. Самый пугающий и при этом самый показательный момент заключался в том, что протестующие не желали и, видимо, не могли осмыслить позицию, против которой они взбунтовались. Когда Вайнштайн поинтересовался доказательствами расистских настроений в колледже, ему ответили криками, что такое требование само по себе уже является проявлением расизма. Если бы Вайнштайн хоть немного понимал, что значит быть черным, настаивали студенты, он бы не задавал таких вопросов. Доказательства расизма — их ежедневный опыт. Таким образом, вместо того чтобы обосновать свои провокационные заявления в адрес колледжа, которые, как выяснилось, не были подкреплены никакими фактами, студенты-активисты просто скандировали лозунги Социальной

Справедливости вроде «Молчание белых — это насилие» и требовали, чтобы над научным департаментом колледжа был установлен контроль, а его преподаватели были вызваны на ковер, прошли переподготовку и понесли ответственность за свои спорные взгляды.

На вопрос, как это все могло произойти, можно ответить одним словом: Теория. Случившееся в колледже Эвергрин демонстрирует в миниатюре, что происходит, когда Теория применяется к автономному институту в условиях реального мира. Руководство колледжа поставило себя под удар, допустив распространение «антирасистских» взглядов таких Теоретиков критической расы, как Робин Дианджело, — не в последнюю очередь понятия «хрупкости белых» — и оказавшись не в силах дать отпор протестующим. Когда некоторые студенты с небелым цветом кожи выразили поддержку Вайнштайну и повторили его вопросы, толпа заставила их замолчать, отвергнув их прожитый опыт, скорее всего потому, что он не совпадал с «аутентичным» опытом, предписанным Теорией. Таким образом, как только достаточное количество людей, в первую очередь преподавательница медиаведения Наима Лоу, обвинили колледж в расистских настроениях и сочувствии идеям белого превосходства, у преподавателей и управленцев, согласившихся с «антирасистскими» постулатами критической расовой Теории, не было иного выхода, кроме как согласиться с обвинениями в свой адрес и начать проводить требуемые изменения.

А что им еще оставалось? Понятие «хрупкости белых», наряду с другими, настолько связало им руки, что поступить иначе значило бы, в глазах господствующих Теорий, признаться в том самом преступлении, участие в котором они имели все основания отрицать. Немногих, кто, подобно Брету Вайнштайну, возразил и выразил скептицизм, требовал доказательств, стоял на своем, отрицал обвинения, молча голосовал против или предпринимал последовательные усилия по добросовестному изучению вопроса, обвинили в соучастии в расистской системе и заклеймили как расистов. Согласившись, что «вопрос не в том, „Имел ли место расизм?“, а скорее „Как расизм проявился в конкретной ситуации?“»[76], они вынуждены были признать, что работали в расистском учреждении. Именно в этом их и обвинили.

Впитав идею Социальной Справедливости о том, что единственный возможный способ *не быть* расистом — согласиться с обвинениями в свой адрес и направить свои усилия на бесконечную антирасистскую деятельность, продиктованную Теорией, они не сумели ничего противопоставить экстремистскому меньшинству академических работников и студентов, особенно после того, как за дело взялись управленцы, такие как новый ректор Джордж Бриджес. Крайне маловероятно, что большинство студентов и преподавателей колледжа Эвергрин, с сочувствием относившихся к проблемам Социальной Справедливости, знали, на что они подписывались.

После того как Теория внедряется в закрытую систему, развитие событий легко предсказать. Ее постулаты начинают завоевывать популярность среди определенной группы людей, которые превращаются в ее приверженцев и принимают ее мировоззрение. На этом этапе они уже «знают», что системная нетерпимость наводняет все социальные институты, включая их собственный, скрываясь за тонкой прослойкой реальности, и ее необходимо разоблачать и проблематизировать при помощи «критических» методов. Рано или поздно происходит инцидент, привлекающий внимание Теории, — или его провоцируют, как могло случиться в колледже Эвергрин, — и Теоретики в этом институте набрасываются на обнажившуюся «проблематику». Она подвергается систематическим интерпретациям, и сообщество разваливается, поскольку каждая дискуссия и спор превращаются в серию обвинений и попытку придраться к словам любого, кто не демонстрирует достаточную лояльность Теории. Если вы не признаёте правоту Теории и не рветесь под ее знаменем в бой, то «доказываете» свою причастность к системной проблеме, лежащей в самом сердце вашего института, и спорить с этим бесполезно. Если к моменту неизбежного инцидента — достаточно будет простого непонимания или оговорки — в институте скопится достаточно активистов, то Теория поглотит его. Если это закончится крахом института, тому виной системная нетерпимость, характеризующая его с самого начала. Если институт выстоит, пусть даже и не без потерь, отныне ему придется играть по правилам Теории или превратиться в настоящее поле боя. И это не баг Теории, а фича. Именно в этом всегда и заключался «критический» метод. Помимо колледжа Эвергрин, эта пьеса разыгрывалась в самых разных декорациях, включая интернет-форумы, посвященные вязанию[77], атеистическое движение 2010-х годов[78] и даже консервативные церкви[79].

Теория всегда хороша на бумаге

Идеи Социальной Справедливости часто хорошо выглядят на бумаге. Это общая черта почти всех плохих теорий. Возьмем, например, коммунизм. Коммунизм выдвигает идею о возможности создания развитого и технологичного общества на основе сотрудничества и совместного использования ресурсов, в котором эксплуатация труда будет сведена к минимуму. Несправедливость, вызванная неравенством между победителями и проигравшими в капиталистической системе, может быть устранена. При наличии достаточной информации — которую, как мы теперь знаем, невероятно трудно раздобыть без свободных рынков — мы, несомненно, способны перераспределять товары и услуги гораздо честнее и справедливее, и, несомненно, этих моральных преимуществ достаточно, чтобы вдохновить всех хороших людей на участие в этом процессе. Мы просто должны действовать заодно. Мы просто должны начать сотрудничать. Такова теория. Однако на практике коммунизм вылился в ряд величайших злодеяний в истории и гибель миллионов людей.

Коммунизм прекрасно демонстрирует тенденцию: люди не понимают, что наши лучшие теории могут с треском проваливаться на практике, даже если их адепты руководствуются идеалистическим видением «высшего блага». Постмодернизм начинался как отрицательная реакция на коммунизм, а также на все другие масштабные теории модерности, Просвещение и предшествующие им премодерные представления. Циничные Теоретики, которых мы сегодня называем постмодернистами, заложили основу для нового Теоретического подхода, заигрывающего с человеческой гордыней. Вместо того чтобы пойти по стопам своих предшественников, пытавшихся соорудить масштабные, всеобъемлющие умопостроения, объясняющие, как может и как должен работать мир, они захотели разрушить все до основания. Они не просто отнеслись к определенным представлениям людей о прогрессе со скепсисом, а прониклись радикальным скептицизмом в отношении идеи прогресса как таковой. Их цинизм возымел эффект. Обретя практическую применимость, он был направлен на перестройку — а не критику — общества и таким образом превратился в Теории, с которыми мы сталкиваемся сегодня, особенно в рамках исследований и активизма Социальной Справедливости. На словах эти Теории звучат хорошо. Давайте доберемся до сути нетерпимости, угнетения, маргинализации и несправедливости и вылечим от них этот мир. Если бы мы просто уделяли чуть больше внимания чуть более правильным вещам, то могли бы направить историю в правильном направлении. Мы просто должны все действовать заодно.

Мы просто должны начать сотрудничать. Мы просто должны игнорировать любые проблемы и клясться в нашей верности общему делу.

Не выйдет. Социальная Справедливость — красивая Теория, которая обязательно провалится, нанеся колоссальный сопутствующий ущерб. Социальная Справедливость не способна добиться успеха, потому что не согласуется с реальностью и фундаментальными человеческими представлениями о справедливости и взаимодействии, а также потому, что представляет собой идеалистический метанарратив. Тем не менее метанарративы могут звучать убедительно и пользоваться достаточной поддержкой, чтобы оказать существенное влияние на общество и его отношение к знанию, власти и языку. Почему? Отчасти потому, что мы, люди, не так умны, как нам кажется; отчасти потому, что большинство из нас идеалисты, по крайней мере на каком-то уровне; отчасти потому, что мы склонны лгать себе, когда хотим, чтобы наши идеи сработали. Но все же Теория — это метанарратив, а значит, по своей сути ненадежна.

В этом постмодернисты были правы. Зато они катастрофически ошиблись, когда приняли за метанарративы эффективные и адаптивные системы. Религии и многие теоретические построения представляют собой метанарративы, а вот либерализм и наука — нет. Либерализм и наука — это системы, а не просто небольшие ладно скроенные теории, потому что по своему замыслу они *самокритичны*, а не *самоуверенны*. Они прибегают к обоснованному, а не радикальному скептицизму. Они ставят на первое место *эмпирическое*, а не *теоретическое*. Они самокорректируются. Либеральные системы, такие как регулируемый капитализм, республиканская демократия и наука, разрешают конфликты, способствуя эволюции человеческой экономики, общества и производства знаний, что — с течением времени и при приложении усилий — приводит к появлению устойчивых обществ, правительств и предполагаемо истинных утверждений о мире. Доказательством этого служит тот факт, что за последние пятьсот лет в мире, а особенно на Западе, изменилось практически все. Как указывает Теория, иногда этот прогресс был проблематичным, но все же это был *прогресс*. Для большинства людей и в большинстве случаев дела обстоят лучше, чем пятьсот лет назад, и это неоспоримо.

10. Альтернатива идеологии Социальной Справедливости

Либерализм без политики идентичности

Постмодернистская Теория и либерализм не просто расходятся во мнениях, а почти напрямую конфликтуют друг с другом. Либерализм рассматривает знание как объективную истину в отношении реальности, которая в той или иной степени может быть постигнута; Теория — как от и до созданные человеком истории, которые мы рассказываем друг другу, тем самым во многом неосознанно поддерживая наше собственное социальное положение, привилегии и власть. Либерализм исповедует педантичную категоризацию и ясность в понимании и изложении; Теория размывает границы и стирает категории, упиваясь искусственной двусмысленностью. Либерализм ценит индивидуальность и универсальные человеческие ценности; Теория предпочитает этому групповую идентичность и вытекающую из нее политику. Хотя симпатизирующие левым либералы склонны уделять внимание нуждам обездоленных, в целом либерализм ставит во главу угла общечеловеческое достоинство, в то время как Теория делает акцент на виктимности. Либерализм поощряет разногласия и дебаты, считая их средством достижения истины; Теория отвергает их, считая способами укрепления доминирующих дискурсов, которые подавляют определенные точки зрения, и настаивает на том, что мы не способны добраться до «настоящей» истины, а только до «наших» истин, укорененных в *наших* ценностях. Либерализм признаёт корреспондентную теорию истины, согласно которой утверждение истинно, если оно точно описывает реальность; Теория продвигает представление, что истина — это «языковая игра», а слова в конечном счете указывают лишь на другие слова и никогда — на конкретную реальность, если только не описывают угнетение. Либерализм принимает критику, в том числе и в свой адрес, и поэтому способен самокорректироваться; Теория к критике невосприимчива. Либерализм верит в прогресс; Теория относится к самой его возможности с радикальным цинизмом. Либерализм конструктивен, потому что способствует эволюционным процессам; Теория деструктивна из-за своего цинизма и приверженности методам, которые она называет «критическими». Это не должно удивлять, поскольку критические методы всегда, подчеркнуто и умышленно, применялись против либерализма как средства социальной, политической и экономической организации.

У либерализма есть особенности и недостатки, которые позволили постмодернистской Теории подорвать его авторитет в обществе. Терпимо относясь к расхождениям во взглядах, либерализм не настаивает на том, что поддерживать должны именно его. Подчеркивая важность свободы слова, либерализм открыто допускает и даже приветствует критику своих постулатов. Превознося универсальные общечеловеческие ценности, либерализм привлекает внимание к тому, что у западных обществ, как прошлых, так и нынешних, не получилось соответствовать этим ценностям. Восхваляя правовое и политическое равенство всех граждан, либерализм проливает свет на то, что некоторые из них обладают гораздо большим политическим влиянием, чем другие. Сосредотачиваясь на прогрессе, либеральное общество высвечивает свои недостатки в надежде, что их удастся исправить или по крайней мере смягчить. Либерализм несовершенен. Тем не менее он — противоядие от Теории.

Либеральное общество может вызывать недовольство по причине своей абсолютной безличности. Либеральный строй исключает особое отношение к какому-либо индивиду или группе, что нравится далеко не всем. Более того, стремясь казаться внешне беспристрастным, либерализм допускает внутренние случаи неравенства, некоторые из них требуют серьезной корректировки. Капитализм, например, — чисто либеральная экономическая система. Внедрив его на практике, мы обнаружили, что, будучи нерегулируемым, капитализм представляет собой катастрофу — именно против такого капитализма выступал Карл Маркс. Как ни парадоксально, но по причине власти монополий и влияния недобросовестных игроков свободный рынок требует регулирования — инфраструктуры, которая не позволит системе выйти из-под контроля. Схожим образом древние греки осознали, что неправильно организованная демократия (либеральный строй) превращается в тиранию. Американский эксперимент, в свою очередь, выявил, что корректировка, называемая *представительной демократией*, — привнесенная республиканской формой правления и подразумевающая разделение властей и ограничение полномочий правительства, — является необходимым компонентом демократических систем, не позволяющимим скатиться к власти толпы и тирании большинства. Эти системы полностью зависят от либерального подхода к производству знания. Постмодернистская Теория оценивает либеральный строй и его системы производства знания с особым цинизмом, рассматривая их недостатки как средства, с помощью которых властвующие скрывают потенциал угнетения. Она фокусируется на несправедливости, особенно по отношению к тем, кто изначально находится в угнетенном положении, поскольку эти системы не обладают механизмами, компенсирующими подобное невезение. Она бы их попросту уничтожила.

Еще один недостаток либерализма заключается в том, что он трудно поддается определению, что делает его уязвимым к деконструкции. Пожалуй, лучше всего рассматривать либерализм как стремление постепенно сделать общество более справедливым, свободным и менее жестоким, решая одну практическую задачу за другой. Важно понимать, что либерализм — это система разрешения конфликтов, а не способ снять любые противоречия раз и навсегда. Он работает постольку, поскольку в нем участвуют многие, и не предлагает возложить все наши надежды на кого-то конкретного, что противоречит нашей интуитивной логике. Он не революционен, но и не реакционен: его импульс не в том, чтобы перевернуть общество с ног на голову или удержать его от изменений. Напротив, либерализм — это постоянно продолжающаяся работа. И он действительно работает, способствуя прогрессу: разбираясь с одной проблемой, он переходит к следующей, постоянно отыскивая новые конфликты для разрешения и новые цели для достижения. Таким образом, либерализм представляет собой эволюционный процесс, а процессы такого рода по определению длительны и не подразумевают логического завершения. По ходу процесса неизменно совершаются ошибки, а иногда все идет совсем не так, как планировалось, но лишь до тех пор, пока ошибки курса не выявляются и не устраняются критикой. Теория проблематизирует эти ошибки. В своей конструктивной форме эта проблематизация может принести пользу, поскольку обнажает проблемы еще до того, как ситуация выйдет из-под контроля, — готовность либеральных систем принимать критику, по сути, является особенностью либерализма, которую критические методы, такие как постмодернистская Теория, используют для его подрыва. В своей циничной (как в случае Теории) форме проблематизация может разрушить доверие людей к либеральной системе и затенить тот факт, что именно этой системе они обязаны благами современности.

Кроме того, либерализм трудно локализовать. Вряд ли имеет смысл обсуждать, когда он зародился или как развивался, хотя можно назвать философов, заложивших его основу, большинство из которых жили на Западе в период Нового времени. Среди них Мэри Уолстонкрафт, Джон Стюарт Милль*, Джон Локк**, Томас Джефферсон***, Фрэнсис Бэкон****, Томас Пейн***** и многие, многие другие. Они вдохновлялись философскими традициями, отчасти восходящими еще к античной Греции, от которой нас отделяют две тысячи лет, и предложили понятия и аргументы, продолжающие убеждать и воодушевлять либералов и по сей день. Однако эти люди не изобретали либерализм, который нельзя ограничить каким-либо одним историческим периодом или географическим местоположением. Импульс, лежащий в основе либерализма, можно обнаружить в любое время и в любом месте, когда люди хотят изменить существующую систему, сохранив ее хорошие стороны и искоренив недостатки — особенно если эти недостатки ограничивают, угнетают или ущемляют людей. Он вступает в противоречие с другими импульсами, особенно с теми, которые не доверяют решение каких-либо проблем

* Джон Стюарт Милль (1806–1873) — английский философ, экономист и политический деятель. В частности, известен концепцией индивидуальной свободы, противопоставленной неограниченному государственному и социальному контролю, а также вкладом в этику утилитаризма.

** Джон Локк (1632–1704) — английский философ. Известен благодаря значительному вкладу в философию либерализма, эмпиризма и теорию общественного договора.

*** Томас Джефферсон (1743–1826) — американский государственный деятель, дипломат и мыслитель эпохи Просвещения. Третий президент Соединенных Штатов Америки, один из авторов Декларации независимости.

**** Фрэнсис Бэкон (1632–1704) — английский философ и историк. Наиболее известен как создатель теории общественного договора и основоположник эмпиризма.

***** Томас Пейн (1737–1809) — британский философ и публицист, автор популярнейшего в преддверии американской революции трактата «Здравый смысл».

безличной *системе*. Это делает его особенно уязвимым перед постмодернизмом, поскольку циничные Теоретики используют его ошибки и беды как повод для осуждения самого либерализма.

Почему свобода слова так важна

Мы все привыкли думать о свободе слова как об универсальном праве, закрепленном в конституциях демократических стран и во Всеобщей декларации прав человека. Рассматривая свободу слова таким образом, мы, естественно, сосредотачиваемся на праве говорящего высказывать то, что он считает нужным, не боясь цензуры и наказания. Но иногда такой фокус внимания вынуждает нас забыть о первостепенной важности свободы слова для *слушателей* или *потенциальных слушателей* — особенно для слушателей, которые *не согласны* с говорящим (а также для тех, кто не определился со своей позицией).

Джон Стюарт Милль в своем эссе 1859 года «О свободе» подчеркивает этот важный аспект свободы слова:

> Особенное же качество действий, нарушающих свободу слова, состоит в том, что они во всяком случае составляют воровство по отношению ко всему человечеству, как к будущим, так и к настоящим поколениям, как по отношению к тем, кто усвоил бы себе преследуемое мнение, так и по отношению к тем, кто бы его отверг[1].

Цензура наносит вред противникам цензурируемого мнения двумя способами, полагает Милль. Во-первых:

> Если мнение правильно, то запрещать выражать его — значит запрещать людям знать истину[2].

И во-вторых:

> ...Если же мнение неправильно, то препятствовать свободному его выражению — значит препятствовать достижению людьми не меньшего блага, чем и в первом случае, а именно: более ясного уразумения истины и более глубокого в ней убеждения, как это обыкновенно имеет своим последствием всякое столкновение истины с заблуждением[3].

Ясно, на какой вред ссылается Милль в первом случае: подавление истины — например, подавление католической церковью в XVII веке представления о том, что Земля движется вокруг Солнца, а не наоборот, — отбрасывает человечество назад во всех возможных смыслах. Но даже если мнение большинства в основном истинно, а мнение, подвергающееся цензуре, в основном ложно, разрешение свободной дискуссии все равно имеет ключевое значение для того, чтобы мнение большинства можно было скорректировать и улучшить.

Во втором случае описываемый Миллем вред менее очевиден, но не менее важен. Он демонстрирует его с помощью примера из сферы науки, обычно вызывающей меньше споров, чем политика или религия. В 1687 году Исаак Ньютон основал современную физику, сформулировав аксиомы, которые позже стали называться ньютоновской механикой и изучаются сегодня на каждом вступительном курсе физики. В ходе следующего столетия в результате наземных и астрономических наблюдений ученые получили неоспоримые доказательства верности ньютоновской физики (вплоть до того, что в 1846 году сумели вычислить точное расположение ранее неизвестной планеты Нептун). Но предположим, что в какой-то момент государственные органы (или даже университеты) постановили: из-за неопровержимых доказательств верности ньютоновской механики отныне ее запрещается оспаривать. В таком случае, замечает Милль, у нас было бы гораздо меньше оснований доверять ей! Именно тот факт, что ньютоновская механика выдержала проверку свободной и открытой дискуссией, дает нам такую обоснованную уверенность в ее валидности:

> Если бы было запрещено критиковать философию Ньютона, то человечество не могло бы иметь в ее истинности такой полной уверенности, какую теперь имеет. Для нас не существует никакого другого ручательства в истинности какого бы то ни было мнения, кроме того, что каждому человеку предоставляется полная свобода доказывать его ошибочность, а между тем ошибочность его не доказана. Если вызов на критику не принять или если принять, но критика оказалась бессильной, то это еще нисколько не значит, что мы обладаем истиной, — мы можем быть еще очень далеко от истины, но, по крайней мере, мы сделали все для ее достижения, что только могло быть сделано при настоящем состоянии человеческого понимания, — мы, по крайней мере, не пренебрегли ничем, что могло раскрыть нам истину...[4]

На самом деле в этой истории есть неожиданный, не предугаданный Миллем поворот, который служит примером вреда, описанного им в первом случае. Оказалось, что ньютоновская механика не верна! Она представляет собой удивительно хорошую аппроксимацию, достаточную для решения почти любых практических задач, — однако она не совсем точна. В 1905–1915 годах, более чем через тридцать лет после смерти Милля, это обнаружил Альберт Эйнштейн. Ньютоновская механика была заменена и вытеснена его специальной и общей теориями относительности. Однако этот важный прогресс в науке мог бы никогда не произойти, если бы критика теории Ньютона была запрещена. (А значит, не было бы и технологических результатов этого прогресса — от радиотерапии для лечения рака до системы глобального позиционирования (GPS), — которые так или иначе опираются на эйнштейновские теории относительности[5].)

Милля в первую очередь беспокоила цензура со стороны государственных или церковных властей, но аргументы в пользу свободы дискуссий в равной степени применимы к цензуре, вводимой корпорациями, или университетами, или даже группами частных лиц — самопровозглашенными стражами общественной добродетели, наделенными властью подвергать неугодных общественному остракизму.

Таким образом, даже если бы Теория была на девяносто девять процентов верной, а ее критики (такие, как мы) на девяносто девять процентов ошибались, свободная дискуссия все равно была бы выгодна Теоретикам. Во-первых, она бы позволила им продолжить совершенствовать свои идеи, а во-вторых, предоставила бы им — и нам — больше *рациональных оснований* быть уверенными в их правоте на основании того, что они успешно противостоят противоположным взглядам. Однако Теоретики чаще всего не нуждаются в подобных рациональных основаниях, поскольку понимают рациональное мышление и объективную истину как репрессивные проявления власти белых западных мужчин. Поэтому им достаточно субъективной уверенности в том, что свободная дискуссия вообще необязательна и даже контрпродуктивна. К сожалению, это наглядно демонстрируется их подчеркнутым нежеланием вступать в дискуссию и склонностью рассматривать попытки других начать с ними разговор как *хрупкость*, *преднамеренную невежественность* или *обороняющий привилегии эпистемический отпор*.

Теории не понять либерализм

Либерализм основывается на незыблемых постулатах свободы личности, равенства возможностей, свободы и открытости информации, свободы слова и дискуссии и гуманизма. Это весьма пространные, но убедительные и устойчивые идеалы. На протяжении последних пятисот лет они медленно, но верно одерживали победу за победой и способствовали созданию наиболее свободных и эгалитарных обществ с наименьшим уровнем угнетения и страданий, которые когда-либо знал мир. У успеха либерализма есть несколько ключевых объяснений. По своей сути он ориентирован на достижение целей, решение проблем, самокоррекцию, а также — вопреки мнению постмодернистов — подлинно *прогрессивен*. В то время как некоторые радикально-правые течения стремятся остановить прогресс или уверяют, что он уже зашел слишком далеко, а некоторые радикально-левые считают прогресс выдумкой и настаивают, что жизнь при либеральных демократиях остается такой же угнетающей, как и раньше (спасибо Фуко), либерализм позитивно оценивает прогресс и с оптимизмом смотрит на его перспективы. В рамках либерального политического спектра, включающего в себя как правых, так и левых, бытует общее мнение, что либерализм предполагает прогресс, хотя скорость и средства этого прогресса являются предметом споров.

По мнению когнитивного психолога Стивена Пинкера, жизненно важно, чтобы мы по достоинству оценили значимость прогресса, которого нам удалось добиться при либеральных демократиях, — и осознали, что этим мы обязаны гуманизму эпохи Просвещения, — если мы хотим, чтобы он продолжался:

> Либеральная демократия — ценнейшее достижение.
> Пока не явился мессия, нам не избавиться от проблем окончательно, но давайте будем их решать, а не подносить к ним спичку в надежде, что на пепелище вырастет что-нибудь получше. Не замечая даров современности, социальные критики настраивают избирателей против ответственных политиков и сторонников постепенного реформирования, способных упрочить потрясающий прогресс, принесший

нам столько хорошего, и обеспечить условия, в которых он даст нам еще больше[6].

Журналист Эдмунд Фосетт в предисловии к переизданию своей книги «Либерализм: жизнь идеи» (2015) реагирует на критические замечания о том, что либерализм — слишком размытое и плохо поддающееся определению понятие, чтобы быть продуктивным. По мнению Фосетта, «либерализм должен быть емким. Среди его выдающихся достижений — создание такой политики, в которой глубокие этические разногласия и острые конфликты материальных интересов можно урегулировать, смягчить или обуздать, а не доводить до предела в расчете на окончательную победу»[7]. Ссылаясь на рецензию на предыдущее издание своей книги, он задиристо добавляет:

В *Financial Times* Сэмюэль Бриттан высказал возражение, что мое определение либерализма применительно к миру после 1945 года включает в себя всех, кроме «авторитаристов и тоталитаристов». Если бы он добавил к тем, кого я исключил, «популистов и теократов», я бы воспринял его претензию как похвалу. Либеральная демократия — не единственный привлекательный путь для современного капитализма. Нелиберальные пути тоже заманчивы. К ним относятся авторитаризм, национал-популизм и религиозный тоталитаризм. Понимание либерализма, исключающее такие альтернативы, я бы сказал, хорошо справляется с задачей дать ему определение[8].

Это хороший способ понять либерализм — как оппозицию иллиберализму. Если либерализму трудно дать определение, то иллиберализм легко выявляется в тоталитарных, иерархических, цензурирующих, феодальных, патриархальных, колониальных или теократических государственных системах и во взглядах людей, которые стремятся создать подобные государства, ограничить свободы или оправдать неравенство. Либералы противостоят таким взглядам не потому, что хотят установить собственный авторитарный режим, а потому, что выступают против авторитаризма в принципе. Поэтому теоретическая размытость либерализма не делает его слабым. По мнению Фосетта, четыре сюжета либерализма — это «принятие конфликта, сопротивление власти, вера в прогресс и уважение к личности»[9]. Либерализм признаёт, что всегда будет бороться с несправедливой и деспотичной властью, а также выступать посредником между различными идеями. Он противостоит не консерватизму как таковому, а тому консерватизму, что стремится сохранить иерархию классов, рас или полов. Постмодернистские движения тоже сражаются с репрессивными системами власти, однако они не верят в прогресс — как и в способность двигаться вперед, продолжая делать то, что получается у нас хорошо, и реформируя то, что мы делаем плохо. Кроме того, либерализм одновременно признаёт человека как индивида и как представителя человеческого рода. Не признавая групповые идентичности или сообщества сами по себе, он ценит индивидуальное и универсальное: человека и человечество.

С точки зрения журналиста и эссеиста Адама Гопника, либерализм неотделим от гуманизма. Он отмечает:

> Либерализм имеет много воплощений, но у того, что защищаем мы, либеральные гуманисты, — в противовес как левому, с которым мы иногда действуем сообща, так и правому крылу, чьи предпосылки мы иногда разделяем, — есть всего одна истинная суть, сколь могучая, столь и ясная. *Либерализм — это развивающаяся политическая практика, доказывающая необходимость и возможность (несовершенных) эгалитарных социальных реформ и все большей (если не абсолютной) терпимости к человеческим различиям*

> *благодаря аргументированным и (в основном) беспрепятственным разговорам, демонстрациям и дискуссиям*[10] (курсив в оригинале).

Это плюрализм, но не релятивизм; он приветствует разнообразие позиций, но не пытается уважить абсолютно все взгляды. Гопник подчеркивает необходимость разговоров и *дискуссий*. Это свободный рынок идей, где лучшие из них в конечном итоге одерживают верх, способствуя общественному прогрессу. Такой подход противостоит консервативной позиции, когда некоторые идеи считаются священными (в буквальном или переносном смысле) и не должны оспариваться, а также постмодернистской позиции, для которой определенные идеи опасны и их не рекомендуется высказывать. Либерализм оптимистичен, а гуманизм верит в людей. Если нам удастся собрать все наши идеи, не навязывая никаких ограничений и поощряя свободу самовыражения и цивилизованную дискуссию, мы сможем сделать мир лучше. Это не утопия. Это хлопотно, неидеально и медленно. Но последние пятьсот лет показали, что это работает. Гопник пишет: «Что у либерализма есть, так это факты. Либералы не добиваются ничего — кроме, по большому счету, всего»[11]. Либералы, утверждает он,

> верят в реформы, а не в революцию, потому что результаты налицо: это лучше работает. Долговременные позитивные социальные изменения достигаются постепенно, а не путем революционных преобразований. Изначально это было чем-то вроде инстинкта, общественное спокойствие ценой меньшего зла, но теперь это разумный выбор. Озвученные цели социалистических и даже марксистских манифестов XIX века — государственное образование, бесплатное здравоохранение, роль государства в экономике, женское избирательное право — были достигнуты

> в основном мирным путем и в основном успешно, посредством реформ в либеральных странах. Попытка навязать их в приказном порядке, в Советском Союзе, Китае и других местах, привела к моральным и фактическим катастрофам таких масштабов, что их до сих пор почти невозможно осмыслить[12].

Когда Гопник утверждает, что либерализм — это *разумный* выбор, с ним трудно не согласиться, учитывая доказательства того, что либеральные методы действительно работают и, несмотря на свой инкрементный подход*, делают это удивительно быстро. Неслучайно либерализм, рационализм и эмпиризм, объединенные под знаменем Просвещения, общими усилиями сумели значительно снизить страдания человечества благодаря технологиям, эффективной инфраструктуре, медицинским и другим научным достижениям, а также защите прав человека. Все эти понятия поддерживают и дополняют друг друга. Несмотря на заявления постмодернизма, что мышление эпохи Просвещения отличает чрезмерная уверенность в наличии ответов на все вопросы, в действительности это мышление характеризуется сомнением и смирением относительно возможностей человека. По мнению Пинкера,

> все началось со скептицизма. История человеческой глупости, а также собственный опыт иллюзий и заблуждений доказывают, что мужчины и женщины могут ошибаться, А значит, чтобы поверить во что-то, необходимы убедительные доводы. Вера, откровение, традиция, догма, авторитет и экстатический жар субъективной убежденности — все

---

* Инкрементный подход (*англ.* incremental approach) — в разработке программного обеспечения модель поэтапной работы, в которой проверка осуществляется на каждом шаге, а не по итогам создания целого продукта. — *Прим. ред.*

это залог ошибки и не должно более считаться источником знаний[13].

Звучит как скептицизм в отношении метанарративов? Это он и есть. Такой скептицизм — в ответственном либеральном понимании — помог нам совершить настолько гигантский и стремительный скачок, что сегодня некоторые люди даже могут позволить себе посвятить жизнь мутным антипросвещенческим теориям, вместо того чтобы выживать за счет своего огорода, прежде чем умереть при родах или от оспы. Постмодернизм не изобрел скептицизм: он превратил его в едкий цинизм. Хотя Теоретики постмодернизма часто говорят нам, что либералы и гуманисты реакционны и хотят вернуть нас в прошлое, именно они выступают за возвращение к успокоительным локальным нарративам, озарениям и «экстатическому жару субъективной убежденности», отказываясь от прогресса, который так хорошо выполняет свою работу.

Некоторые возразят, что высокая оценка эпохи Просвещения, а также развития науки и рационального мышления подразумевает поддержку таких зверств, как рабство, геноцид и колониализм, сопровождавших наш «прогресс». Это могло бы послужить хорошим аргументом, если бы рабство, военная экспансия и безжалостные оккупации не происходили на протяжении всей нашей истории. Особенность Нового времени в том, что зарождающийся тогда либерализм показал неприемлемость таких вещей. Другие назовут прогресс вымыслом, потому что нацизм, холокост и коммунистический геноцид имели место менее века назад, *после* эпохи Просвещения. Обоснованное возражение, если бы все, что возникало после эпохи Просвещения, было либеральным. На самом деле на примере этих явлений видно, что происходит, когда тоталитаризму позволяют доминировать над либерализмом. Либерализм не всегда побеждал и не всегда будет побеждать. Но когда это происходит, от этого выигрывают все, поэтому мы должны помогать ему одерживать победы. Несмотря на свои недостатки, либерализм просто лучше всего остального.

Как утверждает Пинкер в книге «Просвещение продолжается. В защиту разума, науки, гуманизма и прогресса», «данные свидетельствуют, что более либеральные страны в среднем еще и лучше образованны, глубже урбанизированы, имеют меньше детей на семью, менее склонны к кровосмешению (реже встречаются браки между кузенами), более миролюбивы, более демократичны и менее коррумпированы; в этих странах ниже уровень преступности и реже случаются государственные перевороты»[14]. Просто поразительно, что те же самые двадцать лет (1960–1980), когда женщины получили доступ к средствам контрацепции и добились равной оплаты за равный труд, расовая и сексуальная дискриминация в сфере труда и других областях стала незаконной, а гомосексуальность была декриминализирована, ознаменовали выход на сцену постмодернистов, заявивших, что пора прекращать верить в либерализм, науку, рациональное мышление и миф о прогрессе. Возможно, в приступе своего нигилистического отчаяния (не в последнюю очередь вызванного крахом коммунизма) они так и не сумели разобраться, что такое прогресс и как его достигнуть. Это единственное достойное объяснение случившемуся. Давайте не будем идти по их стопам. Не переставайте верить в либерализм, науку, рациональное мышление и прогресс. Приложите усилия для защиты основанного на доказательствах знания и последовательных моральных принципов. А как именно это сделать, лучше всего описал Джонатан Рауш при помощи своей «либеральной науки».

Либеральная наука

В 1992 году журналист Джонатан Рауш с жаром выступил в защиту либерализма в своей книге «Добрые инквизиторы.

Власть против свободы мысли»[15]. В ней он описывает достоинства метода производства знания, опирающегося на либерализм и названного им «либеральной наукой». Эта идея описывается как «либеральная интеллектуальная система»[16], вклад либералов в «индустрию реальности», занятую «производством истинных утверждений о внешнем мире». Либеральная наука, по мнению Рауша, — это система, придерживающаяся двух согласующихся правил: «правила скептика» и «правила эмпирика»[17]. Он резюмирует следующим образом: «*никто не имеет права на решающее слово*» и «*никто не обладает личной властью*» соответственно[18], — утверждая, что «эти два своеобразных правила — среди самых удачных социальных конвенций, когда-либо разработанных человечеством»[19]. Почему? Потому что «эти два правила определяют систему принятия решений, и люди могут договориться использовать ее, чтобы разобраться, чьим мнениям можно доверять»[20], и она работает, потому что система «не может выдать результат заранее или навсегда (никто не имеет права на решающее слово)» и «не проводит различий между участниками (никто не обладает личной властью)»[21].

Рауш противопоставляет «либеральный принцип» четырем другим принципам, демонстрируя, что каждый из них обречен проваливать свою задачу по поиску надежных утверждений, которые можно было бы назвать *знанием*, а также разрешению конфликтов, возникающих по причине разногласий насчет этих утверждений. Речь идет о фундаменталистском, простом эгалитаристском, радикальном эгалитаристском и принципе человеколюбия.

> *Фундаменталистский принцип*: те, кто знает правду, решают, кто прав[22].

Фундаменталистский принцип — основа теократий и светских тоталитарных режимов. Кроме того, влечение к фундаментализму наблюдается и в растущем авторитаризме исследований и активизма Социальной Справедливости, равно как и в их попытках изжить любую критику. Приход к власти фундаменталистов означает путь к тоталитаризму.

> *Простой эгалитаристский принцип*: убеждения всех честных людей равно заслуживают уважения[23].

Это принцип подразумевает, что уважения заслуживают не только истинные убеждения. Именно такой эпистемический и моральный релятивизм лежит в основе исследований и активизма Социальной Справедливости.

> *Радикальный эгалитаристский принцип*: схож с простым эгалитаристским принципом, но убеждения людей, принадлежащих к исторически угнетаемым классам или группам, согласно ему, заслуживают особого отношения[24].

Этот принцип лежит в основе концепции «эпистемической несправедливости», с 2010 года характерной для большинства разделов Теории. Он опирается на позиционную теорию и веру, что все убеждения обладают одинаковой валидностью, просто некоторые из них были обесценены предрассудками и теперь должны быть выдвинуты на передний план.

> *Принцип человеколюбия*: допускает любой из вышеперечисленных подходов при главном условии: никому не навредить[25].

Этот принцип оправдывает цензуру определенных представлений, которые предположительно могут причинить психологическую боль, осуществить «эпистемическое насилие» или стереть идентичности определенных групп индивидов — аргумент, сплошь и рядом встречающийся в научных исследованиях и активизме Социальной Справедливости.

> *Либеральный принцип*: единственный легитимный способ решить, кто прав, — это проверка каждым каждого в поле общественной критики[26].

В отличие от предыдущей четверки, последний принцип неприемлем для постмодернистской мысли Социальной Справедливости. Теория настаивает, что критика определенных убеждений недопустима. Еще она утверждает, что правота или неправота человека не может быть установлена на основании обоснованности его убеждений, а зависит от его идентичности («позиционность») и готовности участвовать в правильных дискурсах. С точки зрения Теории, «проверка каждым каждого» невозможна, поскольку люди с разными групповыми идентичностями никогда не смогут полностью понять друг друга. В этом суть постмодернистского принципа знания. Очевидно, что отрицание либерализма — важнейший краеугольный камень постмодернизма.

Отвергнув либеральный подход к производству знания, мы остаемся с его иллиберальными альтернативами. По мере того как их моральный статус растет и все большее количество людей разделяют их основные принципы, эти альтернативы движутся в направлении еще большего фундаментализма. В этом суть постмодернистского политического принципа. Рауш емко описывает фундаментальное различие либеральной наукой от двух постмодернистских принципов, особенно в том виде, в котором они проявляются в прикладном и овеществленном постмодернизме: «Она однозначно защищает свободу мысли и слова, но *полностью отрицает свободу знания*»[27] (курсив в оригинале. — *Прим. авт.*). В либеральных системах люди свободны верить во что угодно и отстаивать любую позицию, однако утверждать, что все, что придет им в голову, является *знанием* и заслуживает соответствующего уважения, — это совсем другое дело.

В академических исследованиях и активизме Социальной Справедливости, а также в зараженном ими обществе свободное «знание» становится ходовой монетой — при условии, что «знание» отражает опыт «угнетения» и согласуется с Теорией. Любая другая позиция расценивается как нетерпимость. Это приводит к плохим результатам. А именно к разрушению системы, с помощью которой мы создаем достоверные утверждения о реальности, и к сопутствующей утрате системы разрешения конфликтов, которую обеспечивало развитие либеральной науки. Возникают социальные разногласия, поскольку люди теряют способность разговаривать друг с другом на общих основаниях и не располагают объективными средствами для разрешения конфликтов. У вас есть «ваша правда», у меня — «моя», и, когда они вступают в противоречие, его невозможно разрешить. Все, что мы можем сделать, — это обратиться к нашей общности, к людям, которые разделяют наш субъективный опыт, и попытаться выставить себя жертвой, а кроме того, надеяться, что ни одна из этих «истин» не вмешается в вопросы вроде строительства моста или оказания медицинской помощи — а также что никто не попытается разрешить спор с помощью насилия. По сути, это разбивает «знание» на своего рода религиозные деноминации, что, в свою очередь, порождает кризис доверия в отношении всех утверждений истины. Такого результата стоит ждать любой системе, склонившейся перед постмодернистским принципом знания и вытекающей из него Теорией. Все это не приносит никому никакой пользы, и, как любят указывать исследователи Социальной Справедливости, главные проигравшие в этой ситуации — те, кто уже маргинализирован и угнетен. Не зря говорится «Истина сделает вас свободными». В отличие от Социальной Справедливости.

Принципы и сюжеты в контексте либерализма

Мы способны на большее, чем учреждение деноминаций «истины». В каждом из постмодернистских принципов и сюжетов содержится зерно правды и указание на конкретную проблему, требующую решения, которого, однако, постмодернизм предложить не способен. Для тех, кто разделяет либеральные взгляды и ценит модерность, но небезразличен к настоящим вопросам социальной справедливости, существует альтернатива Теории и ее производным. Она предполагает практически полный отказ от двух постмодернистских принципов и четырех сюжетов и возвращение к старой парадигме универсального либерализма, движимого либерально-научным производством знания. Это призыв вспомнить о ценности рационального мышления и основанных на доказательствах подходов к приобретению знания, для которых характерна свобода от политических предпосылок и устойчиво либеральная мораль. Кроме того, несмотря на то что лишь малая толика из предложенного постмодернистами и последовавшими за ними исследователями и активистами является чем-то невиданным ранее, либеральному проекту следует принять их критику и ответить на нее свойственным для него способом — самокоррекцией, адаптацией и прогрессом.

Постмодернистская Теория не может сделать ничего, что у либерализма не получилось бы лучше. Нам давно пора вернуть себе уверенность в этом и позволить либерализму исправить его собственные ошибки и приняться за вызовы будущего. Как же нам ясно и с уверенностью противостоять постмодернистским принципам и сюжетам и повысить ценность либеральных идей на интеллектуальном рынке? Можем начать с признания того, что Теории удалось сделать правильно, прежде чем показать негодность ее капризного подхода к освещаемым вопросам.

Постмодернистский принцип знания

Постмодернистский принцип определяет знание как социально сконструированный культурный артефакт. Это верно в самом банальном понимании — но не в том глубоком смысле, на который претендует постмодернизм. Знание определенно относится к царству идей, а когда та или иная идея считается или не считается «истиной» с точки зрения определенной культуры, это что-то говорит об этой культуре. Тем не менее существуют разные способы приобретения (предполагаемого) знания относительно происходящего в мире — одни хуже, другие лучше. Конечно, лучшие из них — рациональное мышление и доказательный метод — тоже являются культурными артефактами, но они, безусловно, эффективны в том, что касается отбора утверждений, достоверно описывающих как физическую, так и социальную реальность. Мы должны отвергнуть постмодернистский принцип знания, распознав в нем то, что он представляет собой на самом деле, — а именно языковую игру, — и вернуться к некогда общепринятому пониманию, что достичь знания сложно, но возможно, используя методы либеральной науки. Уверенность в науке не наивна: у нас есть доказательства, что наука работает. И, разумеется, она не является ни расистской, ни сексистской, ни империалистической. Наука и рациональное мышление — не белые, не западные и не маскулинные понятия. Предполагать такое — вот настоящий расизм и сексизм. Наука и рациональное мышление принадлежат всем. В противном случае они были бы совершенно бесполезны.

Тем не менее из постмодернистского принципа знания можно вынести ценный урок. Все, в чем он находил свое воплощение, — начиная с недовольства Фуко ошибочностью научных утверждений касательно безумия и сексуальности и вплоть до настойчивых заявлений критических расовых Теоретиков, что проблемы меньшинств не воспринимаются всерьез, — намекает нам, что стоило бы вести себя поскромнее и научиться *слушать*. Постмодернистский принцип знания призывает нас *слушать и размышлять*, *слушать и исследовать*. Однако мы не обязаны «слушать и верить» или «заткнуться и слушать». В либеральном обществе требования обойти или отбросить эпистемическую строгость, даже из лучших побуждений, не могут быть удовлетворены, поскольку это помешает достижению целей. В определенном смысле жизненные наблюдения обычно имеют под собой основания, однако люди склонны неверно интерпретировать их, поскольку докопаться до сути вещей бывает непросто. Например, достоинства того или иного закона невозможно оценить на основе прожитого опыта тех, кому он помог или навредил. Первые, скорее всего, будут поддерживать закон, а вторые попросят его отменить. Обе точки зрения имеют ценность, но им недостает полноты. Либеральный подход предлагает выслушать обе стороны, внимательно рассмотреть их точки зрения и выдвинуть аргументы о том, что необходимо сохранить, а что — реформировать. *Слушать и размышлять* — значит серьезно относиться к важной информации, которую в противном случае мы могли бы проигнорировать, справедливо и разумно оценивать все доказательства и аргументы. *Слушать и верить* — значит поощрять предвзятость подтверждения, поскольку в этом случае мы будем слушать только того, кому, как нам кажется, мы обязаны верить. Так мы неверно усвоим множество причинно-следственных связей и в результате будем слушать еще меньше, чем раньше, — и гораздо меньше, чем должны.

Постмодернистский политический принцип

Постмодернистский политический принцип гласит, что социальное конструирование знания неразрывно связано с властью. Наделенная наибольшей властью культура создает дискурсы и наделяет их легитимностью, определяет, что мы считаем истиной и знанием, и, таким образом, сохраняет свое господство.

Политический принцип воспринимает мир как игру, в которой может быть только один победитель, как теорию заговора без заговорщиков. Это безрадостный и удручающий взгляд, продиктованный работами Мишеля Фуко, а также самым циничным из всех возможных прочтений истории прогресса, модерности и проекта Просвещения. Политический принцип не может принять тот факт, что человеческий прогресс всегда протекает постепенно и приводит к ошибкам, часть из которых имели ужасающие последствия, — однако мы учились на них и продолжаем учиться. Такое ощущение, что проблема заключается в том, что наши ученые не всезнающи (несмотря на то что сам научный метод разработан с учетом склонности человека ошибаться).

От постмодернистского политического принципа нужно отказаться. Да, пагубные дискурсы могут получать неоправданную власть, маскироваться под легитимное знание и причинять вред обществу и людям. Нам нельзя забывать об этом. Но постмодернизм сам по себе является одним из таких дискурсов. Мы даем ему отпор. Мы опровергаем его. Постмодернизм уверяет, что с самого момента рождения человека определенные дискурсы формируют его восприятие мира. Это представление заслуживает внимания. Но заявлять, что люди зазубривают и механически воспроизводят эти дискурсы со своих позиций в структуре власти (подобно попугаю на жердочке), даже не осознавая, что они делают, предосудительно и абсурдно. Утверждать, что, скажем, женщины небелого цвета кожи, поддерживающие идеи Социальной Справедливости, «пробудились», а небелым женщинам, не принявшим эти идеи, просто промыли мозги, заставив воспроизводить дискурсы власти, угнетающие их самих, — значит распространять ангажированный, высокомерный и бестактный нарратив. Однако именно это и происходит, когда знание привязывается к идентичности, а вариации опыта и разница в интерпретациях отвергаются как неаутентичные и вносящие сумятицу.

У нас, либералов, нет нужды заниматься всем этим. Мы можем поддерживать аргументы других либералов, входящих в любые группы идентичности, оценивать, насколько они соответствуют рациональному и доказательному методу, и не обязаны утверждать, что какой-то из аргументов характерен для «женщин» или «людей небелого цвета кожи». Мы точно знаем, каких убеждений мы придерживаемся и почему. Мы отдаем должное активистам Социальной Справедливости, полагая, что они тоже это знают.

Размывание границ

Разумный скептицизм в отношении чересчур ригидных категорий и строгих границ оправдан. Их следует постоянно проверять на прочность, прощупывать, подталкивать и сдвигать. Радикальный скептицизм, у которого нет инструментов для уточнения этих категорий, а есть лишь принципиальное недоверие к ним, не приносит никакой пользы и не оказывает никакого влияния на реальность. Мы можем использовать рациональное мышление, чтобы приходить к предварительным заключениям, формировать гипотетические модели и проверять их. Существуют обоснованные и необоснованные категории, а также аргументы за и против использования конкретных понятий для обозначения людей. Наука и рациональное мышление способны предоставить информацию, которую мы можем использовать для укрепления *либеральных* и развенчания социально-консервативных и постмодернистских аргументов.

Упрощенный постмодернистский взгляд, преобладающий в квир-Теории, согласно которому категории репрессивны по определению, попросту необоснован. Если кому-то хочется доказать, что мужчины и женщины не вписываются в узкие рамки — и поэтому не должны быть ограничены чертами характера, способностями и ролями, традиционно приписываемыми их полу, — он может прибегнуть к науке, чтобы показать первое, и к либерализму, чтобы доказать второе. Наука и математика — в частности, основы статистики — показывают, насколько ошибочным является призыв к разрушению категорий. Биологическая реальность такова, что в когнитивном и психологическом плане мужчины и женщины представляют собой в значительной степени пересекающиеся популяции с относительным различием в распределении типичных признаков. Этот факт позволяет нам предсказывать тенденции, но мало что может сказать об отдельно взятом индивиде. Квир-Теоретикам, которые боятся, что биология закрепит за мужчинами и женщинами строгие роли, мы говорим: «Взгляните на данные». А данные и так вполне квирные. Наука уже знает, что люди донельзя разнообразные существа, а природа имеет тенденцию все запутывать.

Власть языка

Постмодернистский фокус на власти языка тоже отчасти оправдан, учитывая, что именно язык позволил людям разработать науку, рациональное мышление и либерализм. Язык обладает властью убеждать и уговаривать, изменять разум и общество. Вот почему мы выступаем за свободный рынок идей, основанный на либеральном принципе Рауша, — чтобы люди могли воспользоваться этой властью, собрать все свои идеи и определить лучшие из них, используя методы, в работоспособности которых мы уже убедились. Даже самые умные люди зачастую хуже рассуждают в одиночестве или в идеологически однородных группах, поскольку в основном мы используем разум для обоснования наших убеждений, желаний и фундаментальных представлений[28]. Лучше всего мы чувствуем себя в группе людей с разными представлениями и разным мышлением, где ничье корыстное утверждение не может остаться без внимания. В таких условиях мы способны на великие свершения.

Вера в то, что можно добиться социальной справедливости, ограничивая или запрещая одни идеи и термины и насаждая другие, противоречит истории, опыту и здравому смыслу. Право обозначать одни идеи как добродетельные и, следовательно, допустимые, а другие — как отталкивающие и, следовательно, запрещенные, всегда находится в руках тех, кто придерживается мнения большинства (или обладает политической властью). Исторически цензура не принесла ничего хорошего ни атеистам, ни религиозным, расовым или сексуальным меньшинствам — и нет никаких оснований полагать, что Теория знает какой-то секрет, из-за которого она заработает по-другому. Мы призываем сторонников Социальной Справедливости понять, что чем больший контроль над дискурсом они заполучают, тем яснее проявляется гегемонная сущность их идеологии — их собственного репрессивного, господствующего, властного дискурса, который необходимо деконструировать и отклонить. В этом мы с радостью им поможем.

Культурный релятивизм

Единственное здравое зерно культурного релятивизма заключается в том, что никто и так не отрицает: между культурами существуют определенные различия, которые в большинстве случаев не играют особой роли, однако о них интересно узнавать и рассказывать другим. Производство знания, однако, выходит за рамки отдельных культур — как и производство *морального* знания. Все мы населяем один мир, в первую очередь являясь людьми, а во вторую — представителями конкретных культур, поэтому большая часть истин о мире не имеет к нам никакого отношения, а большая часть истин *о нас* касается нас *как людей*, а не как представителей какой-либо конкретной культуры. Делать вид, что мы неспособны высказывать какие-либо суждения о порядках той или иной культуры, отличной от нашей собственной, столь же опасно, сколь и абсурдно. Несмотря на относительно незначительные культурные различия между странами и религиями, нас всех объединяет единая человеческая культура, основанная на универсальной человеческой природе. Диапазон различий, может быть, и велик, но не *настолько*. (Дистанция между одним и другим человеком неизмеримо меньше, чем дистанция между людьми и нашими ближайшими соседями-приматами, шимпанзе и бонобо.) Общественные структуры, способствующие процветанию, свободе и безопасности граждан, почти наверняка предопределены человеческой природой, и любые попытки отрицать это обречены на провал[29].

Настоящая социальная справедливость — принцип, а не идеология — достижима только при наличии последовательных инструментов. Права женщин, права ЛГБТ, а также расовое или кастовое равенство должны быть достоянием всех либо никого. Заявления о том, что только женщины, представители ЛГБТ и члены определенной группы меньшинств в рамках культуры или субкультуры имеют право критиковать угнетение собственной группы, непоследовательны с моральной точки зрения и отказывают людям в возможности сопереживать другим. Мы препятствуем делу защиты прав человека, если клеймим любого, кто указывает на нарушения гуманистических принципов, как империалиста или расиста. Либералы так не поступают, и правильно делают. Благодаря вере в свободу личности и универсальные права человека мы можем поддержать соратников-либералов, разделяющих наши ценности, где бы они ни находились и к какой культуре ни относились бы. Мы должны безо всяких колебаний поддерживать равные права, возможности и свободы для всех женщин, представителей ЛГБТ и расовых и религиозных меньшинств, потому что эти ценности принадлежат не Западу, а всем либералам — а они есть *везде*.

Утрата индивидуального и универсального

В том, что индивидуализм и универсализм не могут описать весь человеческий опыт, есть доля истины. Люди существуют в рамках сообществ, влияющих на их восприятие мира и доступные им возможности. Разные люди по-разному обрабатывают информацию, и основополагающие ценности у них тоже отличаются[30]. Чтобы понять опыт угнетения, в каком-то смысле требуется либо быть угнетенным, либо много слушать и иметь живое воображение. Либерализм, сосредоточенный исключительно на индивиде и на человечестве как едином целом, может упустить из виду угнетение отдельных групп идентичности. Повышенное внимание к этому аспекту идентичности оправданно, хотя и не исключает всех других проблем. Социальная Справедливость, сосредоточенная исключительно на групповой идентичности и пренебрегающая индивидуальным и универсальным, обречена на провал по той простой причине, что люди являются индивидами и объединены общей человеческой природой. Политика идентичности — это не путь к расширению прав и возможностей. Не существует «уникального голоса небелого населения», женщин, трансгендерных персон, геев, людей с инвалидностью или полных людей. Даже относительно небольшая случайная выборка выявит заметное различие в индивидуальных взглядах внутри любой из перечисленных групп. Это не отменяет того, что, вероятнее всего, предрассудки все еще существуют и лучше всего об этом знают люди, которые с ними сталкиваются. Нам по-прежнему нужно «слушать и размышлять», однако нас должно интересовать все разнообразие опыта и взглядов членов угнетенных групп, а не только какой-то один аспект, произвольно названный «аутентичным», поскольку он представляет собой эссенциализированные Теорией взгляды.

Кроме того, академические исследования и активизм Социальной Справедливости стеснены своими социальными конструктивистскими взглядами, которые часто называют доктриной «чистого листа»[31]. Это приводит исследователей и активистов к отрицанию возможности универсальной человеческой природы, что крайне затрудняет межгрупповую эмпатию.

Такое отрицание не сулит ничего хорошего группам меньшинств — неспроста эту точку зрения не разделяли ни Мартин Лютер Кинг — младший, ни либеральные феминистки и активисты гей-прайдов 1960-х и 1970-х годов. Их коллективное послание было во многом (хотя и не до конца) либеральным, индивидуальным и универсальным и преуспело, потому что взывало к сочувствию и справедливости. «У меня есть мечта: однажды четверо моих детишек проснутся в стране, где о людях судят не по цвету кожи, а по моральным качествам»[32], — сказал Кинг, взывая к гордости белых американцев за свою страну — Страну Возможностей — и к их чувству справедливости и разделяя с ними общую надежду на следующее поколение[33]. Он призывал к эмпатии и подчеркивал общую человечность. Если бы, как Робин Дианджело, он попросил белых американцев быть «чуть менее белыми, то есть чуть менее угнетающими, забывающими, защищающимися, невежественными и высокомерными»[34], произвело бы это такой же эффект? Мы думаем, что нет. Понимание человеческой природы — необходимый атрибут любой попытки улучшить общество.

Люди способны как на поразительное сострадание, так и на ужасающую бессердечность и жестокость. Эволюция сделала нас такими, поскольку в наших интересах было как сотрудничать внутри своих групп, так и конкурировать с другими. Поэтому наша эмпатия в основном распространяется на тех, кого мы считаем членами своего племени, а бессердечность, пренебрежение и жестокость — на тех, кого мы считаем конкурентами или предателями. Стремясь расширить круг нашего сопереживания, либеральный гуманизм добился беспрецедентного равенства людей, обратившись к лучшей части нашего естества — состраданию и чувству справедливости[35]. Стремясь разделить людей на угнетенных и угнетателей, Социальная Справедливость рискует подстегнуть наши худшие наклонности — трайбализм и мстительность. Здесь нет ничего хорошего ни для женщин, ни для меньшинств, ни для общества в целом.

Пожалуй, больше всего в Теории разочаровывает то, что она склонна портить буквально все, к чему прикасается, в основном благодаря отрицанию человеческой природы, науки и либерализма. Она наделяет расовые категории социальной значимостью, разжигая расизм. Она пытается выставить категории пола, гендера и сексуальности всего-навсего социальными конструктами, несмотря на то что многие принимают сексуальные меньшинства, потому что признают *естественное* происхождение сексуальной экспрессии. Она изображает Восток противоположностью Запада и тем самым только укрепляет ориентализм, который пытается разрушить. Вероятнее всего, в какой-то момент Теория просто самоуничтожится, но до того момента она способна принести еще немало страданий людям и ущерба обществу. Институты, которые она успеет атаковать, прежде чем развалится, потеряют большую часть своего престижа и влияния, если выживут вообще. Это также может оставить нас на растерзание националистов и правых популистов, которые представляют для либерализма еще большую угрозу.

Топливо для радикально-правой политики идентичности

Одна из самых больших проблем с политикой идентичности левого толка — она обосновывает и подстегивает аналогичную политику на правом фланге. Правая политика идентичности испокон веков провозглашала, что белым людям должна принадлежать вся власть, западная культура должна господствовать в мире, мужчины должны играть основные роли в публичной сфере, а женщины — заниматься хозяйством. Гетеросексуальность считалась единственной приемлемой нормой (в определенных гендерных рамках), а гомосексуальность — морально неприемлемым извращением. Открыто бросив вызов этим представлениям и выступив за то, чтобы людей не судили на основании их расы, пола или сексуальности, левые либералы заняли убедительную позицию морального превосходства над правым крылом.

Во второй половине XX века либералы с движением за гражданские права, либеральным феминизмом и гей-прайдами одержали разгромную победу в этой идеологической битве и добились юридического равенства в вопросах расы, пола и сексуальности. Их успех был настолько оглушительным, что к концу первого десятилетия XXI века консерваторы в большинстве своем смирились с произошедшим. Социально или религиозно консервативные элементы, которые по-прежнему полагали, что женщины, темнокожие люди или геи должны быть привязаны к определенным социальным ролям и ограничены в правах, получили статус «ультраправых» экстремистов и дурную репутацию в либеральном обществе.

Однако к столь резким и стремительным переменам в понимании гендерных ролей, расовых отношений и сексуальной свободы нужно было привыкнуть. Либеральным феминисткам пришлось приложить немало усилий, чтобы убедить общество в том, что женщины не менее интеллектуально развиты и психологически выносливы, чем мужчины. Потребовалось время, чтобы победить стереотипы о склонности женщин к истерии и эмоциональному мышлению, а также о том, что они слишком чувствительны к давлению общественной среды и нуждаются в ограждении от тяжелых мыслей или других людей. Расовые меньшинства тоже не сразу заслужили статус сознательных и нравственных членов общества в глазах белого большинства. Нарративы времен колониализма и законов Джима Кроу, изображающие людей небелого цвета кожи невежественными, иррациональными, эмоционально неустойчивыми и безнравственными, не исчезли в одночасье. На это потребовались десятилетия. Схожим образом вслед за тем, как их сексуальная жизнь была декриминализирована, гендерная идентичность заручилась юридической поддержкой, а близкие отношения были признаны браком, лесбиянкам, геям, бисексуалам и трансгендерным персонам пришлось добиваться признания со стороны остальной части общества. Им пришлось ввязаться в затяжную культурную войну, пытаясь убедить встревоженных социальных консерваторов в том, что у них нет «программы действий» по уничтожению семьи, гетеросексуальности, маскулинности или фемининности.

Но эта война была выиграна. Для женщин стало нормальным строить карьеру: их начали считать компетентными и дееспособными людьми, способными справляться с суровыми реалиями общественной жизни. Представители расовых меньшинств на позициях профессоров, врачей, судей, ученых, политиков и бухгалтеров уже никого не удивляли. Гомосексуалам было все комфортнее обсуждать свои личные отношения как в рабочей, так и в неформальной обстановке, а также проявлять свои чувства на публике. Медленнее продвигалось принятие трансгендерных персон — крошечного меньшинства с уникальными сложными проблемами и противоречивыми для многих представлениями о сексе и гендере, — но положительные сдвиги наблюдались и здесь. По крайней мере, до недавнего времени. Критическая Социальная Справедливость угрожает обратить вспять достигнутый прогресс — и, похоже, не шутит. Она добивается своего двумя способами.

Во-первых, используя свои Теории, Социальная Справедливость заново прописывает негативные стереотипы в отношении женщин, а также расовых и сексуальных меньшинств. Феминизм по большей части инфантилизирует женщин, выставляя их хрупкими, робкими, несамостоятельными и нуждающимися в особом отношении со стороны общества. Доводы в пользу «исследовательской справедливости», основанные на традиционных и религиозных верованиях, эмоциях и прожитом опыте, по сути, «инаковизируют» людей небелого цвета кожи, внушая, что наука и рациональное мышление им не свойственны, — вопреки всем историческим и современным доказательствам обратного. Политические методы интерсекционализма стремятся не просто вернуть категориям идентичности социальную значимость, но и закрепить за ними центральное место в обществе. Проблема в том, что Теории вряд ли удастся удержать на этом месте те виды идентичности, которые ей нравятся. Авторитарные попытки Социальной Справедливости диктовать, что людям полагается думать по поводу гендера и сексуальности и в каких терминах выражать эти мысли, приводят к стремительному росту агрессивного сопротивления принятию обществом трансгендерных персон (и не только их).

Во-вторых, агрессивный и раскольнический подход Критической Социальной Справедливости подстрекает трайбализм и враждебность. Движение за гражданские права преуспело, потому что использовало универсалистский подход — все должны иметь равные права, — взывающий к человеческим представлениям о справедливости и сострадании, в то время как Социальная Справедливость прибегает к упрощенным методам политики идентичности, навязывающим доминирующим группам коллективную вину: белые люди являются расистами, мужчины — сексистами, а гетеросексуалы — гомофобами. Такой подход явно противоречит устоявшейся либеральной добродетели не судить людей по их расе, полу или сексуальности, и невероятно наивно ожидать, что он не приведет к возрождению правой политики идентичности. Аргументы, что к белым, мужчинам, гетеросексуалам или цисгендерным людям допустимо относиться с предубеждением по причине исторически сложившегося дисбаланса сил, плохо сочетаются с представлениями людей о взаимности. Если большинство почувствует угрозу со стороны крикливого меньшинства, наделенного институциональной властью, скорее всего, оно попытается изменить соответствующие институты — и не только по причине параноидального страха упустить господство и привилегии, которыми когда-то обладало. Если станет социально приемлемым пренебрежительно отзываться о «белости» и призывать наказывать любого, чьи высказывания могут быть истолкованы как выражение «античерности», белые люди воспримут это как несправедливость. Если станет приемлемым патологизировать маскулинность и с ненавистью высказываться о мужчинах, при этом проявляя болезненную чувствительность ко всему, что можно назвать «мизогинией», почти половина населения (а также большая часть другой половины, которая любит первую) вряд ли придет в восторг. Если цисгендерных людей, составляющих 99,5% населения, начнут обвинять в трансфобии просто потому, что они существуют, не используют надлежащую терминологию, придают слишком большое значения половой принадлежности потенциального партнера или даже придерживаются несанкционированных квир-Теорией представлений о гендере, скорее всего, это приведет к несправедливому антагонизму по отношению к трансгендерным людям (большинство из которых тоже не поддерживают эти представления).

Разумеется, у нынешнего сдвига вправо есть ряд причин, и некоторые из них не имеют ничего общего с исследованиями или активизмом Социальной Справедливости. Но последние определенно внесли свой вклад в происходящее. Самое важное, однако, заключается в том, что, поскольку Социальная Справедливость приложила столько усилий, чтобы установить абсолютную гегемонию над дискурсами, относящимися к этим вопросам, — особенно над дискурсами левого и центристского толка, — она затруднила появление разумных и умеренных альтернатив своим положениям. Таким образом, вызов Социальной Справедливости бросают лишь представители самых экстремистских взглядов, и, поскольку в этом случае их можно принять за заступников очевидной истины, которую не выражает никто другой, они получат невиданную поддержку. Таким образом, систематически и почти полностью подавляя разумные и умеренные взгляды левого, центристского и правого толка, Социальная Справедливость провоцирует авторитарную радикально-правую реакцию. (Разумеется, она будет безо всякой пользы интерпретирована как лишнее доказательство вырождения и нетерпимости нашего общества, о котором Социальная Справедливость всегда говорила. Но нам необязательно страдать по вине этого самосбывающегося пророчества — достаточно лишь постоять за себя, пока это еще возможно.)

Краткое обсуждение возможных решений

Многие предлагают весьма экстремальные решения проблемы постмодернизма. Некоторые, включая премьер-министра Венгрии Виктора Орбана[36], утверждают, что необходимо запретить гендерные исследования и другие учебные программы, основанные на постмодернистской Теории. По их мнению, степень вредоносности этих программ оправдывает запрет. Мы выступаем решительно против такой позиции. Нельзя бороться с иллиберализмом при помощи иллиберализма или противостоять угрозе свободы слова, запрещая говорить тем, кто продвигает цензуру. Мы не должны превращаться в то, что ненавидим. В противном случае мы не сможем рассчитывать на поддержку либералов всех мастей — левых, правых и центристов, — которые ненавидят то же, что и мы.

Другие утверждают, что учебные курсы Социальной Справедливости не должны финансироваться государством. Они приводят не лишенный оснований аргумент, что деньги налогоплательщиков не должны идти на исследования, которые не являются ни научно строгими, ни морально выверенными.

Мы не согласны и с этим. Государственные органы не должны контролировать то, чему обучают в университетах, — такой шаг был бы равносилен созданию своего рода Министерства правды. Хотя мы тоже предпочитаем, чтобы университеты поддерживали академические исследования, основанные на научно строгих методах, и не считаем, что постмодернистские штудии относятся к таковым, если правительства, а не университеты будут принимать такие решения, это создаст опасный прецедент. Если к власти придут теократы или, например, постмодернистские левые группировки, они могут решить, что наука или что-нибудь другое, что им не понравится, вредно для общества, и запретить это. Важно защищать право людей придерживаться постмодернистских взглядов и высказывать их тем, кто хочет их слышать. Однако важно и не дать им обрести институциональную власть — что, как показано в главе 9, уже происходит.

В рамках либеральных обществ у нас уже есть ответ на вопрос, как справиться с овеществленными философскими системами, которые угрожают навязать себя обществу, — и это *секуляризм*. Секуляризм наиболее известен как юридический принцип «отделения церкви от государства». Но в основе этого принципа лежит более глубокая философская идея: независимо от того, насколько вы уверены в обладании истиной, вы не имеете права навязывать свою веру всему обществу. В широком понимании это означает, что вы можете придерживаться любых моральных убеждений и требовать (законными способами) от людей принять их в рамках добровольного объединения, члены которого подходят к этим убеждениям как к вопросам личной совести, однако вы не можете навязывать их посторонним. Верьте, во что вам заблагорассудится, но в обмен на это вы должны позволять другим верить, во что они хотят, — или не верить — в зависимости от обстоятельств.

Это сопровождается неотъемлемым правом отвергать любые моральные или идеологические предписания *без чувства вины*. В светском обществе, например, никому — ни юридически, ни морально — не навязывается чувство вины за отказ принимать догматы любой веры, в том числе и религии большинства. Такие решения должен принимать индивид, и ни одна идеологическая или моральная группа не может делать это за него. Никто не обязан подчиняться представлениям какой-либо конкретной моральной группы о том, что *должно*, независимо от того, насколько сильны убеждения ее членов.

Постмодернистский проект, особенно после прикладного поворота — и тем более после собственного овеществления, — в подавляющем большинстве случаев носит скорее предписывающий, нежели описательный характер. Академическая теория, ставящая во главу угла то, что, по ее мнению, *должно*, а не преследующая цель описать то, что *есть*, — рассматривающая личную веру как политическое обязательство, — остановилась в своем поиске знания, поскольку поверила, что уже нашла Истину. Иными словами, она превратилась в систему верований, а ее академическая составляющая стала формой теологии. Заявления о том, что *должно*, пришли на смену изучению того, что *есть*.

Одно дело — верить, что знание — культурный конструкт, используемый для навязывания власти, подчас несправедливого. Этот аргумент вполне можно выставить на свободный рынок идей. Совсем другое — принять его как данность и утверждать, что несогласие с ним само по себе является актом господства и угнетения. Еще хуже настаивать, что все, кроме беспрестанного духовного подчинения своей системе верований и призывов к пуританской социальной революции, представляет собой соучастие в моральном зле. В других верованиях это выступает средством решения проблемы, называемой *греховностью* — порочным желанием согрешить. Секуляризм отдает эти вопросы на усмотрение *личной совести* и избавляет индивида от необходимости принимать или имитировать принятие веры, которую он не разделяет, чтобы избежать общественного порицания.

Исходя из написанного, мы предлагаем два подхода к решению проблемы овеществленного постмодернизма. Во-первых, мы должны противостоять институционализации его системы верований. Поскольку идеология Социальной Справедливости официально не является религией, а цели реальной социальной справедливости не противоречат антидискриминационному законодательству, ей удалось преодолеть преграды, которые обычно останавливают тех, кто навязывает свою систему верований другим. Как либералы, мы должны выступать против такого навязывания и защищать право людей не верить в Социальную Справедливость без риска подвергнуться наказанию. Хотя государственные институты и организации имеют право требовать от своих студентов, сотрудников или пользователей воздерживаться от дискриминации и поддерживать равенство, они не должны иметь права навязывать догматы Социальной Справедливости. Мы должны возражать против любого требования исповедовать ортодоксальные догматы Социальной Справедливости, касающиеся разнообразия, равенства результатов и инклюзивности, или против принудительного обучения им точно так же, как мы возражали бы против общественных институтов, требующих исповедовать христианство, ислам, посещать церковь или мечеть.

Во-вторых, мы должны вести честную борьбу с Социальной Справедливостью. Мы не верим, что плохие идеи можно победить путем их подавления, особенно когда они обладают такой властью в обществе, как постмодернизм сегодня. Вместо этого они должны быть побеждены при помощи свободного рынка идей — со всей обоснованностью быть признанными несостоятельными и умереть естественной смертью. Победа над постмодернистской Теорией в рамках рынка идей вполне возможна — и даже неизбежна, — если мы вооружимся более убедительными аргументами и открыто бросим ей вызов. Для этого нужно вывести на чистую воду ее попытки избежать беспристрастной проверки и потребовать от нее соответствия более высоким научным стандартам — последнее поможет сохранить то хорошее, что в ней есть. В своем нынешнем виде идеи Теории категорически неубедительны, непоследовательны с моральной точки зрения и при малейшей попытке критического рассмотрения разваливаются на части и превращаются в клубок противоречий. Необходимо реформировать академические дисциплины Теории в соответствии со стандартами научной строгости и морали. Академия знает, как решать подобные задачи, и успешно справится с этим, как только табу на критику академических исследований Социальной Справедливости будет снято.

Заключение и манифест

К нашему счастью, сохранить верность и веру в либерализм наперекор Теории возможно. Однако это может быть непросто. Во-первых, новые, радикальные ответы обладают определенной привлекательностью. Они будоражат людей, особенно когда все вокруг представляется им серьезными проблемами, безотлагательно требующими новых революционных решений. Постепенные улучшения выглядят непозволительно медленными, ведь люди страдают *прямо сейчас*. Как и всегда, лучшее — враг хорошего. К этому относится и оторванное от реальности ожидание, что хорошая система должна немедленно давать хорошие результаты. Оно приводит к радикализму, авторитаризму, фундаментализму и цинизму. Именно это делает привлекательной Теорию, равно как популизм, марксизм или любую другую форму утопизма, которая хорошо выглядит на бумаге, а на практике оказывается губительной. Теория кажется безусловным решением бесчисленного множества мировых проблем, включая те, что кажутся (или являются) безотлагательными.

В действительности решение этих проблем существует уже давно и, возможно, именно поэтому не вызывает мгновенного удовлетворения. Речь о либерализме, как политическом (универсальный либерализм — противоядие от постмодернистского политического принципа), так и относящемся к производству знания («либеральная наука» Джонатана Рауша — лекарство от постмодернистского принципа знания). Вам не нужно становиться экспертом по работам Джонатана Рауша, Джона Стюарта Милля или любого из великих либеральных мыслителей. Не нужно и досконально изучать Теорию и исследования Социальной Справедливости, чтобы смело отвергать их. Все, что нужно, — немного мужества, чтобы противостоять чему-то, обладающему большой силой. Вам нужно распознавать Теорию, когда она предстает перед вами, и солидаризироваться с либеральным ответом на нее — что может быть не сложнее, чем просто сказать: «Нет, это ваше идеологическое убеждение, и я не обязан с ним соглашаться».

В заключение мы хотели бы привести несколько примеров того, как можно распознать социальную несправедливость, при этом отвергая решения, предлагаемые идеологией Социальной Справедливости. Мы надеемся показать, что проблемы социальной справедливости серьезны и важны, но иллиберальные способы их решения в лучшем случае несостоятельны, а в худшем — ошибочны, опасны и вредны как для людей, так и для общего дела. Разумеется, вы, можете придумать и свои собственные варианты принципиального противодействия догмам Социальной Справедливости.

Принципиальное противодействие: пример 1

Мы подтверждаем, что расизм остается проблемой общества и требует решения.

Мы отрицаем, что критическая расовая Теория и интерсекциональность предоставляют наиболее действенные инструменты для ее решения, поскольку полагаем, что в расовой проблематике лучше придерживаться максимально строгого анализа.

Мы утверждаем, что расизм определяется как предвзятое отношение и дискриминационное поведение в отношении отдельных индивидов или групп на основании их расовой принадлежности и как таковой может быть побежден.

Мы отрицаем, что расизм встроен в общество посредством дискурсов, что он неустраним, присутствует в каждом взаимодействии, требуя своего обнаружения и критики, является элементом повсеместной системной проблемы, которая существует везде, всегда и во всем.

Мы отрицаем, что лучший способ борьбы с расизмом — это восстановление социальной значимости расовых категорий и их выпячивание.

Мы утверждаем, что каждый индивид способен сознательно отказаться от расистских взглядов и от него следует этого ожидать, что по ходу истории расистские настроения становятся все более редкими, что мы можем и должны воспринимать друг друга в первую очередь как людей, а только затем — как представителей определенных рас, что соответствующие проблемы лучше всего решать, будучи честными в отношении расового опыта, при этом работая над достижением общих целей и общей идеи, и что принцип недискриминации по расовому признаку должен соблюдаться повсеместно.

Принципиальное противодействие: пример 2

Мы подтверждаем, что сексизм остается проблемой общества и требует решения.

Мы отрицаем, что подходы Теории к гендерным вопросам, включая квир-Теорию и интерсекциональный феминизм, выстроенные на доктрине «чистого листа» в отношении пола и гендера, способны решить эту проблему, поскольку полагаем, что для этого необходимо признание биологической реальности.

Мы утверждаем, что сексизм определяется как предвзятое отношение и дискриминационное поведение в отношении отдельных или всех индивидов на основании их половой принадлежности и как таковой может быть побежден.

Мы отрицаем, что сексизм и мизогиния являются системными факторами, действующими через социализацию, гендерные ожидания и языковое принуждение, даже без помощи индивидов, придерживающихся сексистских или мизогинистских взглядов.

Мы отрицаем, что между среднестатистическими мужчинами и женщинами не существует психологических или когнитивных биологических различий и что, таким образом, гендер и пол являются всего лишь социальными конструктами.

Мы утверждаем, что мужчины и женщины — равноценные человеческие существа, в равной степени подверженные дискриминации по признаку биологического пола, что сексистские действия — это преднамеренные действия, совершаемые индивидами, от которых следует ожидать противоположного поведения, и что гендер и пол имеют как биологическое, так и социальное происхождение, признавая которые мы добьемся большей пользы для человечества.

Принципиальное противодействие: пример 3

Мы подтверждаем, что дискриминация и нетерпимость в отношении сексуальных меньшинств остаются проблемой общества и требуют решения.

Мы отрицаем, что эта проблема может быть решена при помощи квир-Теории, пытающейся выставить бессмысленными все категории, связанные с полом, гендером и сексуальностью.

Мы утверждаем, что гомофобия и трансфобия определяются как предвзятое отношение и дискриминационные действия в отношении гомосексуалов и трансгендерных персон на основании их сексуальности или гендерной идентичности.

Мы отрицаем, что демонтаж категорий пола, гендера или сексуальности или выдвижение концепций репрессивной «гетеронормативности» и «цисноррмативности» — признание нормой соответствие гетеросексуальности и гендерной идентичности биологическому полу — это лучший способ сделать общество более доброжелательным к сексуальным меньшинствам.

Мы утверждаем, что сексуальные меньшинства тоже являются «нормой», представляют собой естественные вариации сексуальности и гендерной идентичности и могут быть легко приняты в качестве таковых аналогично другим вариациям (например, рыжим волосам или леворукости), которые в настоящее время признаются как черты, свойственные меньшинству совершенно нормальных людей. Гомофобия и трансфобия — это преднамеренные действия, совершаемые индивидами, от которых следует ожидать противоположного поведения.

Мы могли бы привести и другие примеры, касающиеся вопросов, где в настоящее время доминирует Теория, — колониализма, инвалидности, полноты и т. д., — но вы уловили суть. Последний, более общий пример касается эволюции Теории в исследования Социальной Справедливости.

Принципиальное противодействие: пример 4

Мы подтверждаем, что социальная несправедливость все еще существует и академические исследования ее аспектов необходимы и важны.

Мы подтверждаем ценность междисциплинарных теоретических подходов, включая изучение расы, гендера, сексуальности, культуры и идентичности в рамках гуманитарных наук.

Мы подтверждаем, что многие идеи, даже порожденные овеществленным постмодернизмом исследований Социальной Справедливости — включая базовую идею интерсекциональности о том, что «пересечения» идентичностей могут приводить к особым формам несправедливости, требующим отдельного рассмотрения, — представляют собой важные замечания и достойны представления на свободном рынке идей с целью их оценки, адаптации, дальнейшего изучения, уточнения и возможного последующего применения.

Мы отрицаем, что какие-либо представления, идеологии или политические движения могут быть определены в качестве непрекаемой позиции какой-либо группы идентичности, поскольку такие группы состоят из индивидов, придерживающихся различных убеждений и объединенных общей человечностью.

Мы отрицаем ценность любых академических исследований, которые отвергают возможность объективного знания или важность последовательных принципов, и утверждаем, что это идеологическая предвзятость, а не наука.

Мы отрицаем ценность любого теоретического подхода, который отказывается быть подвергнутым критике или опровержению, и утверждаем, что это софистика, а не наука.

Мы отрицаем, что любой подход, который допускает существование проблемы (в том числе и системного характера), а затем «критически» ищет ее подтверждения, представляет какую-либо серьезную ценность, особенно как форма исследований.

Мы утверждаем, что, если реформировать эти подходы в соответствии со стандартом научной строгости, они могут принести науке колоссальную пользу и послужить общему делу всего человечества, в том числе и делу социальной справедливости.

Благодарности

Мы благодарны многим людям за то, что они сделали эту работу возможной, доступной и понятной. Список тех, кто заслуживает нашей благодарности, далеко не исчерпывается именами, которые мы имеем возможность здесь упомянуть. Особую благодарность мы выражаем Майку Найну, многострадальному редактору ранних черновиков этой книги и нашему главному консультанту по доступности этого текста для дилетантов. Мы надеемся, что, к его вящему удовлетворению, в процессе работы над книгой отрастили-таки себе яичники (ну, Джеймс, конечно, вряд ли, но тем не менее). Спасибо Питеру Богосяну за поддержку и редакторские советы, а также за его непрерывное ворчание насчет того, чтобы мы тратили меньше времени на обсуждение вопросов этой книги в твиттере и больше — на их изложение в тексте. Особая благодарность Джонатану Черчу за плодотворные обсуждения работы Дианджело о хрупкости белых и за указание на ошибку овеществления, которое помогло нам придать форму третьей стадии постмодернистской мысли. Мы благодарны Алану Сокалу за внимательное прочтение нашей рукописи и многочисленные полезные уточнения, замечания и дополнения, существенно улучшившие текст. Мы особенно благодарны нашему редактору Ионе Италиа за ее непревзойденное мастерство, а также всем, кто обеспечивал нам обратную связь, поддержку и вдохновение, в частности Гаури Хопкинс, Дэйну и Клайду Рэтбоунам, Хизер Хейинг и Брету Вайнштайну.

Примечания

Для удобства мы опубликовали примечания на отдельной веб-странице (все они есть и в электронной версии книги на Bookmate): https://individuumbooks.ru/cinichnye_teorii/notes/

Хелен Плакроуз, Джеймс Линдси 18+

Циничные теории. Как все стали спорить о расе, гендере и идентичности и что в этом плохого

Издатели: Андрей Баев, Алексей Докучаев
Исполнительный директор: Николай Ерюшев
Главный редактор: Феликс Сандалов
Арт-директор: Максим Балабин
Дизайнер: Захар Шлимаков
Переводчик: Дмитрий Виноградов
Редактор: Георгий Ванунц
Выпускающий редактор: Александр Москвин
Верстка: Ильяс Лочинов
Корректоры: Наталья Витько, Марк Кантуров, Наталья Шевченко
Принт-менеджер: Денис Семенов
Директор по маркетингу: Ксения Мостовая
PR-менеджер: Наталья Носова
Директор по продажам: Павел Иванов
Директор по правам: Яна Казиева
Менеджер по правам: Валерия Бурлина

ООО «Индивидуум Принт»
individuum.ru
info@individuum.ru
vk.com/individuumbooks
t.me/individuumbooks

Подписано в печать 26.09.2022. Бумага офсетная. Формат 60×90/16.
Тираж 3 000 экз. Заказ № 7018.
Отпечатано с готовых файлов заказчика
в АО «Первая Образцовая типография»,
филиал «УЛЬЯНОВСКИЙ ДОМ ПЕЧАТИ»
432980, Россия, г. Ульяновск, ул. Гончарова, 14.